KB052678

인문
학
의
미래

인문학의 미래
왜 인문학을 가르치고 배워야 하는가?

초판 1쇄 펴낸날 2011년 10월 21일
초판 3쇄 펴낸날 2015년 1월 20일

지은이 월터 카우프만
옮긴이 이은정
펴낸이 이건복
펴낸곳 도서출판 동녘

전무 정락윤
주간 곽종구
편집 구형민 이정신 최미혜 박은영 이환희 사공영
미술 조하늘 고영선
영업 김진규 조현수
관리 서숙희 장하나

표지디자인 여상우 **본문디자인** 김경진
인쇄·제본 영신사 **라미네이팅** 북웨어 **종이** 한서지업사

등록 제311-1980-01호 1980년 3월 25일
주소 (413-120) 경기도 파주시 회동길 77-26
전화 영업 031-955-3000 편집 031-955-3005 **전송** 031-955-3009
블로그 www.dongnyok.com **전자우편** editor@dongnyok.com

ISBN 978-89-7297-661-5 03100

• 잘못 만들어진 책은 바꿔 드립니다.
• 책값은 뒤표지에 쓰여 있습니다.
• 이 도서의 국립중앙도서관 출판시도서목록(CIP)은 e-CIP홈페이지(http://www.nl.go.kr/ecip)와
  국가자료공동목록시스템(http://www.nl.go.kr/kolisnet)에서 이용하실 수 있습니다.
  (CIP제어번호: CIP2011004321)

인문학의 미래

The Future of the Humanities

왜 인문학을 가르치고 배워야 하는가?

월터 카우프만 지음 · 이은정 옮김

동녘

일러두기

1. 본문에 사용한 기호의 쓰임새는 다음과 같다.
   《 》: 단행본, 잡지, 장편
   〈 〉: 논문, 단편, 미술작품

2. 이 책에서 인용되는 성서 문구들은 대한성서공회에서 출판한 《성경전서 표준 새번역 개정판》(1993)을 기초로 했으며, 저자의 의도를 분명히 해야 할 경우에는 표현을 살려 재번역을 했다.

3. 이 책에서 'Bible'은 다음과 같이 번역했다. 학문적인 거리를 취하거나 객관적인 거리를 두고자 할 때에는 '성서'라고 번역하는 것이 옳으나, 우리나라에서는 일반적으로 '성경'이라고 표현해야만 익숙한 구문들이 있다. 이에 본 책에서는 성서와 성경의 두 가지 용어를 문맥에 맞게 병용했다.

4. 이 책에서 논의하는 '아케다'에 관한 분석은 창세기 22장에 관한 것으로, 키에르케고르의 《공포와 전율》이 해석하는 아브라함의 고뇌를 카우프만이 비판적으로 재해석한 것이다. 우리나라에서 번역된 성서들은 이 구절과 관련해 세밀한 부분들을 놓치고 있어 본 번역에서는 불어판 기독교연합회 공동번역 성서인 《La Bible- Ancien Testament 1》(Traduction œcuménique, Le Livre de Poche, 2009)을 참조했다.

박이문(철학자, 포스텍 명예교수)

이 책의 저자 월터 카우프만을 나는 LA의 남가주대학 철학과에서 공부할 때 처음 만났다. 그의 책《니체》는 지금도 내 서재 한쪽에 꽂혀있는데, 책에는 나의 서명과 책을 산 날짜인 1966년 12월 22일이 적혀있다.

1921년생인 카우프만은 26살부터 1980년에 사망할 때까지 33년 간 프린스턴 대학교에서 철학을 가르쳤으며, 여러 권의 철학 서적과 몇 권의 시집을 출간한 대표적인 미국의 인문학자이다. 나도 철학을 비롯한 인문학 일반에 대해서 지금까지 적지 않은 글을 써왔지만, 인문학을 가르치고 배우는 현장에 대한 진단은 그의 인식만큼 선명하지 못했다. 그가 미국 대학을 비판하고 개선을 위해 제안한 여러 점들을 우리도 반성하고 재고할 필요가 있다는 생각이 들었다. 뒤늦게나마 이 책을 읽은 것은 운이 좋았던 셈이다.

저자는 30년이 넘게 대학에 몸담았던 경험을 토대로 미국의 대학구조, 학생들과 교수들의 학문 풍토를 평가하면서 인문학의 가치가 표류하는 현실을 걱정한다. 우리나라도 미국의 상황과 크게 다르지 않다. 주체적으로 생각하고 연구하는 학자와 교수는 줄어들고, 정치적, 사회적 명성과 경제적 이득에만 관심을 갖고 기존 질서에 안주하려는 비인문학적인 학자와 교수들이 늘어나고 있다. 대학은 이윤을 추구하는 사업장으로 바뀌고 있고, 인문학을 포함한 대다수의 교수직은 출세의 장으로 변해가고 있다. 이런 상황은 카우프만이 지적하고 있는 것처럼 미래의 비전을 창조할 수 있는 통찰가들이 설 자리를 빼앗는다.

카우프만이 30년 전에 분석한 미국의 상황이 지금의 한국 대학에서도 반복되고 있는 현실이 안타까울 뿐이다. 인간의 모든 이성적인 행위가 그러해야 하듯이 학문과 교육은 반드시 비전을 추구하고 목표를 세워야 한다. 그렇지 않은 학문과 교육은 존재의 본연의 의미를 가질 수 없다. 이를 위해 대학과 인문학은 인간에게 무엇이 귀중한 가치인지 물어야 하며, 그것을 어떻게 보존하고 발전시킬 것인지를 고민해야 한다. 그러나 오늘날 이러한 문제를 놓고 고민하는 인문학자와 교육자가 얼마나 될지는 의문스럽다. 자신만의 확고한 대답을 가지고 있는 사람들이 있는지도 분명치 않다. 이런 점에서 우리나라의 학문과 교육이 맹목적이고 허무주의적으로 변해가는 것은 아닌지 우려를 금할 수 없다.

최근에는 우리나라에서도 정부의 여러 기관들이 막대한 자금을 동원해 통합적 혹은 융합적 학문을 위한 프로젝트를 만들며,

연구자들과 연구소들을 지원하기 시작했다. 이에 맞춰 연구자들과 대학들이 연구비를 따려고 구름같이 모여들어 다양한 프로젝트들을 출범시키고, 각종 학술지들을 창간하고 있다. 학자들과 교수들을 후원하는 것은 한국의 학술적 수준을 높이기 위해 더 없이 바람직한 일이다. 그러나 짧은 시간에 급조된 기획들이 학문의 진작과 지식의 발전을 위해서 얼마나 효과를 거둘 수 있는지는 의심스럽다. 돈과 연구자들만 있다고 학문의 수준이 높아지고, 창조적 업적이 자동적으로 나오는 것은 아님을 누구나 알고 있기 때문이다. 가장 중요한 것은 학자나 교수들이 비전을 추구하며, 미래의 인류를 위해 탐구하는 일이다. 이런 몇 가지 점만으로도 카우프만의 이 책,《인문학의 미래》는 한국의 인문학자와 교수, 대학생, 교육 행정가 들에게 따끔한 일침을 줄 수 있을 것이다. 마지막으로 10여 년 전부터 각별한 인연을 맺어온 이은정 박사가 이런 의미 있는 책을 번역해서 더욱 감사할 따름이다.

지식인이 시대의 양심으로 통하던 시절이 있었다. 식민지라는 국운의 위기를 겪을 때에는 지식인들이 앞장서 학교를 세우고 미래의 희망을 키워냈으며, 근대화의 거센 물결 속에서 민주주의가 실종됐을 때에는 지식인들이 거리로 나와 정의와 자유의 가치를 부르짖었다. 무지하기 때문에, 가난하기 때문에, 소외되었기 때문에 당해야 했던 각종 불의와 차별에 분노했던 것도 지식인들이었으며, 사회의 부조리를 앞에 두고도 변화시키지 못하는 자신의 나약함을 부끄러워했던 것도 지식인들이었다.

그러나 요즘에는 시대의 양심이라는 무거운 짐을 짊어지려는 지식인을 찾아보기가 쉽지 않다. 그뿐 아니라 오늘날 지식인은 첨단 기술산업의 미래를 선도해 나갈 역군들이나 능숙하게 외국어를 구사하면서 세계화의 추세에 발맞추어 자신의 전공분야를 세밀하게 파고드는 전문가들에 떠밀려 실종되는 추세이다. 세계에서 가장 높은 대학진학률을 자랑하는 우리나라 대학생들에게 사회에서 자신이 맡고 있는 역할과 위치를 묻는다면, 아마 스스로를 지식인이라고 여기는 학생은 거의 없을 것이다. 그리고 이들에게 대학의 의미와 역할을 묻는다면 어떤 망설임도 없이 좋은 직장을 얻기 위한 발판이라고 답할 것이다.

지식인의 의미와 대학의 역할이 변한 이유에는 물론 88만원 세대의 젊은이들이 처해있는 암울한 현실이 한몫을 하고 있다. 젊은이들은 치열한 경쟁을 통과해야만 취업을 쟁취할 수 있다. 그래서 대학생이라는 틈새 기간은 학문의 전당을 활보하고 만끽할 수 있는 시간이 아니라 기업들이 요구하는 각종 자격들을 준비하는 기간이다. 성적 역시 경쟁력이기 때문에 친한 친구와도 필기 노트는 절대로 공유하지 않으며, 수업에 불참했을 때에는 각종 이유를 적은 결석계를 꼬박꼬박 제출하는 것이 이들의 문화이다. 게다가 성적이 공지되면 비관적인 학점으로 인한 미래의 온갖 암울한 전망들을 열거하면서 선처를 구걸하다가, 급기야는 학부모가 나서서 전화를 걸어오기도 한다.

대학과 대학생은 이런 측면에서 본다면 필요에 의한 주종主從 관계처럼 보이지만 실상은 판매자와 구매자의 관계에 가깝다. 대학생들에게 대학은 점차 경쟁력을 갖추기 위한 스펙의 하나이자 자신이 가진 지식자본을 투입해서 얻어낸 일종의 상품이 되고 있다. 1980년대의 대학생들이 저항의 메시지를 전달하기 위해 단체로 티셔츠를 입었다면, 요즘 대학생들은 자신이 획득한 상품을 자랑하기 위해 학교 로고가 새겨진 고급 점퍼를 입는다. 학술계로 진입할 계획이 없다면 교수들과의 관계 역시 스승과 제자의 관계라기보다는 의무와 권리의 관계에 가깝다.

　대학의 위상이 이렇게 변하면서 최근에는 대학들이 앞장서서 취업률을 높이기 위한 각종 개편들을 단행하고 있고, 기업들의 목소리가 직접 대학에 반영되는 비중도 높아지고 있다. 우리 시대의 대학과 학생, 기업이 한 목소리로 요청하고 있는 것은 고소득 전문가와 기업형 인재 양성이다. 그래서 취업에 유리한 학과들을 확대하고 신설하는 것은 급선무로 여기지만, 미래형 인간을 만드는 지식에 일조하지 못하는 수업들은 폐지의 대상이 된다.

　이런 분위기 속에서 제일 먼저 외면당하는 학문은 단연코 인문학일 수밖에 없다. 인문계 출신 학생들이 품고 있는 자괴감을 굳이 언급하지 않더라도 취업 전선에서 소외된 그들을 재교육 대상으로 보는 최근의 사회 분위기는 인문학이 처해있는 위치를 알려준다. 대학에서 인문학은 가장 화려하지만 동시에 가장 무익한 학문으로 취급받는다. 또한 미래의 산업을 개발하고 성장시키는 데 일조하지 못하는 과거 시대의 유물로 여겨진다. 몇 년 전부터 인문학의 위기라는 이야기가 심심치 않게 들려오는 이유는 시대적인 요구와 직접적인 관련성을 갖추지 못한 이런 분위기에서 기인한다.

　그렇다면 과연 인문학은 도태되어야 할 학문일까? 인문학의 위기는 필연적인 것일까? 인문학 전반에 관한 근본적인 물음들은 인문학을 단순히 학문의 한 분야로서만 국한시킬 수 없는 다층적인 고려를 요구한다. 최근 대학들이 앞다투어 교양교육의 개편을 시도하는 모습은 인문학에 대한 문제제기가 대학의 존재이유와도 결부되어 있다는 것을 알려준다. 만약 대학의 목표가 미래형 노동자의 배출이라면, 전문가 양성의 전초기지인 전공 수업을 제외한 교양 과목들은 당연히 쓸모는 없지만 알아두면 좋은 장식품에 불과할 것이다. 그리고 기왕이면 이 장식품들이 세계화의 추세에 걸맞는 세련된 매너와 품위를 갖도록 해주면 바람직할 것이다.

모든 사람들이 최선의 선택이라 여기면서 한 곳만을 바라보고 있을 때, 만약 그 방향이 희망의 산봉우리가 아니라 절망의 낭떠러지쪽이라면 우리에게 가능한 미래란 무엇일까? 인문학의 정수라고 할 수 있는 철학이나 문학 텍스트에는 흥미롭게도 이런 방향에 대한 문제제기가 유난히 많이 등장한다. 플라톤의 동굴 비유에서부터 도스토예프스키의 대심문관에 이르기까지 인문학이 던지는 물음들은 폐단으로 기울고 있는 습관과 맹목으로 굳어져가는 견해에 날카로운 비판을 가하는 이단자 역할을 자처해왔다. 최초의 근대적 인간이 나온다고 할 수 있는 단테의 《신곡》에는 동시대 사람들에 대한 거침없는 비판이 기록되어 있다. 또한 근대철학의 아버지라 불리는 데카르트는 자명한 것처럼 보이는 모든 사실들을 의심하라고 권유한다.

인문학의 어원이 되는 후마니타스studia humanitas 는 고대 그리스문화에서부터 발생한 것으로 지식의 습득과 수양을 의미했으며, 로마 시대에는 문명인이 되려는 열망을 실천할 수 있는 교육을 뜻했다. 르네상스 시기를 휴머니즘의 부흥기라고 하는 것은 이런 인문교육의 정신을 새로운 시대를 열기 위한 토대로 삼았기 때문이다. 또한 바로 이 시기에 유럽에는 성직자가 아닌 일반인을 대상으로 하는 대학이 곳곳에 설립되었는데, 대학University이라는 단어에는 인간 세계로 국한되지 않는 우주 전체를 포함한 보편성의 의미가 포함되어 있다는 점에서 인문정신 그 자체라고도 할 수 있다.

전문가는 많지만 지식인은 찾기 쉽지 않은 시대, 대학에도 개혁이 필요하다고 요구하는 시대, 그리고 인문학의 추락과 위기를 말하는 시대의 한 가지 공통점은 우리가 당장의 안락을 위해서 미래의 비전에 눈을 감고 있다는 것이다. 프랑스의 양심이라 칭송되는 사르트르의 비판처럼 전문가는 자신의 분야에는 최선을 다할지 몰라도 사회 전반의 불의와 모순에 대해서는 귀와 입을 열지 않는다. 그런데 대학이 지식인을 포기하고 전문가 양성만을 목표로 삼는다면, 젊은이들이 선택할 수 있는 것은 치열한 경쟁을 뚫고 살아남는 성공 담론뿐이다. 또한 안정된 직장과 평안한 노후생활에 저당 잡힌 젊은이들의 시야를 인문학이 앞장서서 깨뜨리고 넓혀주지 않는다면, 인문학의 위기는 시대적인 역풍 때문만이 아니라 스스로 자초한 결과라고 할 수 있다.

요즘 인문학자들이 위기를 극복하기 위해 시도하고 있는 모색들은 인문학을 도구화하는 방향이 주를 이루고 있다. 이런 시도의 주된 요지는 인문학이 결코 시장의 생산성과 역행하지 않으며, 보다 폭넓은 상상력을 제공함으로써 보다 창의적인 인재양성에 기여할 수 있다는 것이다. 다시 말해 조직구조에 경직된 전문직의 사고로는 신속하게 변화하는 시장의 요구를 파악할 수 없으며, 인문학만이 특유의 비전문성과 비논리성을 통해서 창조적인 생각을 가능하게 할 수 있다는 것이다. 이런 논리는 미래 산업의 전망을 문화소비에 맞추는 최근 경제학의 트렌드와 맞물리는 것이다. 마케팅 분야의 어떤 대학자는 기업의 가치를 높이기 위해 사회적 배려를 실천하고 소비자의 심리를 파악하기 위해 인간의 욕망을 분석하며, 물신적 관계를 위장하기 위한 서비스도 추가할 것을 강조한다.

물론 인문학은 결코 도구가 될 수 없는, 그 자체로 고귀하고 숭고한 것이 아니다. 그러나 우리가 인문학을 도구로 사용하고자 할 때, 이 도구를 사용할 수 있는 주인은 학자도 아니고 정치 이데올로기도 아니며, 시장은 더욱 아니다. 소크라테스는 아테네 법정에서 자신을 아테네 시민들을 위한 등에라고 말했으며, 정호승은 시인을 일러 "이 세상 햇빛이 굳어지기 전에 홀로 켠 인간의 등불"이라고 불렀다. 인문학이 정치 이데올로기나 시장의 생산성을 위한 하나의 도구로 전락한다면, 우리가 처해있는 현실의 벽 바깥에서 우리 자신을 볼 수 있는 시선, 어떤 구속으로부터도 자유로운 보편성의 이념인 대학의 이념은 차단되고 만다.

인문학의 목표는 인류를 대상으로 삼는다. 전체주의의 거친 물살을 온몸으로 체감했던 하이데거는 자신의 묘비명에 별모양 하나만을 새겨놓았다. 그리고 자신은 하나의 별을 쫓아 걸어갔으며, 자신이 걸어간 길이 올바른지 그렇지 않은지는 후대의 역사가 판단할 일이라는 이야기를 남겼다. 모든 숭고한 이상들은 현실에서 구체화되는 순간 역사라는 운명에 의해, 인간이라는 한계로 인해 퇴락의 수순을 밟는다. 이는 인간이 만들어내는 작품이 신의 작품과는 달리 자신이 속한 시대 의식을 벗어날 수 없는 미완성의 작품이기 때문이다. 그렇지만 바로 이런 인간적인 불완전성 때문에 인문학은 끊임없이 과거를 참조하며, 자기 시대에 안주하기보다는 더 나은 인류의 미래를 꿈꾼다. 인문학이 자기 시대를 가장 날카롭게 비판하려는 이유는 아직 우리에게 도래하지 않은 더 나은 세계를 꿈꾸기 때문이다. 따라서 인문학을 도구로 쓸 수 있는 유일한 주인은 인류라는 희망뿐이라고 할 수 있다.

월터 카우프만의 《인문학의 미래》는 1977년에 처음으로 출간되었다가 그의 사후인 1995년에 다시 재발간된 책이다. 30년도 지난 과거의 책을, 그것도 미국 대학의 인문학 풍토와 교양 교육의 문제점을 신날하게 비판하는 내용을 굳이 다시 번역할 필요가 있을까 고민하지 않은 것은 아니다. 게다가 카우프만은 우리나라에서는 니체 전문가로 잘 알려진 인물이지만, 나치를 피해 미국으로 이주한 철학자라는 경력이 알려주듯이 유독 하이데거와 아렌트에게 비판적이어서 이들을 연구한 본인으로서는 여간 불편하지 않을 수 없었다.

그럼에도 인문학 전반에 대한 그의 폭넓은 이해와 30년 가까이 대학에 재직하면서 고민했던 대학교육에 대한 문제제기는 아직까지 인문학의 위기에 정면으로 맞서지 못하는 우리나라의 사정을 고려해 볼 때 여전히 유효하고 중요하다고 여겨졌다. 또한 최근 불고 있는 대학가의 교양수업 개편 방향과 점점 더 높아져가는 학술진흥재단에 대한 인문학 연구자들의 의존도는, 1970년대 미국 대학이 겪었던 인문학의 위기를 뒤늦게 겪고 있음을 실감하게 해준다. 뒤늦은 번역이라는 점에서 인문학자로서 죄송하기도 하고 부끄럽기도 하다.

이 책이 겨냥하고 있는 주요 독자는 전문가임을 자처하는 인문 연구자들과 대학의 교수들이다. 카우프만은 미국에 닥친 인문학의 위기가 과학기술과 경제 산업을 최고의 가치로 여기는 시대적인 영향도 있지만, 주요하게는 현실적인 문제들과 소통하기를 멈춘 인문학자들의 책임 방기 때문이라고 본다. 또한 그는 인문학에 철학과 문학, 종교와 역사, 미술과 음악을 포함시키지만, 오늘날 이 여섯 가지 분야들은 각각의 세부 전공들로 나뉘어져 영향관계가 거의 없다고 말한다. 인문학이 이렇게 고립되고 세분화되어가는 이유 중 하나는 학문 전반의 전문화 추세 때문이다.

카우프만은 인문학의 전문화가 비전을 가진 통찰가들과 토론의 중요성을 일깨워주는 소크라테스 유형의 학자들을 대학가에서 몰아냈다고 진단한다. 이로 인해 대학생들이 대학에서 만나는 인문학은 인간의 가치에 대해 근원적인 질문을 던지거나 세상의 다양한 문화들을 접해 스스로를 넓혀가게 해주지 못한다. 대신 아주 협소한 주제들 안에서 세부적인 것들의 변화를 탐구하는 일 종의 고古 유물이 되고 있다. 학부과정에서부터 이렇게 인문학을 접하다보니, 대학원에 진학하는 학생들 역시 인문학에 특별한 애 정을 갖고 있기보다는 대학에 좀 더 오래 안주하기 위한 구실로, 혹은 일종의 전문직 직업을 얻기 위한 경우가 많다. 게다가 이렇 게 배출된 학자들은 자신이 속한 학파로 세력을 만들고 학문을 일종의 게임으로만 즐기려고 할 뿐, 자신과 관점이 다른 학자나 학파와는 대화를 하려고 하지 않는다.

이런 점에서 카우프만은 인문학의 위기가 단순한 교육제도의 문제에만 그치는 것이 아니기에 인문학이 무엇인지, 인문학이 왜 필요한지, 그리고 인문학을 공부하기 위해서는 어떤 마음가짐과 방법들이 필요한지에 대한 기본적인 점검이 필요하다고 본다. 이 책이 인문학을 대하는 학자들의 마음가짐에서부터 시작해서, 독 서 방법과 서평, 번역, 편집의 문제들을 다루는 이유도 인문학을 접하는 기본적인 태도와 방법부터 차근차근 점검해 나가기 위해 서이다. 또한 카우프만은 이 책에서 종교의 문제를 상당히 비중 있게 다루는데 이는 그 자신이 유대인으로서 나치의 파시즘이라 는 충격적인 폭력을 경험했기 때문이다. 그는 종교가 서구 문명 을 이끌어온 주요한 정신적인 힘이며, 인간이 추구해야 할 가치 에 대한 근본적인 물음들을 담고 있다고 본다. 그러나 종교는 철 학과 달리 의심이 아닌 믿음, 비판이 아닌 복종을 요구하기 때문에 언제든지 폭력적이고 편협한 세계관으로 기울어질 수 있다. 그래서 카우프만은 대학생들이 자신의 종교와 다른 문화권의 종교들을 서로 비교해 각각의 고유한 장점들을 인정할 수 있는 안목을 교양 과목에서 반드시 접할 수 있어야 한다고 말한다.

물론 카우프만이 반복해서 다루는 종교의 문제들은 다분히 거리감이 느껴지는 것이 사실이다. 그렇지만 최근 한국 사회에서도 종교 갈등이 점차 심해지면서, 특정 종파나 분파의 종교가 맹신의 대상으로 여겨지는 사례도 종종 출현하고 있다. 이런 점에서 본다면 인간과 종교의 관계에 대한 근본적인 고찰이 우리 사회에도 필요하다는 생각이 든다.

카우프만이 사변론자로 분류했던 학자들에게는 아마도 이 책이 자신의 분야와는 너무 동떨어진 포괄적인 문제를 제기한다는 점에서 그다지 유용하지 않을 것이다. 그러나 한국 사회의 대학 교육과 인문학을 고민하는 학자라면 여러 각도에서 문제를 진단하고 대안들을 모색하는 데 이 책이 하나의 소중한 자료가 될 것이라 생각한다.

앞서 잠시 언급했지만 인문학의 위기는 대학의 존재이유와 관련이 있어 교양 교육의 방향에 영향을 미친다. 인문학의 꽃이라고 할 수 있는 교양 교육은 대학생이 전문가가 되기 위해 갖추어야 할 기본소양 교육이 아니라 이 시대의 양심 있는 시민, 즉 지식인이 되기 위한 교육이다. 카우프만은 이를 비판정신이라고 표현하는데, 대학의 역할은 각 학문 영역의 전문가를 키워내는 데 있기도 하지만 자신의 전공 영역을 넘어서 보다 넓은 시각에서 자신의 시대를 비판적으로 바라볼 수 있는 안목을 키우는 역할도 맡고 있기 때문이다. 그런데 만일 인문학자라는 사람들이 스스로를 전문가라고만 여기고 지식인의 역할을 방기한다면, 가령 에밀 졸라 Émile Zola, 1840~1902에 대해서라면 당시의 시대 상황뿐만 아니라 그의 작품 전반에 대한 주요한 해석자들의 논평까지 훤히 꿰고 있는 학자가 졸라의 문제의식을 우리 시대의 문제의식과 연결시키기를 방기한다면, 이 학자의 지식은 박물관에 안치된 유물에 지나지 않을 것이다.

이런 점에서 본다면, 인문학의 위기에 가장 큰 책임이 있는 사람은 바로 인문학자들이며, 이 위기를 가장 소리 높여 경고해야 하는 것도 인문학자들이다. 학자들 스스로 자신의 학문을 진열장 안의 고물古物로 여기면 대학도 인문학을 그렇게 여길 수밖에 없으며, 결국 학생들에게 사치품에 지나지 않게 될 것이다. 반면 인문학자들이 이 위기를 놓고 자신을 책망한다면, 그의 반성은 학문을 시대의 등에로 삼는 하나의 지표가 될 것이다. 또한 학생들도 인문학이 현실의 문제와 동떨어진 지식이 아니라 자신을 냉철하게 바라보게 해준다고 생각할 것이다. 더 나아가 젊은이들이 사회가 선호하는 기준에 자신을 맞추기보다는 시대에 대한 비판적 사고를 통해 사회와 역사, 문명이라는 큰 틀에서 열정과 호기심을 키워나가며 모든 사람들이 향하는 길이 아닌 자신의 길을 개척해 나갈 수 있도록 도와줄 것이다.

20세기 초반에 막스 베버는 자유시장이 선사한 막대한 혜택 앞에서 기성세대가 미래세대에게 진정으로 남겨주어야 할 것이 무엇인지 물었다. 그의 대답에 따르면 우리가 미래 세대에게 진정으로 주어야 하는 것은 풍족한 기술의 혜택이나 안락한 생활이 아니라 어떤 인간이 될 것인가에 대한 청사진이다. 우리 시대의 문법으로 번역해본다면, 지금 청소년 세대들은 우리 세대가 만들어 놓은 온갖 상품들에 둘러싸여 있으며 우리 세대가 경험했던 성공담론을 따라서 인생의 계획을 설계하고 있다. 그러나 이 풍요롭고 계획적인 미래 세대만큼 심리적인 불안을 호소하고, 대화하기를 주저하며, 도덕적인 판단력을 결여한 세대는 없을 것이다. 대학생들에게 집단 의견에서 벗어나 자기 주장을 할 수 있는 용기가 있냐고 물으면 열에 아홉 이상은 모두가 고개를 흔든다. 왜냐하면 그들은 한 번도 혼자서 판단해 본 적이 없기 때문이다.

미래 세대에게 고소득이 보장된 유망 직종이나 기업이 선호하는 유능한 인재상이 아닌 더 넓은 전망을 안겨주지 못한 점은 우리 세대의 잘못이다. 그리고 그중에서도 특히 학자라는 자만심에 빠져 지식인이기를 외면한 인문학자들의 잘못이다. 인문학의 정신은 카우프만이 주장한 것처럼 비판적인 사고에 있으며, 이런 비판적 사고는 최근 만년의 대학자가 언급한 것처럼 인간에 대한 책임과 사회에 대한 책임, 그리고 역사와 문명에 대한 책임에서 나온다. 따라서 인문학이 교육의 목표로 삼아야 하는 것은 당장의 유용성이 아니라 인류의 책임감 있는 지식인으로 성장할 수 있는 폭넓은 안목과 통합적인 지식 그리고 인류에 대한 연민이다. 대학이 이런 교육을 목표로 삼을 때 비로소 열린 시대의 열린 정신을 위한 학문의 전당이라는 영예를 되찾게 될 것이다.

학자로서의 경력뿐만 아니라 교육자로서의 경력 또한 길지 않아서 지나친 주제를 부린 것은 아닌가라는 두려움이 앞선다. 게다가 카우프만의 논의가 지닌 시대적인 한계와 곳곳에 드러나는 그의 주관적인 편견을 감안해보면, 이 책의 뒤늦은 번역은 역시 아쉬움으로 남는다. 그럼에도 이 작은 수고가 인문학의 미래를 모색하기 위한 중요한 대안은 아니어도 첫 번째 단추 정도는 될 수 있으리라는 작은 기대를 가져본다.

인문학 교육이 곧 인류의 미래다

인문학humanities은 표류하고 있다. 나는 그것이 어디로 떠내려 갈지 예견하고 싶은 마음이 없다. 나의 목적은 인문학의 미래를 예언하는 것이 아니라 영향을 주는 것이다.

　인문학의 이런 슬픈 상황은 우리가 모두 관심을 기울여야 할 중요한 문제가 되어야 한다. 확실히, 인문학을 가르치거나 공부하는 대부분의 사람들이 하고 있는 일에 대해 비전문가들은 흥미가 없다. 그리고 인문학을 가르치고 거기서 출판되는 대부분의 내용은 거의 배울 필요도 읽을 필요도 없는 것들이다. 많은 학생들이 대학을 시간 낭비라고 판단하고 많은 부모들이 대학을 돈 낭비라고 여기는 것은 전혀 놀라운 일이 아니다. 하지만 하고 있는 일과 해야 하는 일 사이에는 차이가 있다. 이 차이는 인문학을 평가할 때만 중요한 것이 아니다. 무엇보다 인류humanity를 위해서 중요하다. 우리는 자신이 무엇을 해야 하는지, 인간의 목적이 무엇인지를 성찰할 수 있어야 한다. 대부분의 인문학 교사들과 학생들이 깨닫지 못하지만 인문학이 해야 할 일은 바로 이것이다.

인문학은 깊은 어려움에 빠져있다. 고등교육에 종사하는 사람들은 무엇인가 해야 할 필요가 있다는 점에 동의할 것이다. 하지만 지금까지도 무엇이 잘못되고 있으며 그 대안이 무엇인지는 충분히 논의된 바가 없다. 이 책의 목적은 인문학 교육에 대해 진단을 내리고 왜 그것을 가르쳐야 하는지, 어떻게 가르쳐야 하는지에 관한 견해를 제시하는 것이다. 논의를 진행하다보면 우리가 당면한 문제가 다름 아닌 인류의 미래에 관한 것이라는 점이 분명해질 것이다.

'인문학'이란 정확히 무엇인가? 그리고 지금 인문학이 경종을 울릴만한 상황이라는 것은 정말로 사실인가? 우선 이런 질문들에 대략적으로 답을 해야 할 것이다.

인문학의 분야와 관련해서는 대체로 다음과 같이 여섯 가지를 언급할 수 있다. 종교, 철학, 예술, 음악, 문학, 역사에 관한 연구가 그것이다. 일반적으로 앞의 네 가지 분야는 대학에서 개별 학과가 담당하는 반면, 문학은 영어나 독일어 같이 각각의 언어군에 따라 다양한 학과들에서 연구한다. 인문학에 속하는 이 여섯 가지 분야는 자연과학이나 사회과학과는 뚜렷한 대조를 보인다. 한때는 인문학이 가장 명망 있다고 여겨졌으나, 제2차 세계대전 이후에는 자연과학이 가장 높은 명성과 경제적인 후원을 누리고 있다. 사회과학은 비교할 만한 특별한 성과는 지적할 수 없지만 '과학'이라는 반사적 영예를 얻고 있다. 그래서 최근에는 많은 역사학자들이 자신을 인문학자보다는 사회학자로 보기를 바라며 이것은 다른 '인문학' 분과의 교수들 역시 마찬가지다. 인문학이 처해있는 문제 중 하나가 바로 이것이다.

또 다른 문제는 1970년경부터 일어난 것으로 훨씬 심각하다. 그 당시에 갑자기 인문학 박사학위가 있는 젊은 사람들이 교직을 찾는 것이 거의 불가능해졌다. 여기에는 주요한 두 가지 원인이 있었다. 첫째, 1940년대에 가파르게 상승했던 (소위 베이비 붐Baby Boom이라 불리던) 출산율 증가가 지속되지 않았고, 1960년대부터 급증하던 대학의 성장이 갑작스럽게 멈춰 버렸다. 1960년대 이전에는 늘어나는 대학의 숫자와 더불어 교사가 부족했기 때문에, 훌륭한 대학원생이라면 학위를 마치지 않아도 높은 봉급의 교수직을 제의받았지만 1970년대부터는 그런 시절이 지나가면서 새로운 기회도 멈춰 버렸다. 둘째, 교수직과 종신 재임직을 포함한 많은 자리들이 지난 25년 동안 젊은 사람들로 채워지면서 퇴임으로 인한 공석 가능성이 거의 사라졌다. 이 두 가지 결과는 쉽게 예측할 수 있는 것이었음에도 대학기관은 충격에 휩싸였고 대학원들은 변화된 상황에 극도로 느리게 대처했다.

대표적인 예로 1961년에는 '교육발전을 위한 카네기재단Car-negie Foundation for the Advancement of Teaching'의 퇴임 회장이 《대학원 교육》이라는 책에서, 대학이 당면한 주된 문제가 앞으로 다가 올 1970년대의 수요를 충족시킬 만큼 충분한 수요의 박사학위자들을 배출하지 못하는 것이라고 주장했다. 또한 그는 자신이 최근에 "상황을 파악하기 위해 대학 40여 곳을 방문"했다고 말하면서, 〈증가하는 박사 부족 현상〉이라는 장에서 과학의 위엄을 나타내는 상징인 수많은 통계자료들을 쑤셔 넣어 놓았다. 그럼에도 1975년에는 철학 분야에서만 2,000여 명의 박사학위자들이 교직을 구할 수 없었으며 이런 문제는 전 세계로 확산됐다.

1976년 2월 4일자 《뉴욕 타임즈》(38면)는 "고용과 취업 전망에 대한 미연방 노동 통계청의 예측에 따르면, 1972년에서 1985년까지 (…) 예술과 인문학 분야의 박사학위자들의 전망은 (…) 음울하며, 7만 9,600명으로 예상되는 졸업생들에 비해 일자리는 1만 5,700개 정도만 가능할 것"이라고 전했다. 80퍼센트 이상의 학생들이 자신이 교육받은 분야에서 직업을 찾을 수 없을 것이라는 얘기다.

이런 상황은 예술과 인문학 분야에서 특히 심각하다. 왜냐하면 이런 분야의 박사학위는 전통적으로 대학에서 가르칠 수 있는 자격을 부여받는 역할만을 의미했기 때문이다. 박사학위가 있는 과학자들은 대체로 보다 더 유리한 다른 선택지들이 있다. 남아도는 박사들을 중고등학교의 교육 수준을 높이는 기회로 활용할 수도 있지 않겠느냐고 생각할 수 있겠지만, 출산율의 저하는 중고등학교에도 공석이 거의 없다는 것을 의미한다. 게다가 이런 개혁안은 박사학위가 없는 젊은이들의 취업 기회까지 막아버리는 위험이 있다. 그리고 현재의 교육 과정대로 인문학을 가르치는 한, 과연 박사학위자들이 중고등교육의 수준을 정말 높일 수 있는지도 의심스럽다. 대부분의 박사들은 비전문가인 십대를 가르칠 준비가 전혀 되어있지 않기 때문이다.

이에 따라 당연히 대부분의 인문학 대학원 프로그램들은 과감하게 축소될 수밖에 없을 것이다. 월등하지 않은 많은 대학원들은 한꺼번에 폐기될 위험에 처할 것이고, 많은 교수들은 이전과 다르게 학부생들에게 더 많은 관심을 기울여야 할 것이다. 그리고 인문학 교육도 다시 재고해야 할 것이다.

자연과학과 사회과학도 인문학에 대한 이런 면밀한 검토를 통해서 얻는 것이 있을 것이다. 게다가 교육의 문제는 초등교육 또는 그보다 앞선 가정교육과 문화적인 환경에서부터 시작한다. 그래서 만일 학생들이 지금보다 더 나은 준비를 해서 대학에 들어간다면, 고등교육의 전망 또한 훨씬 밝아질 것이다. 그러기 위해서는 초중등학교와 고등학교, 심지어 대학교에서도 자연과학과 사회과학, 인문학을 다루는 교재들이 엄청나게 늘어나야 한다. 그러나 그에 대한 부작용으로 쓸모없는 피상적인 교육이 양산될 수도 있다는 점을 알아야 한다. 내가 여기서 다루고자 하는 분야들 역시 엄청나게 방대하다. 나는 특히 음악에 관심이 있음에도 충분한 교육을 받지 못했고, 지금도 지식이 부족하다는 점을 절감하고 있다. 사회과학에서 무엇이 불필요하고 무엇이 유익한지를 결정하는 것은 다른 누군가가, 가급적이면 사회과학자가 해야 할 일이다. 그리고 대학에 들어가기 전에 어떤 것을 가르쳐야 하는가의 문제 역시 간략하게만 집고 넘어가기에는 정말 중요한 사안이다. 간결함의 미덕도 있기 때문에 나는 언어교육과 창조적인 예술교육은 논의에서 제외시켰다. 이 두 가지는 앞서 언급한 여섯 가지의 주요한 분야와는 다른 문제점이 있다. 반면 여섯 가지 분야는 유사한 문제점이 있으며 이것들을 가르쳐야 하는 이유 또한 대체로 비슷하다. 이런 점에서 여섯 가지 분야를 묶어서 '인문학'이라고 통칭하고자 한다.

플라톤Plato, BC 428/427~BC 348/347은 이미 오래전에 교육과 관련한 최초의 중요 저작에서 구체적이면서도 지속적으로 제기되는 문제를 다룬 바 있다. 나 역시 큰 틀의 문제에 관심이 있지만 그것을 구체적인 사항들과 연결시켜 보려고 노력했고, 플라톤이 했던 것처럼 세부적인 강의 계획안도 제시해보았다. 강의 계획안과 관련해서는 한 학기를 대략 10주로 잡았다. 많은 학교에서 한 학기는 10주보다 길게 구성되는데, 이는 좀 더 많은 것을 해볼 수 있다는 점에서 환영할 만하다.

논의가 추상적이 되는 것을 피하기 위해 사례를 제시하고 명칭을 부여했다. 1장에서 나는 마음가짐을 네 가지로 구분하면서 이런 시도를 했다. 물론 어떤 인물을 특정한 유형으로 구분하지 않고 써내려가는 게 좀 더 편리할 것이다. 어떤 개인을 언급하게 되면 곧바로 반박에 부딪히고 적을 만들기 때문이다. 하지만 실제 인물을 다뤄야만 유형의 분류가 생생함을 얻을 수 있다. 게다가 더욱 심각한 문제는 많은 사람들이 이런 인물들에 친숙하지 않고, 그래서 낯선 이름들 때문에 종종 당황스러울 수도 있다는 것이다. 혹시 누군가가 이런 점 때문에 괴로움을 느낀다면 정말 유감스럽다. 이런 독자들은 자신이 경험한 사례들 가운데서 관련 사례를 찾아본다면 이해가 명료해지리라 생각한다.

1장에서는 논의를 진척시키기보다 좀 더 많은 주제를 소개하려고 했다. 그리고 이런 주제는 각주를 달아 설명하기보다 다음에 이어지는 장에서 더 구체적으로 논의하려고 했다. 그래서 이 책은 하나의 단위로 구성되어 있는 하나의 전체로 여길 필요가 있다.

또한 간결함을 유지하기 위해 나는 고등교육과 관련한 수많은 문헌들에 대해 논의하는 것을 피했다. 그 대신 반대의견과 대안을 숙고해보는 것이 중요하다는 것을 강조했으며, 내가 주장한 것을 실천해보려고 노력했다. 이전의 저서들에서는 다른 학자들과의 입장 차이를 변호하기 위해 상당히 많은 지면을 할애했지만, 이 책에서는 비교적 사소한 논쟁 때문에 길을 잃지 않고 한번에 모든 것을 볼 수 있도록 일관된 관점을 구체화하는 데 집중했다.

같은 이유에서 잘못된 사례들을 지나치게 많이 제시하는 것도 피했다. 이런 사례가 책을 좀 더 흥미롭게 만들 수도 있겠지만, 관심을 다른 곳으로 돌리게 할 수도 있기 때문이다. 대부분의 독자들은 아마 자신이 겪었던 실패나 실망을 떠올리는 데 아무 어려움이 없을 것이다. 이 책의 목적은 그런 긴 목록을 덧붙이는 것이 아니라 얼마나 많은 것들이 서로 맞물려있으며, 인문학의 미래를 위해서 무엇을 해야 하는지 보여주는 것이다.

인문학을 가르쳐야 하는 이유

인문학은 표류하고 있다. 노를 젓는 사람들은 충분히 많지만 대부분의 교수들이나 학생들은 배의 방향에 관심을 기울이지 않는다. 그런데 이들이 인문학의 방향을 고민하지 않는다면, 누가 그것을 할 것인가?

몇몇 교수들과 학생들은 게임을 즐기느라 바쁘다. 또 많은 사람들은 이 게임을 분석하느라 바쁘다. 그리고 대다수의 사람들은 이 게임의 아주 작은 움직임을 분석하고 있다. 소수의 사람들은 이런 일에 아주 능통하고 나머지 대부분의 사람들은 그렇지 않다. 여기서 당신들의 활동과 논문, 저서, 강의와 연구의 요점이 무엇이냐고 묻는 것은 상스러운 것으로 여겨진다.

지식은 그 자체로 가치가 있다든가, 지식은 진리를 따르는 것이라는 상투적 주장은 우선순위에 관한 중요한 문제를 방기하게 만든다. 모든 지식이 동일하게 가치 있는 것은 아니다. 더군다나 학생들이나 교수들에게 미국의 낙선한 부통령의 비서의 아버지에 관한 진실을 추구하기 위해 수년을 허비하라고 부추겨서도 안 된다.

한편, 아직도 몇몇 대학의 총장들은 '인문주의humanistic'와 '인도주의humanitarian'가 마치 동의어인 것처럼 이야기한다. 이 분야의 연구 중 대부분은 분명히 하찮은 것임에도 인문학이 인류의 미래에 대한 열쇠를 쥐고 있다고 느끼는 풍조 또한 만연해 있다. 만약 인문학을 지금과 같은 방식으로 계속 가르친다면, 그것은 자신의 관으로 들어가는 열쇠만을 쥐고 있는 것이다.

방향에 대해 생각하지 못한다는 것은 지금과 같이 급변하는 시대에 위험한 일이다. 이 배가 새로운 여행을 생각하지 않고 오랫동안 정박해 온 것이라면, 방향에 대한 논의는 불필요한 일일 것이다. 하지만 끊임없이 움직이는 중이고 관점이 항상 변해왔다면, 방향에 관한 숙고를 거절하는 것은 재앙을 맞이하는 일이다.

인문학을 가르쳐야 하는 이유에는 최소한 네 가지가 있다. 첫째, 인류의 위대한 작품들을 보존하고 양육하는 것이기 때문이다. 정의상, 인문학은 인류의 역사와 업적을 다룬다. 그런데 왜 우리는 과거의 업적에 몰두해야 하는가? 역사의 대부분은 인간의 어리석음에 관한 우울하고 부질없는 이야기들, 맹목성과 잔악성으로 채워져있다. 그럼에도 이런 비참한 모든 것이 무가치하지는 않으며, 간혹 일어난 승리는 약간의 고통을 보상해준다. 이런 드문 승리의 값진 유산을 받았으면서도 그것을 후대에 전승하려고 노력하지 않는다면 우리는 인류의 배신자가 될 수밖에 없다.

인문학을 가르치는 일은 숭배에서 우러나온 경건한 행위가 되어야 하지만, 그렇다고 결코 과거 지향적이어서는 안된다. 우리는 그리스 비극이나 렘브란트Rembrandt, 1606~1669, 또는 모차르트Wolfgang Amadeus Mozart, 1756~1791가 젊은이들을 인간답게 하는 데 영향을 주기를 바란다. 이것은 그저 듣기 좋은 헛소리일까? 어쨌든 결국, 나치를 탄생시킨 독일에서는 고전에 관한 연구가 1933년 이전부터 이미 한 세기도 넘게 꽃을 피워왔고, 렘브란트와 모차르트는 널리 존경을 받아왔으니 말이다. 비인간적인 유미주의자들은 비인간적인 인문학 교사만큼이나 흔하다.

여기서 중요한 점은 무엇을 가르칠 것인가의 문제뿐만 아니라 어떻게, 어떤 마음으로 가르칠 것인가이다. 만약 교사가 비극 시인들과 렘브란트, 모차르트 등에 생기를 불어넣고 학생들에게 이들의 인간성과 타인들에 대한 예민한 감수성을 접하게 해준다면, 인간답게 만들어줄 수 있다는 기대도 그렇게 지나친 희망은 아닐 것이다. 이런 교육이 설교로, 이런 학문이 의식 고양으로 축소될 수 있을까? 독서의 기술과 번역을 논의하는 장에서 나는 현재 행해지는 대부분의 연구보다 내가 선호하는 이런 접근법이 훨씬 더 학구적일 수 있음을 보여주고자 한다.

또한 나는 위대한 작가나 예술가를 해석자의 관점을 옹호하기 위한 단순한 대변인으로 축소시키는 접근법을 강력하게 반대한다. 대부분의 설교를 지루하게 만드는 것은 이런 불손한 습관 때문이다. 과거의 위대한 인물들에 생기가 생기는 것은 그들에 대한 존경과 그들의 다양성을 끌어안을 때다. 학생들은 대안적인 관점에도 노출되어야 한다.

인문학을 가르쳐야 하는 둘째 이유는 인문학이 이 점과 밀접하게 관련되어 있기 때문이다. 철학과 종교, 문학과 예술은 다소 어느 정도씩 삶의 목표, 실존의 이유와 인간의 궁극 목적을 다룬다. 이것들에 관한 올바른 해답이 이미 최종적으로 주어져있고 그것이 비판의 여지없이 분명하다고 믿는 사람들은 아마 다른 대안을 공부할 필요가 없을 것이다.

사실, 대안에 관한 지속적인 관심은 이미 2,000년 전에 랍비들에 의해 발전했다. 이들은 성서에 계시된 해답을 믿었지만 대항적인 해석도 고려해야 한다고 확신했다. 중세 학자들은 이들의 발자취를 뒤따랐다. 두 경우에서 모두 대안적인 사고는 당시에 문제가 되지 않는 일반 여론에 속한 것들이었지만, 오늘날에는 대부분의 인문학자들이 문제로 삼을 만한 것들이다. 대안에 대한 탐구는 아직도 충분히 멀리까지 나아가지 못했다.

사려 깊은 사람이라면 다른 대안에 관심을 기울이면서 자신의 목적에 대해서도 숙고해야 한다. 이것을 하지 않으면, 일반 여론에 사로잡혀 다른 경쟁적인 대안과 비교하지도 못한 채 맹목적으로 복종할 수밖에 없다. 이런 점에서 인문학 연구는 정신이 자유롭고 자율적이도록, 다른 대안에도 눈을 열어 운명적인 선택을 할 수 있도록 이끌어 줄 수 있는 것으로 기획해야 한다.

인문학을 가르치는 것이 자신의 인생 목적이 지닌 문제점과 대면하도록 하는 데 실패한다면, 예상보다 훨씬 심각한 문제를 초래할 수 있다. 목표와 목적에 대한 숙고를 폄하하고 더 전문화된 방식을 통해 안전성과 확실성만을 추구한다면, 정작 가장 중요한 관심사들은 학계에서 설 자리를 잃고 밀려날 수밖에 없다. 실제로, 학생들은 다른 대안을 접해보지도 못한 채 자신의 가장 중요한 선택을 맹목적으로 결정하도록 강요받고 있다. 물론, 전문화의 이점에 대해서는 더 많은 것을 말해야 할 것이다. 이런 점에서 5장에서는 전문화 교육이 자율성을 위해 얼마나 필요한지를 보여주려고 했다. 하지만 전문화가 얼마나 쉽게 우리를 근시안적이고 맹목적으로 만들 수 있는지 파악하는 것도 그에 못지 않게 중요하다.

오늘날 인문학이 당면한 문제는 예수의 산상수훈Sermon on the Mount[1]에 등장하는 고전적인 정식을 빌려 표현할 수 있다. "만일 소금이 그 맛을 잃는다면 어디에 있는 무엇으로 그것을 짜게 할 수 있겠느냐?If the salt have lost its savour, wherewith shall it be salted?"[2] 대부분의 최근 판본들은 킹 제임스 판 성경King James Bible의 맛을 잃어버리고 말았다. 신 영역 성경The New English Bible은 이 부분을 다음과 같이 표현하고 있다. "어떻게 그것의 짠맛을 다시 회복할 수 있겠는가?How shall its saltness be restored?" 만약 구어체의

---

1 〈마태오 복음〉 5~7장에 기록되어 있는 예수의 군중설교. 윤리적 행위에 대한 예수의 가르침을 집약적으로 보여주는 중요한 문헌이다.(옮긴이)

2 〈마태복음〉 5장 13절이다.(옮긴이)

느낌을 원했다면, 그리스어 원문을 다음과 같이 표현하는 것이 좀 더 이치에 맞을 것이다. "만일 소금이 그 맛을 잃어버렸다면 어떻게 그것을 짜게 할 수 있겠는가? When the salt becomes insipid, how can one slat it?"

맛을 잃어버렸다는 표현은 예전에는 좋은 상태였다는 것을 의미한다. 하지만 여기서는 현재를 대가로 과거를 칭송하거나 마치 내가 젊었을 때에는 목적에 대한 숙고가 훨씬 많았다는 것을 말하려는 게 아니다. 예전에 소금이 너무 짰다고 불평을 늘어놓는 사람들은 미각을 잃어버렸거나 늙은이가 되어버린 것이 아닌지 의심해봐야 한다. 그리고 과거 세대들은 전혀 병들지 않고 건강했다고 믿는 사람들 또한 좀 더 인문학을 공부해야 한다.

인문학을 가르쳐야 하는 셋째 이유는 비전을 가르치기 위해서이다. 겉으로 보기에 이것은 불가능한 일처럼 보인다. 엄격한 의미에서, 비전은 소수의 사람들만이 가질 수 있으며 모든 대학생들을 통찰가 visionary로 변화시킬 수 있다고 생각하는 것은 어리석은 이야기로 들린다. 하지만 이 문제는 비전이 무엇을 의미하느냐에 따라 달라진다.

1장에서 나는 엄격한 의미에서 통찰가와 대안적인 모델이 될 수 있는 세 가지 유형의 사람들을 대비해보았다. 그리고 다음 장에서는 다양한 독서 방식을 다뤘다. 독서의 기술은 인문학 연구의 중요한 핵심이기 때문이다. 이런 주제들은 서평과 번역, 편집에 대해 논의하는 3장에서 더 심화될 것이다. 서평가, 번역가, 편집자는 다른 사람들이 책을 읽는 방식에 영향을 주는 독서가들이다. 책에 관심이 생길수록 서평가, 번역가, 편집자에게 더 많이 의존한다.

4장에서는 인문학의 한 분야인 종교에 관해 상세하게 다뤘다. 인문학 연구의 핵심이 인류의 위대한 작품들을 보존하고 대안적인 목적에 대해 숙고하는 것이라면, 그리고 사람들을 보다 딜 맹목적으로 만들기 위한 시도라면, 비교 종교학은 인문학에서 핵심적인 자리를 차지해야 한다. 왜냐하면 성서나《법구경Dhammapada》또는《도덕경道德經,Tao-Teh-Ching》과 비교할 만한 문학 작품은 아주 적기 때문이다. 그리고 위대한 회화나 조각 작품, 건축물, 음악 중 많은 것들은 종교적인 맥락에서 탄생했으며, 종교를 떠나서는 완전하게 이해할 수 없다. 하지만 구체적으로 어떻게 비교 종교학을 가르쳐야 하는지 보여주지 못한다면, 이런 주장에서 얻을 수 있는 것은 별로 없다. 한 예로, 한때 상당히 유행했던 개론槪論강의들survey course은 어떤 방식으로든 피상적이 될 수밖에 없었고, 결국은 악평을 떠안고 말았다. 구체적인 실례를 다루는 것이 아주 중요하기 때문에 나는 하나의 텍스트를 집중적으로 연구하는 방법으로 개론강의를 보완하려고 시도했다. 내가 이런 시도의 사례로 삼은 텍스트는〈창세기Genesis〉이다.

그 다음 나는 비전을 어떻게 가르칠 수 있으며 전문화와 학제 간 연구가 이런 목적에 얼마나 중요한지를 논의해보았다. 마지막 장에서는 다양한 교수법과 강의안, 프로그램, 그리고 학제 간 연구의 중요한 역할에 대해 다뤘다.

모두 여섯 장으로 구분된 이 모든 것들은 단일한 하나의 '비전'을 보여주기 위한 것이다. 주요한 조각들이 어떻게 함께 맞물려야 하는지 보여주기 위해서 나는 비전의 기본적인 요소들을 세분화해보았다. 예를 들어, 1장의 유형 분류는 그 자체로 중요한 것이 아니라 독서의 다양한 방식들을 논의하기 위한 도입이며, 이것은 종교적인 텍스트와 관련해서 더 확장된 논의로 발전할 것이다.

비전을 전달하기 위함이라는 모든 주장들은 다소 허풍처럼 들리기도 하며 권위를 내세우기 위한 의도처럼 여겨지기도 한다. 이 책의 목적은 대안 연구의 필요성을 주장한다는 점에서 이런 것들과 상당한 거리가 있다는 점을 보여줄 것이다. 우리는 표류하고 있으며 방향에 대한 논의가 절실한 시점에 서 있다. 여기서 나는 몇 가지 주장을 했지만, 이것이 무비판적으로 받아들여지기를 원하지 않으며, 교사들이 무비판적으로 받아들여야 한다고 생각하지도 않는다. 부정이 없는 긍정은 공허한 것이다. 이 책에서는 내가 거부하는 것을 가능한 분명하게 설명하면서 나의 주장을 하나의 대안으로 제시하고자 한다. 어쩌면 이 책은 모든 분별 있는 사람들의 주장이 하나로 일치하는 듯한 인상을 주면서, 자신의 견해를 뒷받침하기 위해 수많은 사람들을 인용하는 방식의 글이 받는 비난보다 더 심한 분노를 받을 수도 있을 것이다. 하지만 다른 학자의 글들을 인용해 자신의 견해를 드러내는 글은 비판 정신을 길러내는 방식이 전혀 아니다. 그리고 비판 정신을 길러주는 것이 바로 인문학을 가르쳐하는 넷째 이유이다.

1장 네 가지 유형의 마음가짐

2장 독서의 기술

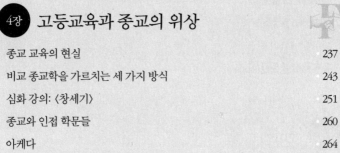

1장

네 가지
유형의
마음가짐

Four Kinds of Minds

통찰가 유형과 사변가 유형

인문학과 관련한 마음가짐에는 먼저 통찰가visionaries와 사변가
scholastics 유형이 있다. 이 구분은 자연과학이나 사회과학뿐만
아니라 인문학을 이해하는 데도 필수적이다. 고등교육의 병폐에
대해 진단을 내리지 못하는 것은 이런 기본적인 대립을 묵과하기
때문이다.

우선 통찰가는 외로운 사람들이다. 그들은 자기 시대의 일반적
인 상식과 단절되며, 그렇기 때문에 세상을 다른 방식으로 바라
보고 자신들의 비전을 알리기 위해 계속 시도한다. 대개 이들은
현실의 언어가 불충분하다고 여기며 그로 인해 때때로 심각한 의
사소통 장애를 겪기도 한다.

반면 사변가는 자신의 엄격함과 전문성에 자부심이 있으며, 자

기 분야의 공론이나 공통의 노하우를 지나치게 신뢰하고, 이 학교 저 학교를 떠돌아다닌다. 보통 이들은 자기 시대의 통찰가들, 그중에서도 특히 자기가 속한 분야의 통찰가들을 과거 통찰가들의 이름을 들먹이면서 적대시한다.

종교계에서 통찰가는 흔히 예언자나 교부 성직자로 불린다. 철학계와 문학계, 역사학계와 예술계에서는 통찰가를 지칭하는 전통적인 용어가 없지만 때때로 이런 사람들을 천재라고 불러왔다. 반면 과학계에서는 아주 오래 전부터 일반인들에게 익숙한 미친 과학자의 이미지를 통찰가에게 부여했다. 또한 학문적으로 의미하는 개념이 전혀 다른 실증주의자의 이미지와 대비해왔다. 한 예로 《과학혁명의 구조》(1962)에서 토마스 쿤Thomas Kuhn, 1922~1996은 통찰가와 '정상적인' 과학자들이 과학의 발전사 속에서 어떤 역할을 해왔는지 보여준다. 그는 '정상적인 과학자'를 주어진 테두리 안에서 '문제를 해결하는' 사람이라고 설명한 다음, 세계관의 변화를 주도하는 과학적인 발견의 출현을 다룬다. 그에게 인간을 유형별로 분류하는 것은 핵심적인 사항이 아니다. 그렇다고 정상적이라 불리는 사람들을 폄하하는 것도 아니다. 이와 반대로 그는 근면한 연구자들의 작업이 얼마나 필수적인지 보여주려고 노력했다. 그의 책이 끼친 영향은 지금까지도 엄청나다.

한 세대도 훨씬 전인 1918년에 알버트 아인슈타인Albert Einstein, 1879~1955은 막스 플랑크Max Planck, 1858~1947의 60회 생일을 기념하는 자리에서 짤막한 연설을 한 적이 있다. 그는 학자들의 무리를 두 부류로 나눈 다음 세 가지 유형을 언급했다. 그에 따르면 먼저 첫째 유형은 "자신의 탁월한 지적 능력을 즐기기 위해 학문을 하는" 사람들이며, 또 한 유형은 자신의 야망이 만족할 수 있는 일종의 '스포츠'로 학문을 하는 사람들이다. 그리고 나머지 대다수의 사람들은 "순전히 실용적인 목적을 위해서" 학문의 성전으로 들어온다. 주님의 천사가 내려와 만약 후자의 두 부류에 속하는 사람들을 성전에서 쫓아낸다면, 그래도 여전히 몇 사람은 남아있게 될 것이고, 플랑크는 바로 여기에 속한다. "우리가 그를 사랑하는 이유는 바로 이 때문이다."

쿤의 견해와 달리 아인슈타인의 이런 유형론은 중립적인 견해와 거리가 멀다. 어쩌면 이런 견해는 쿤과 대립되는 것일 뿐더러 이 책의 목적과도 양립할 수 없는 것처럼 보인다. 비록 그의 이 연설이 나중에 《아인슈타인의 나의 세계관Mein Weltbild》이라는 저서에 포함되었고, 후에는 〈연구의 원칙들Principles of Research〉이라는 제목으로 몇몇 영어판 에세이 모음집에 실렸음에도, 아인슈타인이 다루었던 것은 학문을 대하는 심리적인 동기였기 때문이다. 하지만 동기가 무엇이었든 간에, 그는 이러한 세 가지 유형에 대해 추호도 의심하지 않았으며 플랑크와 같은 몇몇 소수의 사람들은 이 글에서 제시하고 있는 통찰가 유형에도 들어맞는다. 정확하게 분류하는 것이 어렵다는 것을 인정한 후에도 아인슈타인은 계속해서 자신이 확신하는 한 가지를 다음과 같이 말했다. "세상에 존재하는 유형이 방금 우리가 추방한 유형뿐이라면, 이는 우리가 가질 수 있는 숲이 담쟁이덩굴로만 이루어진 숲이라는 것을 의미한다. 그리고 만일 그렇다면 성전이라는 것은 결코 존재하지 못했을 것이다."

아인슈타인의 유형론은 당연히 어떤 직접적인 커다란 영향력도 끼치지 못했다. 상세하게 논의된 것도 아니었고, '담쟁이덩굴'을 얕보는 듯한 비유는 대중성을 얻기도 힘들었다. 그럼에도 아인슈타인의 견해가 요청하는 것이 무엇인지에 대해서는 관심을 기울일 필요가 있다. 자신이 노벨상을 받게 된 이유를 세련되고 위트 있게 밝히고 있는 제임스 왓슨 James Deway Watson, 1928~ 의 《이중나선》을 읽은 대다수의 독자들이라면 저런 뛰어난 학자들이 학문을 일종의 스포츠로 여기는 것을 보면서 놀라움을 금치 못했을 것이다. 이 책에서 왓슨은 자신과 같은 부류와 진짜 통찰가라고 할 수 있는 라이너스 폴링 Linus Carl Pauling, 1901~1994의 커다란 차이를 강조하기 위해 가능한 매 순간 논의의 주제를 벗어났다. 그럼에도 왓슨은 자신과 같은 지위의 학자들이 학계의 대다수 무리와 근본적으로 같다고 생각하지 않았다. 자신의 저술을 기반으로 한 교육용 텔레비전 프로그램에서 그는 자신과 함께 노벨상을 타게 된 프랜시스 크릭 Francis Harry Compton Crick, 1916~2004에 대해 매료되었던 이유를 다음과 같이 간단명료하게 언급했다. "대부분의 사람들은 시간을 낭비하면서 보내지만" 크릭은 시간을 낭비하는 사람이 아니었다. 아인슈타인이 언급한 것만큼은 아니지만 왓슨 역시 분명히 대다수의 사변가에 대해 경멸감 같은 것이 있었다. 그에 반해 쿤은 사변가들이 얼마나 필요한 지를 보여주려고 노력했다.

이런 유형론이 가치중립적인지 아닌지를 판단하기 전에 먼저 아인슈타인보다 이전에 있었던 이 문제와 관련된 괴테Goethe, 1749~1832와 뉴턴Newton, 1642~1727의 근본적인 대립을 살펴보기로 하자. 괴테는 독일의 위대한 시인이기도 했지만 뛰어난 과학자이기도 했다. 자신의 저서 중 가장 중요한 것이라고 생각했던 《색채론Doctrine of Colors》에서 그는 뉴턴과 대립되는 논의를 펼쳤다. 아인슈타인이 뉴턴을 능가하는 것이 당연하다고 생각하는 사람들은 대개 괴테가 뉴턴을 능가하지 못하는 것도 당연하게 생각하며, 이런 점에서 괴테의 《색채론》을 가볍게 무시한다. 그렇지만 이 작품은 색채에 대한 괴테의 이론이 옳은지 아니면 뉴턴이 옳은지를 판단하는 문제와는 전혀 다른 매력이 있다.

괴테는 과학과 관련한 인문학적 접근방법을 개척했다. 유려한 문체의 서문에서 그는 다음과 같이 쓰고 있다.

> 우리는 뉴턴의 색채론을 오래된 성과 비교할 수 있다. 처음에 이 성은 젊은이 특유의 조급함으로 설계되었지만 시대와 상황의 요구에 따라 점차 확장되고 준비되었다. 그리고 소소한 접전들과 교전들을 치루면서 점점 더 강건하고 안락한 요새가 되었다.
>
> – 괴테, 《색채론》

이어서 괴테는 어떻게 점차적으로 성곽에 "망루와 돌출창, 총안 銃眼이 덧붙여지고" 그밖의 많은 생김새를 가지게 되었으며 확장되었는지를 나열하고 있다.

사람들은 오래된 이 성을 숭배했는데, 이는 그토록 많은 적들을 절망에 빠뜨리고, 그토록 많은 침략들을 격퇴하면서도 성이 자신의 순결함을 한 번도 잃지 않았기 때문이었다. 이러한 명성과 존경은 지금까지도 계속되고 있다. 이 낡은 건물에 더는 사람들이 살 수 없다는 사실을 누구도 눈치 채지 못한 채 말이다.

　　　　　　　　　　　　　　　　　　　　　　　　　　　　— 괴테, 위의 책.

놀랍게도 괴테는 자신의 이론이 옳고 뉴턴의 이론은 틀렸다는 것을 보여주는 것을 주요한 목적으로 삼고 있지 않을뿐더러, 뉴턴의 '오래된 성곽'을 새로운 자신의 건축물로 대체하려고 하지도 않았다.

만약 우리가 최대한의 능력과 기술을 발휘해서 이 바스티유 요새를 축소시키고(다시 말해, 과학적 혁명으로 정리하고) 자유로운 공간을 얻어내는 데 성공하더라도, 이 요새를 덮어버리고 그 위에 곧바로 새로운 건물을 세우는 폭력을 가하는 것은 결코 우리의 의도가 아니다. 우리가 바라는 것은 일련의 아름다운 형상들을 제시함으로써 요새를 활용하는 것이다.

따라서 이 책의 제3부는 역사적인 고찰들과 이전의 선행연구들을 다루려 한다. 앞에서 인간의 역사가 우리에게 인간을 드러내준다고 말했던 것처럼 여기서는 과학의 역사가 과학 자체를 드러내준다고 주장할 수 있다. 우리보다 앞선 사람들이 소유했던 것을 알기 전까지는 우리가 소유하고 있는 것이 무엇인지 순수하게 인식할 수 없다. 과거의 장점들에 대해 감사하는 법을 모르는 사람은 자신의 시대가 지닌 장점들을 진실하고 솔직하게 누리지 못한다. 그러나 색체의 원리에 대한 역사를 기술하는 것은 (…) 뉴턴의 이론이 우위를 점하는 한에서는 불가능했다. 왜냐하면 그에 앞서 성취된 것 또는 동시대에 성취된 것 모두를 뉴턴 학파는 언제나 비판했기 때문이다. 일찍이 그 어떤 귀족적인 자만심도 자신과 같은 길드에 속하지 않은 사람들에게 그런 무례한 오만함을 가지고 깎아내린 적은 없을 것이다.

- 괴테, 위의 책.

여기서 주목해야 하는 것은 그 시대의 위대한 통찰가인 뉴턴과 괴테의 싸움이 아니라, 사변가에 속한다고 할 수 있는 뉴턴학파에 대한 괴테의 비판이다. 1829년에 괴테는 〈분석과 종합Analysis and Synthesis〉이라는 짧은 에세이에서 다시 이 주제로 다음과 같이 돌아왔다.

잘못된 가정은 아예 가정이 없는 것보다 낫다. 왜냐하면 잘못됐다는 것이 해를 끼치는 것은 아니기 때문이다. 하지만 이 가정이 자체로 강화되어 보편적인 것으로 받아들여지고 어느 누구도 의심할 수 없고 어느 누구도 탐구할 수 없는 일종의 신념처럼 되어버린다면, 그것은 몇 백 년에 걸쳐 겪어야 할 재앙이 되어버린다.

이와 관련해 뉴턴의 학설이 제시될 수 있다. 그 당시에도 그의 학설은 결함이 강력하게 제기되었지만, 뉴턴의 위대한 매력과 사변적이고 사회적인 세계에서 차지하는 그의 위치에 대해서는 다른 관점을 취하는 그 어떤 반박도 허용되지 않았다. 이러한 교의의 확산과 교조화에 대해서는 다른 어떤 사람들보다도 프랑스인들의 탓이 크다. 그렇기 때문에 19세기가 되어서야 그들은 복잡하게 동결된 이 가설에 신선한 분석을 허락함으로써 이러한 실수를 만회해야 했다.

이 책과 관련한 너무 많은 주제들을 괴테가 탁월한 비유로 소개하고 있기 때문에 조금 길더라도 그의 말을 직접 인용해보았다. 악의가 아니라 인간 정신의 자유에 대한 관심에서 촉발된 괴테의 사변주의scholasticism에 대한 비판에서 우리는 통찰가의 원형archvisionary을 볼 수 있다. 괴테는 과학의 역사라는 새로운 인문학 분과humanistic discipline를 개척했으며 쿤의《과학혁명의 구조》가 문제를 제기하기 전까지 한 세기 반 이상 동안 광범위하게 용인되었던 누진적 진보사관에 대한 독단주의적 신념을 거부했다. 물론 불연속성이라는 주제와 과학이 시, 음악, 역사, 철학, 예술, 종교와 함께 인간적인 노력의 결과라는 통찰은 헤겔Georg Wilhelm Friedrich Hegal, 1770~1831의 철학에서뿐만 아니라 니체의 철학에서도 탁월하게 등장한다. 하지만 이들이 영어권에서 기반을 잡게 된 것은 겨우 제2차 세계대전 시기부터다.

게다가 여전히 인문학 분야에 속한 대다수의 교수들과 학생들은 이런 누진적 진보사관에 대한 긍정적인 신념을 공유하며, '과학'을 하나의 모델로 수용하고 있다. 하지만 괴테는 자신의 과학적 발견이 시인으로서의 그의 작업과 별개가 아니라는 것을 알고 있었다. 괴테에게 이 두 가지는 모두 비전을 포함하며 과학이 인간적인 문맥human context에 속한 것임을 과학의 역사가 드러낸다고 생각했다.

이런 괴테의 생각이 어떻게 독일에서 여전히 생명력을 유지하며 헤겔과 니체Friedrich Wilhelm Nietzsche, 1844~1900뿐만 아니라 실존주의와 정신분석을 이해하는 데 도움을 주는지에 대해서는 다른 기회에 다른 저서에서 다루겠다. 다만 쿤이 이와 같은 전통에 빚지고 있다는 것만큼은 간접적이지만 의심의 여지없이 인정되는 바이다. 또한 제2차 세계대전 이후에 대학가에서 과학사에 대한 강의가 놀라운 속도로 확산된 것은 과거 몇 십 년 동안 인문학이 거둔 몇 안 되는 희망적인 발전 중 하나이다.

통찰가와 사변가를 대립시키는 나의 방식은 과거의 주제를 변주한 것이라고 할 수 있다. 이러한 대립은 두 가지 방식 중 하나로 전개될 수 있는데, 여기서 나는 아인슈타인의 방식을 따르고자 한다. 그리고 아인슈타인, 괴테, 베토벤, 미켈란젤로, 플라톤, 모세 그리고 플랑크를 포함한 몇몇 인물들을 통찰가의 유형으로 염두에 두고 있다. 통찰가들은 장인정신을 가진 어떤 인물로도 대체할 수 없다. 통찰가와 자신만의 위대한 비전이 없는 사변가를 대립적인 것으로만 맞세운다면, 이런 이분법은 한쪽에만 모든 좋은 특질을 부과하는 마니교Manichaean가 되어버릴 수도 있다. 이를 피하기 위해 나는 통찰가의 범주에 광인crackpots을 포괄하는 것으로 확장하려고 한다. 통찰가와 사변가는 모두 '좋을' 수도 있고 '나쁠' 수도 있다. 통찰가는 기발한 논의를 뒷받침하는 아이디어들ideas을 제공할 수 있다. 반면 그들은 강박적이거나 편집증적일 수도 있으며 아주 빈번하게는 두 경우 모두일 수도 있다. 가령 뉴턴의 예처럼 가장 위대한 통찰가조차도 때때로 어떤 시기에서는 이런 광인의 유형에 속했었다. 그렇다고 대부분의 광인들이 뉴턴과 같은 천재성을 지니는 것은 아니다.

아마도 어떤 사람들은 여기서 더 나아가 정신병원에 가면 독특한 세계관을 지닌 사람들이 아주 일반적이며 환각도 일종의 비전이라고 말하면서, 괴테와 그런 류의 인물들은 단지 통찰가의 한 가지 유형일 뿐이고 아주 소수에 지나지 않는다고 주장할 수도 있다. 이런 접근법의 장점은 마니교적이지도 단순화시키지도 않는다는 점에 있다. 반면 단점은 인문학의 미래와 그다지 관계가 없는 유형들로 논의를 흐리게 한다는 점이다.

물론, 우리 주변에는 무수히 많은 인간 유형이 존재하며, 사변가라면 이런 분류에서 다시 하위분류를 나누고 더 정밀한 구분을 만드는 데 많은 시간을 할애하려 들 것이다. 그러나 우리의 목적에서 볼 때 이와 같은 분류는 앞서 제시했던 구분들을 유지하는 가장 유용한 방법이다. 탁월한 비전을 간결하게 설명하려는 지속적인 시도는 기술에도 능통할 것을 필요로 한다. 비전이 있지만 그것을 지속적인 방식으로 체계화할 수 있는 능력이 부족한 사람들은 우리의 관심 대상이 아니다. 통찰가로부터 사변가를 구분하는 것은 엄격한 잣대에 의해서가 아니다. 대신 그가 일반적인 합의에 대해 맹목적인 추종을 하는지 그리고 탁월한 자신만의 비전을 가지고 있는지라는 기준을 따른다.

그렇다고 모든 통찰가가 '훌륭한'데 반해 모든 사변가는 '형편없다' 는 주장을 하려는 것은 아니다. 탁월한 비전이라고 해서 모두 타당하고, 아름답고, 유익한 것은 아니다. 게다가 이런 비전의 가치를 판단할 수 있기 위해서는, 그것의 세부 사항들을 면밀하게 검토할 수 있는 엄청나게 많은 사변가들의 공동의 노력이 요구된다.

니체가 사후에 출간한 한 저서에서 "어떤 학설에 대한 최초의 지지자들은 그것에 대립되는 그 어떤 것도 증명하지 못한다"고 말했던 것은 옳았다. 프로이트Sigmund Freud, 1856~1939는 이 말에 동의할 충분한 이유가 있었다. 왜냐하면 프로이트는 자신을 추종하는 자들이 비록 만족스럽지 않았겠지만, 자신의 이론을 검증하기 위해서는 그들이 필요했기 때문이다. 프로이트는 통찰가였다. 그는 자신의 비전을 분명하게 만들기 위해 꾸준히 노력을 기울였다. 그리고 엄청난 양의 독서와 함께 끊임없는 자기분석, 환자들에 대한 분석을 통해 이를 검증했다. 그럼에도 그는 이러한 노력만으로는 충분하지 않다는 것을 알고 있었다. 그 또한 사변가들을 필요로 했던 것이다.

정리하면, 많은 통찰가들이 특별히 유익하다고만은 할 수 없는 아이디어들을 제시해왔다. 많은 사변가들은 상상력이 고갈된 단조로운 기술자가 아니었다. 그들은 정말 필요한 과제들을 수행해왔다. 또한 경탄을 자아내는 기술적 기교를 갖춘 위대한 통찰가라고 해서 반드시 두 유형을 혼합한 것으로 간주해야 하는 것도 아니다. 물론 특정한 학파에 속해 있고 그 학파의 공론에 의지하면서도, 자신만의 통찰을 증명하기 위해 노력하는 중간적인 유형이 존재하는 것도 사실이다. 이들의 통찰 규모는 다양할 수 있지만 합의에 대한 대안이 될 수 있는 포괄적인 비전이 되기에는 부족하기 때문에 통찰가라고 할 수는 없다. 이런 중간적 유형의 인물들이 추구하는 것은 대개 그들이 속해있는 학파의 합의를 뒷받침하기 위한 새로운 방법론일 뿐이다. 아인슈타인의 말을 빌리면, 경우에 따라 선을 그어야 한다는 점에서 '꽤나 까다로운 작업'이 되겠지만, 이런 유형의 사람들은 사변가로 분류하는 것이 가장 옳다. 이렇게 해서 지금까지 우리는 두 가지 기본적인 유형들을 살펴보았다.

어떤 시대는 다른 시대보다 사변적인 경향을 띠기도 한다. 어떤 분야의 중추적인 인물이 학파나 학교에 소속되어 있을 때에는 사변주의[1]가 팽배한다.

원래 사변가는 학교에서 교육을 담당하고, 특정한 사유의 학파에 속하며, 세밀함과 엄격함을 중요하게 여기는 사람들을 말한다. 그들 내에서는 결코 문제로 다루지 않는 특정한 합의에 지나치게 의존하는 중세 시대의 철학자들을 가리킨다. 많은 점에서 20세기의 대다수 철학자들 또한 다른 분야의 교수들은 이들과 닮았다.

그럼에도 17세기와 18세기에 가장 뛰어난 업적을 남긴 철학자들은 학생을 가르치지도 않았고 어떤 학파에도 속하지 않았던 통찰가들이었다. 이런 통찰가들 중에서도 특히 프랜시스 베이컨 Francis Bacon과 홉스Hobbes, 데카르트Decartes, 스피노자Spinoza, 로크Locke, 라이프니츠Leibniz, 버클리Berkeley, 흄Hume, 루소 Rousseau는 기억할 만한 사람들로 꼽을 수 있다. 또한 칸트 Immanuel Kant, 1724~1804는 교수직을 맡았던 가장 위대한 첫 번째 근대 철학자였다.

칸트는 통찰가였지만 57세가 되기 전까지는, 즉 그가 교수직에 11년이나 몸담고 있던 동안에는 누구도 그가 통찰가라는 사실을 알지 못했다. 여러 면에서 그는 자신이 가진 대담한 비전에 비해 무척이나 소심한 사람이었으며, 이런 비전을 한 권의 책으

---

1 스콜라주의라고도 불린다. '학교에 속해있는'이라는 의미를 가진 라틴어 scholasticus에서 파생된 용어로, 중세 유럽의 대학들이 기독교 공인 교리를 논리화하고 옹호하기 위해 수도사들에게 가르쳤던 방법론 중심의 교육내용과 그런 연구에 몰두하던 학자들의 풍토를 가리키기 위해 사용되었다.(옮긴이)

로 전달하기까지 무척이나 오랜 시간을 보내야했다. 마침내 그가 책을 완성했을 때, 그의 문장은 사변주의의 패러디처럼 여겨졌다. 칸트는 그 시대의 독일 학자들이나 중세 시대의 사변가보다 현학적으로 여겨지기를 바랐던 것으로 보인다. 하지만 그의 독일 계승자들은 재빨리 그의 이러한 방식을 수용했으며, 곧이어 헤겔은 이 패러디를 완성했다. 그리하여 19세기에는 대다수의 철학자들이 교수였으며, 대부분이 칸트와 헤겔처럼 글을 쓰려고 노력했다. 오늘날에도 몇몇 사회학자들을 포함한 많은 철학자들과 문학 비평가들은 여전히 이런 방식을 따르고 있다. 철학 저술들에서 이를 답습하고 있는 사르트르Jean-Paul Sartre, 1905~1980가 그 예라고 할 수 있다.

만일 칸트와 헤겔을 사변가로만 분류한다면, 모든 천재들을 한편으로만 몰아놓는 이분법을 피할 수 있을 것이다. 이런 분류를 정당화할 수 있는 점에서 두 인물이 당시의 일반적 여론을 지지했다는 점을 들 수 있다. 그렇지만 두 인물 각자가 어떻게 자신의 시대가 지닌 공론과는 전혀 다른 탁월하면서도 예외적인 포괄적 전망을 가질 수 있었는지를 알기 전까지는 누구도 칸트와 헤겔을 이해했다고 할 수 없을 것이다. 두 사람은 누구도 동료 교수들의 의견이나 같은 분야에서 연구하는 학자들이 따르던 방식에 의존하지 않았다. 이들은 모두 외톨이였으며 자신의 가장 창조적인 시간을 자신의 비전을 구체화하려는 시도에 바쳤다.

사변적인 비평가와 해석자들은 칸트와 헤겔이 자신의 주장에 대해 확신했던 내용 때문이 아니라, 이들의 주요한 철학체계들이 얼마나 서로 긴밀하게 연결되며 보충해주는지를 알고 있다고 생각했기 때문에 이들을 이해하는 데 종종 실패하고 만다. 칸트가 자신의 윤리학을 좀 더 부드럽고 인간적으로 만들기 위해서는 도덕적 엄격주의를 완화시켜야 한다는 선의의 충고를 받아들이지 않은 것도 부분적으로는 이런 논리적 정합성 때문이었다. 이런 엄격주의는 한 세대 후에 헤겔이 '체계'라고 명명했던 것에 의해서도 요구되어졌다.

그럼에도 19세기에는 여전히 존 스튜어트 밀John Stuart Mill, 1806~1873과 니체처럼 교수직을 맡지 않았던 소수의 중요한 철학자들이 있었다. 그러나 20세기에는 철학뿐만 아니라 예술학, 음악학, 종교학, 문학, 역사학 대부분이 거의 대학에 소속되어 버렸다. 심지어 제2차 세계대전 이후에는 시각예술가, 시인, 작곡가, 소설가 또한 교수가 됐다. 그리고 이런 대부분의 교수들은 사변가가 되었다.

거의 모든 교사들이 사변가가 되어야 하는 것은 일반 대중을 위한 고등교육의 불가피한 결과인 것처럼 여겨진다. 더 많은 학생들이 타당하게 좋은 교육을 받기 위해서는 더 많은 교사가 필요하며, 그런 점에서 통찰가는 드물기 마련이다.

게다가 대부분의 통찰가는 자신의 독창적인 비전에 대한 확고한 믿음을 가지기 위해 상당히 많은 시간의 고독을 필요로 하며, 일반적으로 많은 학생들을 가르치기보다는 창조적인 작업에 몰두하기를 선호한다. 거꾸로 말해, 만일 그들이 학교생활에 점점 더 몰두하려고 하고, 많은 동료 교수들 그리고 학생들과 어울리려고 시도하려고 하면 할수록 그들은 점점 더 사변가가 되어버리고 만다.

스피노자Baruch de Spinoza, 1662~1677가 하이델베르그 대학의 교수직 초청을 거절했을 때 직관했던 것처럼, 니체가 바젤 대학의 고전문헌학 교수직을 사임했을 때 알고 있던 것처럼, 그리고 비트켄슈타인Ludwig Josef Johann Wittgenstein, 1889~1951이 케임브리지 대학에 재직하고 있을 때 알게 된 것처럼, 통찰가는 대학교육이라는 분위기에 적응하는 것이 쉽지 않다. 왜냐하면 교수직을 거절하거나 사임하지 않은 학자들은 학교에 만연해 있는 사변주의에 굴복할 것을 끊임없이 유혹받기 때문이다.

사변가들 사이의 공론은 학파마다 매우 다르지만 사변가들의 학파는 다른 학파의 공론에 대해서 일반적으로 너그럽지 못하다. 왜냐하면 규칙을 계속 문제 삼으면 하나의 게임에 제대로 집중할 수 없기 때문이다. 통찰가는 사변가가 다양한 퍼즐을 풀기 위해 시도하고 있는 바로 그 틀 전체를 문제로 삼는 사람이다. 또는 아인슈타인의 은유를 좀 더 밀고나가 본다면, 통찰가는 담쟁이덩굴들이 기어오르고 번성하는 나무 자체를 통째로 베어버리기 위해 조사하는 사람이다.

여기서 '담쟁이덩굴'이라는 용어는 자신이 좋아하지 않는 부류에 대한 한 위대한 통찰가의 적대감을 드러내는 경멸적인 의미를 담고 있다. 이와 관련한 동의어들은 다른 연관성이 있지만, 그럼에도 '덩굴식물climber'이나 '덩굴장미rambler'처럼 거의 우호적이라고는 할 수 없다. 아인슈타인이 여기서 사용한 독일어 단어는 'Schlingpflanzen'으로, 먹잇감의 숨통을 조르고 으스러뜨리는 거대한 뱀처럼 나무의 몸통을 둘러싸면서 자라나는 식물을 의미한다. 또한 'Schlingen'이라는 단어는 탐욕스럽게 먹어치운다는 의미가 있다. 이런 점에서 아인슈타인이 표현하고자 했던 이미지는 덩굴식물이나 담쟁이덩굴을 기생충 같은 것으로 여겼음을 보여준다. 또한 이런 점에서 사변가 중에 자신의 생계유지를 위해 의존해야 하는 사람들을 제외하고는, 통찰가에 대해 위협을 느꼈으리라는 것에 의심할 여지가 없다. 적대감은 상호적인 것이다. 그렇기 때문에 통찰가들 대부분이 아인슈타인과 같았으리라고 추측하는 것은 지극히 비현실적이다. 아인슈타인의 매력과 인간성은 그의 천재성만큼이나 예외적이라고 할 수 있다.

학교를 고용이나 승진의 기회로 여기는 통찰가는 대개 전적으로 다른 중요성을 부여받는다. 규칙을 지키면서 자신이 속한 학과가 선호하는 게임을 하는 사람들, 그중에서도 특히 게임을 잘하는 사람들은 능력이 뛰어나다고 평가받는다. 반면 학과에서 운영하는 게임을 경멸하거나 무시하면서 몇 가지 규칙을 지키지 않거나 전혀 다른 일에 몰두하는 사람들은 상식적이지 못하고, 버릇이 없거나 무능력한 사람이라고 치부된다. 이런 사람들 중에는 성과를 내놓을 만한 가치있는 비전을 지닌 사람이 단 한두명도 없다고 여겨진다. 그런데 이상한 점은 현실이 이와 반대라는 것이다. 고용과 승진을 보장받는 가장 안전한 방법은 이미 잘 알려져 있다. 판단이 가능한 것을 계속 고수하는 것이다.

　설사 어떤 학과가 넓은 아량으로 학생들에게 두 가지 이상의 대안을 제시한다고 해도, 결국 그 학과는 여전히 통찰가에게 기회를 주는 위험을 무릅쓰기보다는 좀 더 안전한 방법을 택하려고 한다. 이것을 해결할 수 있는 가장 확실한 방법은, 다른 생각을 지닌 학파에 속해있으며 그 학파를 대표하고 아주 유능한 사람이라고 칭송받는 사변가를 고용하는 것이다. 그러고 나면 대학에서 주도권을 쥐고 있는 학파의 공론에 문제를 제기하는 교사들은, 그가 광범위한 추종자를 거느린 존경받는 경쟁관계의 학파에 속해있지 않은 이상, 대학에 고용되거나 승진을 하기가 쉽지 않다. 외톨이로 지내는 통찰가들은 대학에 속할 기회를 갖기가 아주 힘들다.

　나의 시집 《카인과 기타 시편들Cain and Other Poems》에 들어있는 〈학술 동물원The Academic Zoo〉이라는 짧은 시의 결론부분을 소개하면 다음과 같다.

　　거미줄을 치거나 누에를 잡는 것은

　　무엇이든 환영이다. 그러나 아무리 고지식하더라도

　　나비에게만큼은

　　덤벼들 필요가 없다.

인문학의 미래

앞서 언급한 이유 때문에, 이런 일은 전혀 놀랍지 않다. 하지만 때때로 사변가들이 자신이 혐오했던 종류의 찬사로 자신의 예언가를 매장해버리는 상황을 보는 것, 그들이 자신의 영혼에 대해 얼마나 자주 무감각한지를 보여주는 것, 그리고 자신들이 참여하는 게임의 규칙을 얼마나 자주 망각하는지 보게 되는 것은 정말 놀라운 일이다.

비트겐슈타인이 이와 관련한 주목할 만한 사례라는 것은 이미 잘 알려진 일이다. 키에르케고르Kierkegaard Soören Aabye, 1813~1855 또한 이러한 사례에 속한다. 키에르케고르에 대해 글을 쓰는 대부분의 사람들과 그의 책을 번역하는 사람들이 그의 독설적인 유머에 대해 아무런 느낌도 표현하지 않는다는 것을 지적하는 것만으로는 충분하지 않다. 또한 자신에 대한 문학론을 기고하는 목사들과 교수들에 대해 그가 얼마나 빈정거릴 것인지를 상상하는 것만으로도 충분하지 않다. 학술 출판의 중추가 되고 있는 대학 출판사들은 당연히 키에르케고르라면 혐오했을 법한 고지식하고 둔감한 연구서들을 그것이 충분히 학술적이기만 하다면 받아들일 것이다. 하지만 만약 키에르케고르 자신이 《불안의 개념》이나 《죽음에 이르는 병》 또는 그의 저서 중 어떤 것을 유명한 대학 출판사에 제출했다고 상상해보자. 그들은 아마 가차 없이 원고를 거절했을 것이다.

키에르케고르처럼 창의적이고 괴짜이면서 도발적인 사람은 어느 누구라도 대학이라는 세계에서 '성공'을 바라기가 힘들다. 그것은 키에르케고르의 시대뿐만 아니라 우리 시대에서도 마찬가지이다. 키에르케고르가 유난히 반짝였음에도, 그의 주변으로 모여든 학자들 중 누구도 이런 감각은 없었던 것으로 보인다.

통찰가와 '담쟁이덩굴'의 이런 대조적 이미지는 확실히 영혼의 삶 또는 죽음에 만연해 있는 가장 현저한 특징 중 하나이다. 그것은 종교의 저주이며 인문학 분야의 주요 성분 중 하나이다. 현세기에서 가장 위대한 영미권 시인이라고 할 수 있는 예이츠 William Butler Yeats, 1865~1939 는 이러한 문제를 열두 줄짜리 시에서 다음과 같이 다루고 있다.

학자들

자기들의 죄는 잘 잊어버리는 대머리들,
나이 드시고, 학식 있으시며, 명망 높으신 대머리들이
시를 편집하고 주석을 붙인다.
침대에서 몸을 뒤척이는 젊은이들은
사랑의 절망을 읊조리고 (⋯)
모든 사람들은 다른 사람들이 생각하는 것들을 생각하고 (⋯)

이 시는 예이츠의 걸작은 아니다. 늙은 사람과 젊은 사람을 대조해서 요점을 흐리고 있다. 이것이 전부라면, 굳이 이 문제에 머물러야 할 필요는 없을 것이다. 냉소적인 사람이라면 학자가 나이든 사람들에게 그렇게 나쁜 직업만은 아니라고 반박할 것이다. 하지만 오늘날 대부분의 학자들은 젊은 사람이며, 그들 대부분은 학생과 독자가 '다른 사람들이 생각하는 것을 생각'하도록 한다.

이런 모든 문제에 대해 속상함을 느껴본 적이 없는 사람들은 고등교육의 빈곤함을 전혀 알지 못하는 것이다. 이 문제를 눈감아 버리거나, 좋아 보이는 것만을 바라보려 하거나, 익살극처럼 웃어넘기거나 기권을 해버리는 것은 쉬울 것이다. 그러나 이 모든 것은 회피할 수 있는 일이 아니다. 앞서 제시된 이분법적인 유형론은 이런 점에서 충분하다고 할 수 없으며, 이에 세 번째 유형을 살펴보고자 한다.

저널리스트 유형

소크라테스Socrates, BC 469~BC 399는 사변가가 아니었다. 그는 외톨이였으며 자기 시대의 만연한 상식에 대해 끊임없이 문제를 제기했다. 그럼에도 그는 자신이 가진 비전을 구체화하려고 시도하지 않았다. 그는 통찰가가 되려하기보다는, 사변가-반대주의자 antischolastic가 되고자 했다. 그는 시대가 품고 있는 신념과 윤리를 면밀하게 검토했으며, 일반적 합의에 무비판적으로 기대고 있는 지식인들의 주장을 비웃었다. 그리고 자신이 얼마나 무지하며, 혼란스러운지, 또한 유명한 교사와 정치가, 대중 연설가를 포

함한 대부분의 사람들이 그런 것처럼 쉽게 속아 넘어가는 사람인
지를 보여주려고 애썼다. 이런 점에서 소크라테스는 세 번째 유
형을 구현한 인물이다.

세 번째 유형의 인물이 지닌 가장 중요한 특징은 줄기찬 비판
능력이다. 통찰가와 사변가 외에 비평가critics 라는 세 번째 유형
에 대해 말하려면, 많은 사람들은 먼저 예술이나 음악, 문학이나
영화 등에 대한 평론을 쓰는 비평가로 오해할지도 모른다. 그러
나 사실, 후자의 이런 비평가 중 몇 명은 사변가이며 대다수는 저
널리스트journalists 이다.

저널리즘journalism 은 교육을 담당하는 일처럼 하나의 직업이
다. 그리고 저널리스트를 이런 의미로 받아들인다면, 그들 모두
가 분명히 한 가지 유형에만 속하는 것은 아니다. 이런 점에서
저널리스트는 글자 그대로의 의미에서 네 번째 유형으로 분류하
는 것이 유용할 것이다. 알려진 것처럼 저널리스트는 즉각적인
소비를 위해, 그날그날을 위해 글을 쓴다. 저널리스트의 상품들
은 내일이면 진부해지기 때문에 지금 당장 팔려야 한다. 저널리
스트는 폭넓은 연구를 할 만한 시간이 없으며 학자적인 엄격함
에 대한 취향도 갖고 있지 않다. 사변가가 각주를 달기 위해 다
시 한 번 원문의 출처를 확인할 때마다 주장을 수정해야한다는
필요를 빈번하게 발견하는 데 반해, 저널리스트에게는 각주가
필요치 않다. 그 때문에 통찰가만큼이나 사변가도 저널리스트에
대해서는 경멸감을 자주 느낀다.

버나드 쇼George Bernard Shaw, 1856~1950는 《의사의 딜레마The Doctor's Dilemma》라는 연극의 4막 첫 부분에서 저널리스트를 다음과 같이 기술하고 있다.

활달하고 상냥한 이 젊은이는 자신이 본 어떤 것도 정확하게 묘사할 수 없으며, 자신이 듣는 어떤 것도 정확하게 이해하거나 전달할 수 없는 성격상의 결함으로 일반적인 직업에는 재능이 없었다. 이런 결함들이 전혀 문제가 되지 않은 유일한 직업은 저널리스트로 (…) 그는 저널리스트가 될 수밖에 없었다.

심지어 바이런6th Baron Byron, 1788~1824 은 〈잉글랜드 시인들과 스코틀랜드 비평가English Bards and Scotch Reviewers〉(976행 이하)에서 저널리스트를 훨씬 더 신랄하게 비판하고 있다.

저질 풍자문을 매달 끄적거리는 자,
비열한 일 중에서도 가장 비열한 일을 하도록,
잡지를 위해 거짓을 빛내도록 선고받았으니, (…)
그 자신이 인류에 살아있는 모욕이어라.

저널리즘에 대한 니체의 반복적인 논쟁에서 우리는 그 당시뿐만 아니라 오늘날의 인문학의 미래에도 중요한 또 다른 모티브를 만날 수 있다. 1872년 1월 16일, 바젤에서 니체는 여섯 번의 공개 강연 중 첫 번째 강연을 〈우리 교육 기관들의 미래〉라는 제목으로 발표했다. 여기서 니체는 강의 후반부에 '시대의 노예인 저널리스트'와 다소 낭만적으로 그 자신이 천재라고 칭한 '순간의 구원자'를 대비했다. 니체의 경력 초반에 발언된 이 주제는 1년 후에 《반시대적 고찰Untimely Meditation》이라는 훌륭한 저서에서 다시 변주된다.

니체에게 중요한 것은 '내일과 모레의 인간'으로서의 철학자가 '자기 시대의 오늘과 맞서'야 한다는 통찰이었다(《선악의 저편》, 212장). 그는 계속해서 철학자는 '자기 시대의 죄의식bad conscience'이 되어야 한다고 말한다. 그리고 자기가 속했던 시대에 대해 무자비한 비판가였던 철학자의 예로 소크라테스를 언급한다.

여기서 우리의 관심사가 인문학임을 상기한다면, 니체의 이런 견해는 적어도 우리 시대에 대한 몇 가지 관점을 제공해준다는 것을 알 수 있다. 이 주제는 이후에 좀 더 길게 논의하겠지만, 초반에 소개할 필요도 있다. 왜냐하면 인문학의 에토스ethos[2]는 인물 유형으로서의 저널리스트의 에토스와 정반대이기 때문이다. 하지만 지금은 버나드 쇼로 돌아가 보자. 쇼는 중요한 점을 지적했지만, 나는 그가 이야기한 '성격상의 결함'에는 동의하지 않는다. 문제가 되는 것은 사실 성격이 아니라 반복적인 주입이다.

---

2 에토스는 그리스어 εθοε의 라틴어 표기로, 익숙한 장소나 습관을 의미하며, 도덕을 의미하기도 한다. 아리스토텔레스는 윤리라는 용어의 기원을 이 에토스에서 찾고 있다. 일반적으로 에토스라는 용어는 어떤 이념이나 관습에 동기를 부여하는 정신이라는 의미로 사용된다.(옮긴이)

나치 독일에서 미국으로 막 도망쳐 온 후에 대학생이 되었을 때, 나는 학생 신문사와 인터뷰를 한 적이 있었다. 그때 인터뷰를 했던 신문사의 한 젊은이가 잘못된 논점으로 이야기하고, 내가 하지도 않은 말에 인용부호를 달아놓고 변명을 하는 것에 큰 충격을 받았다. 그 젊은이는 인용부호가 사람들의 관심을 좀 더 유발시킬 수 있기 때문에 때때로 맥락을 끊고 인용부호를 다는 것이 중요하다고 나를 설득하려고 했다.

통찰가, 사변가 그리고 소크라테스적인 유형과 함께 또 한 유형인 저널리스트 유형이 갖고 있는 에토스는 첫 눈에 사람들의 흥미를 끌어서 읽어볼 만한 원고를 제공하는 것이다. 하지만 몇 년이 지나면 그것에 대한 흥미가 사라지는 것은 물론이며, 면밀한 검토를 한다고 기대할 수도 없다. 이런 에토스는 여기서 논의할 필요가 있을 만큼 이미 널리 확산되어 있으며, 대부분의 사람들도 아마 이런 에토스의 사례가 될 만한 사람들을 이야기해 본 적이 있을 것이다.

과학 분야뿐만 아니라 인문학 분야에서도 대다수 교수들은 학생들이 이런 비열한 습관을 버리고 분별력을 키우도록 장려하는 것을 일의 중요한 일부분으로 삼고 있다. 이런 측면에서 보면 대다수 사변가와 소크라테스 교사들은 한 마음이라고 할 수 있다.

개인적으로 목격했던 사건들을 설령 최고로 권위있는 신문사가 작성한 기사로 읽게 되었을 때, 많은 부분들이 사실과 맞지 않고 기자나 편집자의 태도가 앞서 언급한 학생기자의 태도와 크게 다르지 않음을 경험해본 적이 있을 것이다. 쇼의 글을 읽어 본 사람이라면 아마도 그의 언급이 빈번하게 떠올랐을 것이다. 하지만 자기가 속한 사회를 리드하는 지식인들의 명단을 입에 올리고 각종 저널을 편집하거나, 수시로 기고하는 사람들이라면 그만이라고 여기는 사람들은 기자들에 대해 전혀 그렇게 생각하지 않는다.

이것은 민감한 부분이지만 그렇다고 회피해서는 안 되는 문제이다. 역할 모델role models은 중요한 것이기 때문이다. 또한 대학신문 기자에서부터 저널리즘의 최상층까지는 일관된 하나의 연속체며 언급할 만한 가치가 있는 이름은 상층부에 있는 것들뿐이다.

20세기 미국 저널리스트 중에서 아마도 에드먼드 윌슨Edmund Wilson, 1895~1972만큼 중요한 지식인으로 널리 알려진 사람은 없을 것이다. 그는 상당한 기간 동안《뉴요커The New Yorker》의 정기 기고자였으며, 생의 말년에는《뉴욕 북 리뷰The New York Review of Books》에 기고를 담당했다. 몇몇 사람들이 그의 가장 훌륭한 작품이라고 여기는《핀란드 역으로》(1940)는 처음에는《뉴 리퍼블릭The New Republic》지에 일부가 실렸던 것이다. 그런데 헤겔에 대한 그의 기사를 살펴보면서 나는 그의 '지식'이 분명히 2차 저작물에 의존한 것이며 상당히 오류가 많다는 것을 알게 되었고, 마르크스에 대한 기사 역시 더 나을 것이 없다고 생각했다.

월슨의 주요 분야는 문학 비평이었기 때문에 그럴 수 있다고 이의를 제기하는 사람도 있을 것이다. 하지만 가장 높게 평가받은 그의 문학비평 모음집인 《상처와 활The Wound and the Bow》(1941)을 살펴보더라도 상황은 근본적으로 비슷하다. 이 제목은 소포클레스의 《필록테테스Philoctetes》를 연상시키지만, 책의 결론은 월슨이 얼마나 이 비극을 경솔하게 읽었는지 보여준다. 그는 장황한 설명을 통해서 네오프톨레무스Neoptolemus의 고귀함이 어떻게 "필록테테스의 고집스러움을 해소시키고, 게다가 그를 치료하고 자유롭게 해주었으며 또한 전쟁을 승리로 이끌었는지" 주장한다. 그리고 이러한 주장은 1947년에 나온 '수정된 새 판본'에서도 바뀌지 않고 남아있다. 그러나 사실, 필록테테스는 분노를 버리라는 네오프톨레무스의 충고에 전혀 설득되지 않았다. 그를 설득하는 것은 데우스 엑스 마키나deus ex machina[3], 즉 하늘에서 내려와 그가 민족의 구원자가 되어야 한다고 명령하는 헤라클레스이다.다음 장에서 나는 이러한 차이가 얼마나 중요한 것인지 설명할 것이다.

소포클레스의 《안티고네Antigone》에 대한 월슨의 요약 역시 저널리스트들은 항상 이름을 잘못 알고 있다고 주장했던 쇼의 비난들을 연상시킨다. '수정된 새 판본'에도 심지어 많은 오류들이 남

---

3 현실적으로 해결이 어려운 상황을 타개하기 위해 신을 등장시키는 것으로, 기계장치를 이용해 하늘에서 신이 내려오는 것처럼 표현했던 그리스의 연출방식에서 용어를 따왔다.(옮긴이)

아있으며 크레온Creon은 여전히 클레온Cleon이라고 쓰여져 있다. 클레온은 안티고네의 삼촌이 아니라 소포클레스와 동시대인인 유명한 아테네 정치가의 이름이다.

저널리즘적인 측면에서 《뉴요커》에 처음 연재되었던 윌슨의 《사해로부터 온 사본The Scrolls form the Dead Sea》은 우리 시대의 가장 중요한 발견 중 하나에 대중적인 관심을 불러 일으켰다는 점에서 대단한 성공작이었다. 그러나 20년이 지난 지금 이 책이 그렇게 훌륭하지 않았다고 말하고 끝내는 것은 지나치게 너그러운 일일 것이다. 다시 한 번 쇼의 비난을 언급할 필요는 없을 것이다. 다만 윌슨의 문제는 부분적으로 그가 잘못된 사람들의 말을 경청했다는 데 있다.

이러한 지적이 단지 작가 한 사람에게만 해당하는 것이 아님을 지적하는 것도 중요하다. 한나 아렌트Hannah Arendt, 1906~1975를 대단히 유명한 사람으로 만들었던 책은 의심할 바 없이 《뉴요커》를 위해 작성했던 《예루살렘의 아이히만》이다. 이 책은 상당히 많은 논쟁을 불러일으켰으며, 한 예로 그녀가 제시한 '악의 평범성the banality of evil'이라는 개념은 많은 비평가들에게 공격을 받았다. 여기서 나는 이 논쟁에 참여하고 싶은 마음이 없다. 이 주제와 관련해 나는 나의 시집 《카인과 그 외 시편들Cain and Other Poems》에 들어있는 〈아이히만 재판〉이라는 짧은 삼부작 시를 통해 정리하고자 했다. 두 번째 시는 다음과 같이 시작한다.

그는 거대한 고양이가 아니라 생쥐처럼 보인다.

그는 전혀 낭만적이지 않다.

그는 자신이 관료였다는 것에 대해 자랑스러워하며,

여전히 현학적이다.

왜 괴물은 커다랗지도 검지도 않은가?

몇몇 관리들처럼,

그리고 지옥을 창조하는 것은 때때로

왜 감정과 상상력의 결핍일까

　이 관점은 새로운 것이 아니다. 이것은 내가 나중에 읽었던 톨
스토이Lev Nikolayevich Tolstoy, 1828~1910의 뛰어난 단편 〈무도회가
끝난 후에After the Ball〉에서도 발견된다.

　이런 문제를 여기서 언급할 필요가 있는 것은, 아렌트의 언급
에서 잘못을 발견한 사람들은 대부분 그 즉시 그녀의 연구결과를
파괴하려는 것으로 여겨졌기 때문이다. 저널리즘적인 에토스 때
문에 얼마나 많은 사람들이 타락했는지를 이보다 더 잘 보여주는
예는 없을 것이다. 아렌트의 다른 논문들이 설사 설득력이 있더
라도, 여전히 표면상으로는 뛰어난 학자이고 지도적인 인문학자
인 그녀가 쇼가 비판했던 점과 가까웠다는 것은 여전히 하나의
커다란 스캔들이 될 수밖에 없다.

　아렌트를 저널리스트로 보는 것은 그녀의 초기 저서들을 이해

하는 데에도 해당된다. 그녀의 초기 저서들은 물론 잡지에 기고하기 위해 쓴 것도 아니고 분명하게 저널리스틱하지도 않다. 게다가 첫 번째 주저인《전체주의의 기원》은 상당히 박식한 인상을 준다. 그럼에도 학자들은 첫 삼분의 이 분량을 할애해 가면서 전체주의의 기원을 반유대주의와 제국주의에서 찾아야 한다는 그녀의 주장을 전혀 심각하게 받아들일 수 없었다. 왜냐하면 사실 그녀가 말하는 것은 끊임없이 뉴스에 등장하고 정기적으로 규탄되던 악에 대한 것뿐이었고 그녀의 책 제목은 눈길을 끄는 기사 제목을 그대로 옮겨놓은 것이기 때문이었다.

아렌트는 전체주의의 가장 중요한 근거 중 하나가 종교재판 Inquisition이라는 것을 전혀 언급하지 않았으며, 그와 함께 플라톤의《국가Republic》와《법률Laws》에 나오는 야간 의회Nocturnal Council에 대해서도 완전히 무시했다. 그녀는 단 한번 "플라톤은 《법률》에서 (…) 제우스를 불러냈다"고 언급했을 뿐이며, 다소 이상한 방식으로 "법이 인간의 공적인 일들을 안정시키는 힘이라는 것을 이해한"[4] 첫 번째 사람을 플라톤으로 암시하고 있다. 그러나 사실, 신을 향한 탄원과 연결되는 이런 통찰은 플라톤보다 대략 14세기 이전에 살았던 함무라비Hammurabi 이전까지 거슬러 올라갈 수 있다. 또한 도스토예프스키Fyodor Mikhailovich Dostoevskii, 1821~1881는《카라마조프가의 형제들》중 '대심문관' 장

---

4 한나 아렌트, 박미애·이진우 역, 《전체주의의 기원 2》, 한길사, 2006, 265쪽

에서 전체주의가 신을 향한 기원과 얼마나 잘 부합하는지 보여준 바 있다. 게다가 볼셰비키 혁명가들 사이에서조차 잘 알려져 있던 이런 탁월한 전체주의 분석에 대해 아렌트는 한 번도 언급한 적이 없었다. (종교재판과 관련한 더 자세한 설명은 나의 저서 《4차원의 종교들Religions in Four Dimensions》의 52장을 참조하라.) 아렌트는 숨 가쁘게 시사적인 것을 다루기 좋아했으며 무엇보다 견실함이 부족했다. 그녀가 아이히만의 책에서 상세하게 다루는 전체주의와 희생자들의 행동에 대한 이해는 솔제니친Alexander Solzhenitsyn, 1918~2008의 책에서 찾을 수 있는 것보다 훨씬 적다.

저널리즘과 사변주의는 대립하는 것처럼 여겨지기도 한다. 사변가는 엄격함과 견실함에 가치를 두고, 저널리스트는 신속함과 관심을 끄는 것에 가치를 둔다. 그렇지만 《뉴요커》부터 소위 말해 학문적 잡지라 불리는 다양한 잡지들에 글을 쓰는 교수 같은 저널리스트-사변가들 또한 존재한다. 그런 것이 뭐가 문제가 되냐고 묻는 사람도 있을 것이다. 물론 문제가 되는 것은 아무것도 없다. 직업이 저널리스트라고 해서 모든 사람들이 다 지금 살펴보고 있는 유형에 속하는 것은 아니다. 하물며 가끔 잡지에 글을 쓰는 사람들은 더더욱 아니다. 중요한 것은 에토스이다.

잡지에 글을 기고하면서 살아가는 사람들도 높은 수준의 정확성을 가질 수 있다. 물론 이것이 그들의 삶을 매우 고달프게 만들겠지만 말이다. 그리고 잡지에 한 번도 글을 기고하지 않은 사람들이라도 매우 형편없는 학문적 성실성을 가지고 있는 경우가 있다. 게다가 때로는 대부분의 사람들이 생각하는 것보다 훨씬 드물기는 하지만 신속함이 가장 주가 되어 어떤 보고서를 검토나 교정을 볼 시간도 없이 서둘러 출판을 해야 할 때도 있다.

주목해야 할 것은 급하게 서두르는 이런 일이 30년 후에도 존속될 수 있는 것인지 전혀 개의치 않는 사람들의 에토스가 '모든 시대를 위한 소유물'을 창조하고자 하는 열망을 품고 있었던 투키디데스Thucydides, BC 460(?)~BC 400(?)나 '사후에 태어나기'를 희망했던 니체 같은 철학자의 에토스와는 전혀 다르다는 점이다. 많은 사변가들이 학문적인 저널을 위해 엄격함을 과시하면서 시의적절한 주제들로 글을 써내려가지만, 이들은 정작 자신의 출판물이 30년을 버티리라는 아니면 적어도 10년이라도 버티리라는 기대를 전혀하지 않는다. 그리고 이런 작품들의 엄격함을 면밀하게 검토해보면, 그것들은 겉으로만 그럴 듯해 보일 뿐이어서 처음에는 견고해 보이지만 조잡한 작품인 경우가 많다.

이런 저널리스트적인 성향은 인문학의 미래에 엄청난 위협을 가한다. 한물간 예전의 인문학자들은 10번 이상 읽을 만한 가치가 없는 책은 아예 읽을 가치가 없다고 생각했었다. 그들은 몇 백 년 동안 살아남을 수 있는 책에 파고들었으며 일시적인 것처럼 보이는 것들은 완전히 무시했다. 이런 점에서 저널리스트적인 교사의 '새로운 것'에 대한 선호와 최근 것에 대한 관심은 인간 정신이 낳은 가장 위대한 작품들의 보존을 위태롭게 할 수 있다. 점점 더 많은 학생들이 작년의 헤드라인 신문기사처럼 시대에 뒤떨어지고 잊혀져버릴 최신 자료와 서적을 대량으로 읽으면서 대학을 졸업하고 있다. 그러다보니 이제는 심지어 미술사가들 중에서도 성경을 아는 이가 드물다.

소크라테스 유형

여기서 나는 비평가 유형이 아니라 왜 소크라테스 유형인지 먼저 밝히고자 한다. 비평가에 대해 논할 때 우리는 이를 두 가지 유형, 즉 소크라테스 유형과 저널리스트 유형으로 구분해야 한다. 왜냐하면 이 두 가지는 아주 분명하게 반대이기 때문이다.

소크라테스는 당시 대부분 사람들이 실제로는 알지 못하면서도 알고 있다고 여기고 있는데 반해, 자신은 무지를 자각하는 지각이 있다고 말했다. 《변명Apology》에서 스스로 언급했던 것처럼 소크라테스의 사명 중 하나는 자신이 똑똑하다고 여기는 사람들의 무지와 그들이 주장하는 지식의 허위를 폭로하는 것이었다.

이러한 소크라테스의 정의를 빌려보면, 저널리스트는 자신이 알지 못하는 것을 안다고 주장한다. 심지어 어떤 경우에는 실제로는 그렇지 않다는 것을 알면서도 좀 더 관심을 끌기위해 인용부호를 추가하는 것처럼 말이다. 소크라테스는 가장 경건하고 믿을 만한 신념이라도 혼란스럽거나 잘못된 주장을 정당화시킬 수는 없다고 주장했다. 그를 주인공으로 내세운 플라톤의 저작

속에서 소크라테스가 후세인들에게 각인시켜 준 것은 지적인 완결성의 필요성이었다. 그러나 그의 주장을 면밀하게 살펴보면 그가 자신이 세운 기준에 미치지 못하는 경우를 종종 발견할 수 있는데, 이는 그가 이따금 다른 사람들을 바보로 만드는 것을 즐겼기 때문이다.

소크라테스 유형을 통해 내가 보여주고자 하는 것은 이 유형이 검증받지 않고 널리 공유되고 있는 확신에 중요한 지위를 부여하는 한 시대의 신념과 도덕을 엄밀하게 따져보려고 시도한다는 점이다. 이 유형이 주요하게 문제로 삼는 것은 일반 여론과 특권적인 패러다임에 의존하는 지식이다. 어쩌면 이런 일들에는 괴팍함의 요소가 들어있을 수도 있다. 그러나 설사 그렇다 하더라도 이런 유형의 사람들에게 물길을 거슬러 헤엄치는 것은 명예로운 일이라고 할 수 있다.

지금까지 세상에는 많은 통찰가가 존재했으며, 더욱 많은 저널리스트와 사변가가 존재했다. 하지만 소크라테스만큼은 가장 순수하게 소크라테스적인 유형을 보여주는 대표적인 예라고 할 수 있다. 이런 류의 교사들은 이후 플라톤에게도 발견되지 않는다. 자신만의 비전을 가진 것도 아니고 글도 쓰지 않는 교사이지만, 때때로 꾸준한 명성까지는 아니더라도 학생들이 애정 어린 존경심으로 기억하는 사람들이 있다면 바로 이런 유형이라고 할 수 있다.

또한 이런 유형이 통찰가와 사변가에 대한 현실적인 대안임을 인식하는 것 역시 중요하다. 대부분의 교사는 명성을 획득하지 못하더라도, 자신이 중요한 대안이 될 수 있다는 점을 생각해 본 다면 소크라테스적 에토스를 선호할 수도 있을 것이다.

더 나아가 소크라테스적인 성향은 다양한 유형의 혼합 속에서 나타난다. 사실 우리는 많은 교사들과 작가들이 두 가지 성향을 함께 가지고 있다고 추측할 수 있으며, 이런 점에서 네 가지 유형 의 마음가짐은 열여섯 가지의 형태로 만들 수 있다. 물론 순수하 게는 네 가지 유형밖에 없지만 각각의 유형은 또한 다른 세 가지 것 중 하나와 결합되는 방식으로 나타나기도 한다. 우리가 만일 통찰가 유형을 1로, 소크라테스 유형을 2로, 사변가 유형을 3으로, 저널리스트 유형을 4로 표시한다면, 열여섯 가지의 형태는 다음과 같이 표시할 수 있다. 11,12,13,14. 22,21,23,24. 33,31,32,34. 44,41, 42,43. 어떤 사람들은 아마도 12(소크라테스 적 요소를 지닌 통찰가 유형)와 21(통찰가적 요소를 지닌 소크라테스 유형)을 굳이 구분할 필요가 없다고 생각할 것이다. 그리고 이런 종류의 구분을 빼버린다면, 여섯 가지의 형태가 삭제되고 열 가지 만 남게 된다. 그러나 이렇게 하는 것은 앞으로 몇 가지 예를 들어보면 알겠지만 유감스러운 일이 될 것이다.

11. 순수한 통찰가들 : 블레이크와 예이츠

12. 플라톤, 니체, 프로이트, 에우리피데스, 톨스토이, 고야

13. 아리스토텔레스, 칸트, 헤겔

14. 토인비, 버트런드 러셀의《서양 철학사》

22. 소크라테스

21. 레싱, 쇼, 하인리히 뵐, 오노레 도미에 Honoré Daumier, 조지 그로츠

23. 대다수 교수들

24. 키에르케고르, 칼 크라우스. 이 조합은 자기-혐오를 특징으로 한다.

33. 사전, 용어 색인, 학술적 출판의 편집위원들.

31. 아퀴나스

32. G. E. 무어와 많은 다른 교수들

34. 틸리히와 많은 다른 교수들

44. 대부분의 저널리스트들과 베스트셀러 작가들

41. 에드먼드 윌슨과 한나 아렌트?

42. 데이비드 쉬스킨트 David Susskind

43. 찰스 라이히 charles Reich 의 《미국의 녹색화 The Greening of
   America(1970)

내가 분류해 놓은 인물과 그 밖의 인물을 포함해 각각의 사례
를 논의해 보는 것도 상당히 즐거울 것이다. 또한 몇몇 유명한 인
물들이 세 가지 유형을 포함하고 있다는 것도 주목할 만하다. 사
르트르는 네 가지 유형의 요소들을 모두 강하게 가지고 있다. 사
변가가 이와 같은 유형 분류로 무엇을 할 수 있는지 알아보는 것
은 플로니우스가 햄릿에게 했던 다음과 같은 말을 떠올리는 것만
으로 충분하다.

비극과 희극, 역사극, 목가극, 목가적 희극, 역사적 목가극, 비극적 역사극, 비극적-희극적-역사적-목가극 (…) 등에서 세계 제일의 배우는 말일세…….

순수한 유형이 예외적이라는 것을 떠올려 볼 때, 이 책의 목적과 관련해서는 네 가지 유형의 마음가짐을 구분하는 것만으로도 충분할 것이다. 또한 어떤 사람들은 다양한 분야에서 저널리스트나 통찰가 유형을 찾아볼 수 있는데 반해, 철학자들은 사변가나 소크라테스 유형일 뿐이라고 추측할 수도 있을 것이다. 그러나 이 짧은 목록은 한눈에 철학자가 양쪽 유형에만 속하지 않다는 것을 보여준다. 한 시대의 신념과 도덕에 대한 소크라테스적 탐색과 가장 칭송받는 사제司祭들에 대한 소크라테스적 조롱은 결코 어떤 방식으로도 철학자들의 특권이 아니다. 물론 철학이 이러한 방식에 상당한 기여를 할 수는 있겠지만 이는 다른 분야에서 활동하는 소설가, 시인, 예술가, 교사도 할 수 있는 일이며 전문 저널리스트 또한 마찬가지이다.

이와 같은 네 가지 유형을 인지하는 것은 고등교육에 거대한 변화를 만들어 낼 수 있다. 사변가에게 통찰가가 아니라고 비난하는 것은 쓸데없는 짓이다. 그런 비난은 전혀 생산적이지 못할 뿐더러 어떤 개혁도 만들 수 없다. 게다가 대다수가 통찰가로 구성된 학과의 교수진은 자칫하면 악몽과도 같은 것이 될 수 있다. 하지만 소크라테스적 유형이 지나치게 부족한 교수진과 소크라테스적 에토스를 통해서 학생들과 소통할 수 없는 것에 대해서는 비판을 할 수 있을 것이다.

위대한 통찰가를 대체할 만한 가장 좋은 대안이 결코 사변가는 아님을 깨닫는 것도 상당히 중요하다. 소크라테스적 선택이 그렇게 자주 확실한 대안으로 제시되지는 않지만, 그와 비슷한 일이 요구되면 사변가는 종종 이런 일은 자신의 일이 아니라고 항변한다. 사변가의 이런 언급은 아주 흥미로운 것으로, 정확한 의미는 '우리가 월급을 받는 것은 이런 일을 위해서가 아니다'라고 할 수 있다. 물론 이 말에도 약간의 진리는 들어있다.

'학문적 자유'는 19세기에 독일에서 발전했으며, 독일의 교수들은 정부에서 월급을 받는 공무원이었다. 그들은 학문적 자유를 당연한 것으로 여겼으며, 이는 자신이 속한 사회의 신념과 윤리, 정치에 대한 문제만 제기하지 않는다면 자신이 원하는 어떤 주제에 대해서도 가르칠 수 있는 자유가 있다는 것을 의미했다. 그들의 자유는 엄밀한 의미에서 '학문적인' 자유였으며 소크라테스적 교육은 결코 그들이 월급을 받는 의미가 될 수 없었다.

이런 점에서 본다면 그런 일은 우리 일이 아니라는 반박은 사실이다. 그러나 이러한 반박은 가장 비열한 고용인들처럼 교수로서의 직무를 정부나 돈 줄을 쥐고 있는 사람들의 바람에 끼워 맞추는 데 만족하는 것이다. 어느 누구보다도 종신 교수들은 자신의 직무를 결정할 수 있으며, 이런 직무 개념을 사회에 설득할 수 있는 훌륭한 위치에 있다. 실제로 빚지고 있는 최근의 사변적 개

넘의 위신은 이러한 교수들 덕분이라고 할 수 있다. 대안에 대한 좀 더 깊은 반성 없이 이 개념을 대중에게 팔아넘긴 것도 이런 교수들이라고 할 수 있다.

소크라테스적 에토스를 가르치는 것이 자신의 직무가 아니라는 주장은 이런 점에서 본다면 다음과 같은 문제에 부딪칠 수밖에 없다. 첫째, 이 일은 할 만한 가치가 있는가? 만일 가치가 있다면, 이 일을 할 만한 위치에 있으면서 제대로 교육을 받은 좀 더 자격 있는 다른 집단은 없는가? 마지막으로 만일 없다면, 이 일을 무책임하게 맡을 수밖에 없는 훨씬 더 중요한 일이 있는가?

이 일이 할 만한 가치가 있냐는 첫 번째 물음에서 시작해 세 가지 물음에 대답을 해보도록 하자. 이에 대한 가장 훌륭한 접근방법은 구체적이고 역사적인 방법일 것이다.

20세기 초반 동안 독일은 고등교육과 직업전문교육의 모델이었다. 많은 미국인들이 박사 학위를 취득하기 위해 독일 대학으로 몰려갔으며 지금까지도 존속하고 있는 미국의 대학원들은 독일의 모델을 따라 발전했다. 가령, 1920년대만 해도 전 세계의 물리학자들은 학문을 하기 위해 괴팅겐으로 모여들었다.

그러나 1930년대로 들어서면서 독일 대학은 순수 직업전문교육의 도덕적 파산을 보여주는 완벽한 표본이 됐다. 지도력 있는 대부분의 독일 학자들은 자신이 속한 사회의 신념, 도덕, 정치에 대해 문제를 제기하지 못했다. 어쨌든 그것은 그들의 직무가 아니었기 때문이다. 그들이 봉급을 받는 이유는 문제제기를 하기 위해서가 아니었다. 그리고 국제적으로 유명한 학자들의 가르침을 받은 학생들은 교육을 덜 받은 동료 시민들보다도 훨씬 더 나치가 이끄는 정부의 새로운 신념과 도덕, 정치에 대해 무비판적으로 열광했다. 학생들은 사변가가 그토록 자랑스러워하는 양심의 잣대를 어떻게 사회의 신념이나 도덕, 정치에 적용해야 하는지 한 번도 배운 적이 없었다. 반대로 지상 원칙의 두 가지라고 할 수 있는 신념과 도덕이 비판적인 검토의 대상이 되지 않는다고 믿어버리게끔 교육을 받았다. 가치의 영역이 선입견과 정열의 도피처가 되어버린 것이다.

20세기의 두 가지 주요 서양 철학사조인 실존주의existentialism[5]와 실증주의positivism[6]는 반세기가 지난 지금까지도 여전히 지배적인 위치를 점하고 있다. 이 두 가지 사조는 확연히 대조적이고 각 당파성이 서로를 대립적으로 이해하는 것처럼 보인다. 그렇지만 아주 피상적으로 볼 때 이들은 반-소크라테스적 에토스를 지향한다는 점에서 일치한다. 왜냐하면 이 두 가지는 이성을 사실의 세계로 한정하고 신념이나 도덕, 정치의 영역을 감정이나 흥분, 비합리적인 판단에 내맡기기 때문이다.

이런 반-소크라테스적 에토스가 반드시 철학적인 분위기를 내

---

5 실존주의는 제2차 세계대전을 전후로 독일의 철학자 하이데거와 야스퍼스에서 시작한 철학으로 인간 존재의 참다운 의미를 찾는 것을 주요한 물음으로 삼는다. 이후 프랑스의 철학자 사르트르에 의해 존재의 무의미성과 세계 안에서의 인간의 책임을 강조하는 방향으로 사용함으로써 대중에게 널리 알려지기 시작했다.(옮긴이)

는 데 필요한 것은 아니다. 그러나 스스로를 실존주의자나 실증주의자라고 여기지 않음에도 수많은 교수들이 여전히 자신의 직무가 전문분야를 가르치는 것이며, 학문적인 경쟁력과 우월성은 한층 더 전문화되는 것에 달려있다는데는 동의한다. 이 시대의 사변가는 때때로 신념과 도덕은 목사에게 맡겨두는 것이 최선이라고 주장한다. 그러나 곰곰이 생각해보면 이는 말이 되지 않는다. 도대체 목사에게 어떤 전문 지식이 있단 말인가? 우리가 왜 그들의 말을 들어야 하는가? 학자들이 내딛기 싫어하는 곳에는 선동가들만이 뛰어들 뿐이다.

소크라테스의 직무에는 행동이 필요하다. 상충되는 신념과 윤리 규범, 이데올로기는 사려 깊은 검토가 절실히 필요하다. 이와 같은 일을 하는데 대학의 종신 교수들보다 더 훌륭한 자격과 유리한 지위를 가지고 있는 집단은 없다. 만일 그들이 소크라테스적 직무를 행할 만한 시간이 없다고, 다른 누가 그 일을 해주리라 기대한다면 그것은 헛된 일이다.

---

6 실증주의는 당시 유럽에서 일반화된 초월적이고 형이상학적인 사변론을 배격하면서 경험적으로 주어진 사실만을 인식의 대상으로 삼으려 한 19세기의 철학적 한 경향을 가리킨다. 실증주의는 자연과학에서 사용되는 실증적인 연구방법을 인간과 사회 현상에 대한 탐구에도 적용해야 한다고 주장한다.(옮긴이)

소크라테스적 에토스

|

이제 남은 질문은 인문학을 가르치는 대다수 교수들이 실제로 하고 있는 직무가 정말 훨씬 중요한 일인가 하는 점이다. 만일 그렇다면 소크라테스적 직무를 내버려두는 것이 훨씬 이로운 일이기 때문이다. 교수가 아닌 사람들은 아마 이런 질문 자체를 우스꽝스럽다고 여기며, 인문학을 가르치는 대부분의 교수들이 하는 일은 비교적 꽤 하찮다고 말할지도 모른다. 하지만 학자가 아닌 사람들은 무엇이 하찮은 것이고 무엇이 그렇지 않은 것인지 신뢰할 만한 판단을 할 수 없다.

그렇다면 이쯤에서 내용과 형식을 구분하는 것이 타당하다고 본다. 내 생각에 인문학 분야의 상당수 연구 내용은 소크라테스적 업무와 비교해보면 하찮은 것이다. 그럼에도 이런 연구를 하는 과정 속에서 얻는 지식은 매우 귀중하다. 이 부분은 중요하기 때문에 4장에서 좀 더 논의할 것이다.

여기서 다루려는 것은 모든 교수들이 사변가가 되는 것이 나은가, 아니면 소크라테스가 되는 것이 나은가의 문제이다. 제2차 세계대전 이후로 교수들은 점점 더 사변가가 되어갔으며, 여기서 발생한 문제는 소크라테스적 에토스의 절멸을 받아들일 수 있는가였다. 그리고 그럴 수 없다는 것이 나의 주장이었다. 그러나 이것은 분명히 소크라테스적 유형이 교수진을 대표하는 가장 좋은 유일한 유형이라는 의미는 아니다. 고래의 멸종을 반대하는 사람들이 바다 속에는 오직 고래만 존재하는 것이 최선이라고 주장하지는 않는다.

당연한 것이지만 소크라테스적 유형이 살아남아야 한다는 나의 관심은 다양성의 측면이 아닌 인문학의 미래에 대한 깊은 숙고에서 비롯되었다. 중요한 점은 예전에 우리가 지녔던 것보다 적은 한 가지 유형만을 갖게 된 것이 유감이라는 뜻이 아니라, 소크라테스 유형이 필수불가결하게 속해있는 하나의 혼합물을 인문학이 요구한다는 것이다.

어떤 사람들은 소크라테스적 에토스를, 만일 그것이 없다면 음식의 맛이 밋밋해지고 무미해지는 소금이나 후추에 비교할 수도 있을 것이다. 물론 소금이나 후추로만 만들어진 음식은 훨씬 더 최악일 것이다. 하지만 이런 비유는 많은 점에서 잘못이 있다. 독일의 예가 보여준 것처럼 문제가 되는 것은 단순한 맛의 차이가 아니기 때문이다. 게다가 한두 사람의 소크라테스적 교사가 참여한 대규모의 교수진은 결코 충분하다고 할 수 없다. 우리에게는 많은 소크라테스적 교사가 필요하다.

그렇다고 각자가 자신의 분야를 버리고 형편없는 논객들이 말하곤 하는 '자칭 시대의 비판자'가 되어야 한다는 것은 아니다. 마치 그것이 누군가에 의해 임명될 수 있는 지위인 것처럼 말이다! 어떤 경우이든 소크라테스적 교사는 경기장보다 높은 곳의 왕좌에 앉아 판단을 내리는 자가 아니다. 소크라테스적 에토스는 탐색하고 질문을 던지는 것이다. 그리고 교수에 임명된 사람들 중 몇몇이 각자 자신의 분야에서 이런 일을 하는 것을 자기 직무의 일부라고 느낀다면 더 없이 좋을 것이다.

가치와 신념, 윤리 규범과 이데올로기는 과연 어떤 사람들의 분야에 속해야 하는가? 만일 교수들이 소크라테스의 유산을 피하기 위해 뒤로 물러서지 않았더라면 종교학, 경제학, 사회학, 인류학뿐만 아니라 문학, 예술, 역사학을 맡고 있는 교수들도 분명히 자신의 분야에서 그런 주제를 다루고 있었을 것이다. 컴퓨터를 배우거나 새롭게 유행하는 전문지식을 얻기 위해 시간을 투자하지 않고도 학생들과 함께 최근 유행에 대한 주목할 만한 대안을 탐구해볼 수도 있을 것이다. 이 과정을 통해 이 시대의 다양한 통설通說이 외부에서는 어떻게 비춰지는지, 대중적인 일반 여론뿐만 아니라 학문적인 영역의 일반 상식이 얼마나 근거가 있는지, 그리고 각각의 대안이 지닌 장단점은 무엇인지 등을 물을 수도 있다. 철저한 분석은 물론 불가능하다. 하지만 학생들은 특별히 흥미롭고 중요한 몇 가지 대안을 살펴보는 훈련을 받을 수 있다. 또한 대안을 찾아내는 것을 배울 수도 있다. 학생들에게 소크라테스적 에토스를 고취시킬 수 있는 것이다.

소크라테스적 교사는 통찰가가 될 필요가 없다. 다시 말해 자신만의 관점을 발전시킬 필요가 없다. 예를 들어, 소크라테스적 교사는 사회철학을 가르칠 때 학생들에게 도스토예프스키의 〈대심문관〉을, 그 다음에는 톨스토이의 《나의 종교》와 T.S. 엘리엇 Thomas Steams Eliot, 1988~1965의 《기독교 사회의 이념 The Idea of a

Christian Society》, 그리고 밀턴John Milton, 1608~1674의 《아레오파기티카》를 읽히면서 시작할 수 있다. 학생들은 이 글들을 통해 급진적이고 다양한 관점의 강력하고 설득력 있는 주장을 접하게 될 것이다. 당연히 학생들은 자유롭게 어떤 저자들의 의견에 동의할 수 있지만 곧바로 흔쾌히 동의할 수는 없을 것이다. 학생들은 자신에게 제시된 관점에 대해 질문을 이끌어낼 수 있을 것이며 또한 자신의 관점과 부모나 친구들, 사회의 공론公論에 대해서도 질문을 던질 수 있을 것이다. 소크라테스적 교사는 비교종교학이나 철학사를 가르칠 때 자신의 목소리를 보태가며 학습해야 할 각각의 주제에 활기를 불어넣도록 힘써야 하며, 학생들이 일련의 도전과 마주할 수 있도록 애써야 한다.

소크라테스적 에토스는 비판적이지만, 많은 교과목에서 공감하는 능력이 탁월한 교사들이 가장 잘 수행할 수 있다. 구체적인 전개가 필요한 자신만의 강렬한 비전이 없는 사람이라도 다른 사람들의 비전에 활기를 불어넣어 주면서 만족감을 찾을 수 있다. 하지만 여기서 순전히 역사적이거나 미학적인 것이 핵심이 되어서는 안 된다. 가장 중요한 것은 통설과 방향으로 바뀌는 학생들의 관점을 문제 삼는 일이다. 그리고 다른 사람들의 관점에서 각각의 대안적인 관점을 문제 삼는 일이다. 아주 어려운 일이라고? 그렇다. 학생들과 즐기면서 배울 것이 많은 보람 있고 흥미진진한 일이라고? 그렇다. 통찰가가 되고자 하는 사람들을 위한 일이라고? 아니다. 수행능력을 배울 수 있는 일이라고? 그렇다.

이와 대조적인 방식으로, 사변가적 교사는 만일 그가 토마스주의자[7]라면 마리탱Jacques Maritain, 1882~1973과 현대 토마스주의자의 연구서를 제공하면서, 토마스 아퀴나스의 저술에서 일부를 선택해 과제로 낼 것이다. 마르크시스트라면 마르크스Karl Heinrich Marx, 1818~1883와 엥겔스Friedrich Engels, 1820~1895, 레닌Vladimir Il'ich Lenin, 1870~1924과 몇몇 현대 마르크시스트의 저서 중에서 선택해 과제를 맡길 것이다. 그리고 분석철학자라면 분석철학자의 논문 선집이나 최근 논문 두세 가지를 뒤져볼 것이다. 세미나 형식의 수업이라면 사변가는 주요 저서의 일부분을 뽑아 그 부분을 논의하고 있는 최근의 연구서 몇 가지를 보태려고 할 것이다.

또한 만일 저널리스트적 교사라면 최근 기사에서 많이 등장하는 자료를 선택할 것이다. 가령 1970년대 초반이라면《미국의 녹색화》를 선택할 수 있지만, 1970년대 중반이라면 결코 선택하지 않았을 것이다. 주요 논제 역시 최근의 경향에 부합하는 것 중에서 선택할 것이다.

물론, 소크라테스적 교사도 유행하는 텍스트를 선택할 수 있다. 그러나 이것은 단지 무엇이 잘못되었는지를 보여주기 위한 것일 뿐이다. 실제로 사변가적이든 소크라테스적이든 저널리스트적이든 이들에게 있어 모든 텍스트는 연구의 대상이 될 수 있

---

[7] 중세 유럽의 스콜라철학을 대표하는 토마스 아퀴나스Thomas Aquinas, 1225~1274의 사상에서 유래한 유산을 따르는 철학 학파를 의미하며, 아리스토텔레스의 형이상학과 방법론을 기초로 신의 존재를 증명하려 하였다.(옮긴이)

다. 그러나 사변가라면 한 가지 접근 방법을 가르치고 의식적이든 무의식적이든 학생들에게 그것을 주입하려고 할 것이다. 저널리스트라면 흥미롭고 자극적이며 최신의 것에 가장 큰 관심을 보일 것이며, 학생들에게는 기억할 만한 가치가 있는 어떤 것도 남겨주지 못할 것이다. 그리고 소크라테스적 교사라면 대안에 대한 비판적인 평가의 필요성을 강조할 것이며 지속적인 자기반성을 요청할 것이다.

각각의 세 가지 유형은 재미있을 수도 있고 지겨울 수도 있으며, 그것은 상당 부분 교사의 성격에 따라 좌우된다. 대부분의 교사들은 어떤 것이 되었든 10년 후에도 기억할 수 있을 만한 것을 학생들에게 가르치지 않는다. 오직 소수의 몇몇 교사들만이 그들이 쏟아냈던 열정만큼만 사랑을 받는다. 어떤 교수들은 실패한 배우로, 그들 중 몇 명은 문학을 가르치고 학생들에게 희곡의 일부를 읽어주는 것으로 대부분의 시간을 때우곤 한다. 이런 유형들을 모두 포괄하기 위해 분류 체계를 확대하는 것은 쓸모없는 일일 것이다. 물론 이런 교사들도 학생들에게 셰익스피어 William Shakespeare, 1564~1616 나 몰리에르 Molière, 1622~1673 에 대해 또는 연극이나 시문학 일반에 대해 눈을 뜨게 해 줄 수 있다.

그렇다고 통찰가가 반드시 특별히 더 훌륭한 교사인 것은 아니다. 그들은 종종 다른 사람들의 관점, 특히 자신보다 열등하고 여겨지는 관점에 관심을 기울일 시간이 없다고 느끼곤 한다. 그리고 경쟁적 위치에 있는 사람들과 논쟁을 벌일 때면 그것에 쉽게 빠져들지 못한다. 비전이 완숙되는 과정에 접어든 통찰가라면 아마도 발견을 향한 자신의 여정에 학생들을 동참시키는 탁월함을 발휘할 수도 있을 것이다. 그러나 자신의 입장이 일단 구체화되고 나면, 이들은 옹호해야 할 입장이 없는 젊은 연구자들보다 능력 있는 교사가 되지 못하는 경우가 종종 있다.

자신의 비전을 출판물로 내놓기 시작한 사람들은 구속된 상태라고 할 수 있다. 자신이 출판한 것을 강의에서 반복하는 것은 그다지 좋아 보이지 않는다. 왜냐하면 학생들 스스로가 훨씬 더 빨리 그것을 읽어낼 수 있기 때문이다. 또한 그것을 과제로 내주는 것은 학생들에게 교수가 자신의 관점을 강요하고 있으며 편파적이라는 느낌을 갖게 한다. 또한 자신의 관점과 함께 다른 이들의 관점을 과제로 내주는 것은 학생들에게 교수의 견해가 얼마나 우월한지를 보여주며 옹호적인 입장을 강요하는 것으로 비춰진다. 그렇다고 자신의 저술을 과제로 내주기보다는, 입장에 대한 자세한 설명도 없이 강의 내용의 핵심 몇 가지를 간략하게 정리하라고 과제를 내주는 것 또한 독단적이라고 할 수 있다. 그리고 자신의 저서로 토론하거나 과제로 내기를 꺼려하는 사람들은 정작 자신이 중요하다고 여기는 것, 가령 자신이 그것에 대해 쓰고자 했던 이유를 누락시키는 것이 되기 때문에, 강의의 균형을 상실하게 된다. 몇몇 교사들은 어떤 주제에 관한 책을 출판하면 그것에 대해 가르치는 것을 그만둬야 한다고 말한다. 이런 의견에 대한 딜레마는 여전히 남아있다. 왜냐하면 이런 조언을 일반적인 것으로 수용하게 되면 대다수의 선두적인 전문가들은 자신의 전문 분야를 가르칠 수 없기 때문이다.

교수들이 국제적인 명성을 얻고 나서 교사로서의 인기가 떨어지는 이유도 바로 이런 복합적인 딜레마에 있다. 필연적인 법칙은 아니지만 여기에는 자신만의 비전을 갖지 못한 교사들을 선호하게 되는 모순적인 끌어당김이 있다. 물론 통찰가의 편의를 받아줄 수 있는 교육제도를 만들 수도 있다. 제2차 세계대전이 끝난 후에도 독일의 대학에서는 토론을 할 수 있는 가능성이 상대적으로 희박했다. 독일 교수들이 강의를 맡으면, 그 강의는 독일어로 'Vorlesungen'이라 불렸는데, 이 단어는 '강독講讀'을 의미했다. 독일 교수들은 학생들에게 연구 중인 자신의 저술들을 읽혔다. 이것은 연구자가 자신의 비전 또는 철학자들이 흔히 하는 말로 자신의 체계를 발표할 수 있는 기회를 제공했다. 반면, 학생들은 질문을 할 기회가 없었으며, 강독한 부분을 자유롭게 토론할 수 있는 연계 수업도 없었다. 이런 방식의 교수법은 설사 대부분의 교수들이 통찰가라도 매우 많은 문제점을 낳을 수밖에 없었다. 왜냐하면 지나치게 권위적이고 어떤 비판 정신도 함양시킬 수 없기 때문이다.

게다가 체계를 가진 교수라도 그가 반드시 통찰가인 것은 아니다. 〈학술 동물원〉이라는 시를 다시 한 번 인용해 보자.

대부분의 새들이 창공을 날아오르네, 하지만

공작새는 날 수 없기에 뽐낼 수 있다네.

1933년, 나치가 정권을 잡게 되었을 때 한 학생이 이스탄불 대학의 초청을 수락하기로 결심한 유대인 교수의 지도 아래 베를린 대학에서 박사학위 논문을 쓰고 있었다. 그 학생은 베를린 대학의 다른 교수에게도 자신의 논문을 평가해주는 심사위원직을 수락해 달라고 요청해야 했다. 대학 평의회Herr Geheimrat 소속인 마이어Maier 박사는 교수라는 자신의 역할 외에는 어떤 명성도 가지고 있지 않았다. 그러나 어쨌든 학생은 이 교수의 심사를 받아야 했고, '평의회 교수의 체계'에 정통해야 했다. 하지만 그것은 강의 몇 개를 듣는다고 해서 쉽게 얻을 수 있는 것이 아니었기에, 학생은 평의회 교수의 조교들 중 한 명에게 개인 지도를 받았다. 학생이 조교에게 질문을 할 때마다, 조교는 "평의회 교수님의 체계는 모든 것이 모든 것과 맞물려 있어요. 그러니 전체를 이해하지 못하면 어떤 부분도 이해할 수 없습니다"라고 대답했다. 마침내 학생이 심사를 받을 준비가 되었을 때, 평의회 교수는 마치 키에르케고르가 전체 줄거리를 이미 계획해 놓은 것처럼 자신이 했음직한 말과 행동을 했다. 그 교수는 죽었다. 그리고 그와 함께 그의 체계도 죽었다.

소크라테스적 에토스는 이런 류의 허영심에 맞선다. 그래서 간혹 상대주의를 조장한다고 여겨질 수도 있지만 사실은 그렇지 않다. 그것은 비판 정신을 양육시키고 어떤 관점이든 다른 것 못지

않게 좋거나 나쁘다는 등의 안일한 생각들에 대해 학생들이 저항할 수 있도록 해준다. 학생들은 옹호할 만한 것으로 여겨지는 몇 가지 입장들에서 논박할 만한 여지가 있는 관점을 명확히 구분하는 것을 배우게 된다.

소크라테스적 에토스의 계승자들은 독단주의 못지않게 상대주의도 배격한다. 그들은 대다수의 관점이 얼마나 비판할 만한 것인지를 보여주려고 노력한다. 그렇다고 모든 관점을 반박하는 데 열중하거나 모든 것이 똑같이 형편없다고 주장하려는 것은 아니다. 어떤 문제에 대한 몇 가지 해결책은 다른 것들보다 혼란스럽거나 일관적이지 않을 수 있다. 또 어떤 것들은 아주 약간의 흠이 있을 뿐이다. 그래서 한 가지 또는 두세 가지 정도가 받아들일 만한 해결책이 될 수 있다. 중요한 것은 소크라테스가 기꺼이 자신의 목숨을 내놓을 수 있는 기준을 가지고 있음을 기억하는 것이다. 또한 소크라테스는 어떤 규칙이나 주장 또는 저서가 다른 것들 못지않게 훌륭하다는 추측과는 멀리 떨어진 사람이었다.

소크라테스적 교사에게 배우는 학생들은 선생님이 상대주의자도 독단주의자도 아니며 자신에게 '진리'를 가르치는 것을 인생의 목표로 삼고 있는 것도 아니라는 점을 깨닫게 될 것이다. 그대신에 학생들은 모든 종류의 실수를 회피할 수 있는 방법을 배울 것이다. 이런 점에서 소크라테스적 교사라면 플라톤의《테아이테투스Theaetetus》의 후반부에 나와 있는 다음과 같은 문장을 인용해 봐도 좋을 것이다.

만일 당신이 다시 생각을 잉태하고 있다면 (…) 당신의 싹트는 생각은 이런 면밀한 검토의 결과를 통해 훨씬 더 좋아질 것이다. 하지만 만일 당신이 아무 것도 잉태하지 못한다면, 당신은 알지 못하는 것을 알고 있다는 허황된 생각을 품지 않는 분별력이 생기게 됨으로써 동료들에게 훨씬 더 부드럽고 친절하게 대할 것이다.

그렇다면 오늘날은 왜 이런 소크라테스적 교사를 찾기 힘들어졌을까? 아마도 사람들은 사변가가 소크라테스적 엄격함을 높이 평가하리라고 추측할 것이다. 그들은 물론 그렇게 한다. 그러나 단지 그 엄격함이 자신의 견해와 능력know-how, 지식know-what을 건드리지 않는 한에서만 그렇다.

이제는 더 이상 이런 일이 놀라운 것도 아니다. 그럼에도 20세기 초반에는 '소크라테스'라는 표현이 교사들에게 최고의 찬사의 표현이었다. 특히 미국에서 "반추하지 않는 삶은 살 가치가 없다"는 소크라테스의 과장법이 학계에서 가장 인기 있는 슬로건 중 하나였다는 사실을 떠올려보면, 여기에는 뭔가 이상한 점이 있다. 도대체 무슨 일이 벌어진 것일까?

인문학 대학의 현실

미국에서 이런 변화의 전환점은 제2차 세계대전 이후, 일반 여론에 문제를 제기하는 것이 정치적으로 위험했던 맥카시Joseph Ramond McCarthy, 1908~1957의 시대와 일치한다. 당시에는 사변가가 되는 것이 가장 안전한 방법이었다. 슬픈 이야기지만, 대부분의 학자들은 소심한 체제 순응주의자이다. 많은 사람들이 가르치는 일로 뛰어들었던 것도 학교가 피난처의 분위기를 제공한데다 다른 어떤 곳보다 안전했기 때문이다. 학교를 마친 다음에도 학생들은 떠나고 싶어 하지 않았다. 이런 상황은 미국보다 오히려 영국이 훨씬 더 광범위했다. 그렇지만 사변주의의 확장은 전 세계적인 것이라고 할 수 있어서 이런 설명만으로는 부족한 점이 있다.

공산주의 진영에서는 어떤 경우에도 소크라테스적 에토스가 자리 잡을 수 없었으며, 대학에서도 결코 용인되지 않았다. 그 외의 나라에서 목격되는 가장 주목할 만한 현상은 제2차 세계대전 이후에 엄청난 숫자의 학생들이 고등교육을 받았다는 점이다. 고등교육은 더 이상 몇몇 소수들만이 누릴 수 있는 특권이 아니었고, 학생들은 경쟁적으로 여기에 뛰어들었다. 그리하여 상당히 급작스럽게 엄청난 숫자의 새로운 교사들이 필요해졌고, 이 과정에서 학문은 훨씬 더 전문적이고 사변적이며 반-소크라테스적인 것이 됐다.

학생들은 이전보다 훨씬 더 시험에 매달리게 됐고, 교수들은 출판에 매달리게 됐다. 그러면서 소크라테스적 물음을 던져볼 수 있는 시간은 훨씬 더 드물어졌다. 소크라테스가 자신의 학생들에게 시험 준비를 시키지 않았으며 어떤 저서도 출판하지 않았다는 점은 결코 우연이 아니다. 이는 시험문제를 소크라테스적인 논술로 고안해 낼 수 없다는 것도, 책들이 소크라테스적인 정신을 확실하게 음미할 수 없다는 의미도 아니다. 단지 이것은 왜 대부분의 시험이 비-소크라테스적이며 일반적 합의를 기초로 하고 있는지, 그리고 왜 그토록 많은 새로운 교사들이 사변적인 논문을 출판하려 하는지에 대한 원인을 이해하기 위해서이다.

소크라테스적 교사들은 통찰가가 아니기 때문에 자신만의 비전을 출판물에서 구체화시킬 수 없었다. 반면 통찰가들은 많은 것을 보려하지 않기 때문에, 그들 중 많은 사람들이 작은 주제로 상당한 분량의 원고를 쓰는 것은 전혀 놀라운 일이 아니다. 과거의 낡은 독일식 박사 논문은 학술적 출판물의 모델이 되어버렸다. 그리고 조금도 소크라테스적이지 않은 이런 논문이 지식에 기여한다고 여겨졌다. 교사들 대다수가 큰 공헌을 할 수는 없기 때문에, 현미경주의microscopism 라는 것이 급속하게 확산되었다. 이런 추세는 학계 전반에 두루 만연하고 있다. 다음의 몇 가지 사례는 우리가 어떤 상황에 처해 있는지를 보여줄 수 있을 것이다.

1950년대에 미국의 대다수 철학과에는 철학전공 학생 모두에게 필수 과목으로 요청되고 철학에 약간의 흥미를 가진 학생들에게는 큰 도움이 되는 두 가지 기본 수업이 있었다. 하나는 고대 철학을 다루는 것이고, 다른 하나는 데카르트에서 칸트에 이르는 근대 철학을 다루는 것이었다. 그러나 점차 이런 연계 수업들은 대부분의 대학에서 사라지게 됐다. 왜냐하면 점점 더 많은 교수들이 이렇게 광범위한 분야를 포괄할 수 있는 전문 지식이 자신에게는 부족하다고 느꼈기 때문이다. 이와 함께 승진을 위해 반드시 출판해야 하는 그들의 논문은 기껏해야 철학자 한 사람의 저서 한 권 중에서 한 가지 문제를 다루는 것이었다. 게다가 대부분의 철학 학술지들은 비역사적인 논문을 선호하게 됐다. 그리하여 점차 사람들은 과거보다는 현재에 관심을 갖게 됐다. 1970년대에 이르면 세 명 내지 네 명 정도의 철학자를 다루는 수업을 맡은 사람들은 한 철학자만을 집중적으로 다루거나, 좀 더 전문적으로는 한 철학자의 저서들 중 하나나 둘 정도를 다루는 것이 낫지 않겠냐는 질문을 종종 받곤 했다. 아직까지 제공하고 있는 철학사 과목들은 점점 더 비역사적인 과목들로 대체되고 있다. 그리고 다양한 관점을 오늘날의 통념이 지닌 문제점과 비교하는 소크라테스적인 질문은 좁은 주제에 대한 기계적인 토론에 점점 더 많은 자리를 내주고 있다. 이런 추세가 한번 탄력을 얻게 되자 사변가들의 합의에 문제를 제기하는 소크라테스적 비판은 위험하게 여겨졌다. 사변가는 다른 학과의 사변가들에게는 훨씬 덜 위험을 느꼈는데 왜냐하면 다른 사변가의 에토스는 그들의 에토스와 유사하기 때문이다.

다른 분야에서 마주치는 상황도 이와 유사하다. 문학관련 학과에서는 소위 신비평New Criticism[8]이 전성기를 맞았으며, 그것은 현미경적이고 반-소크라테스적인 방향의 선봉장 역할을 했다. 그리하여 사람들은 인간적인 시인이나 소설가를 만나볼 수 없게 되었고, 사회에 대한 그들의 가차 없는 비판이나 그들의 세계관에 대해서 관심을 닫아버렸다. 대신 사람들은 그들의 어법에 들어있는 형상화나 세부 양식들을 뒤쫓게 됐다. 나무를 보되 숲은 보지 않는 것이 하나의 미덕이 되었으며, 잎사귀 하나에 대한 연구는 훨씬 더 뛰어난 것으로 여겨졌다.

종교학에 대해서는 어떤 학과에서 있었던 두 가지 사례를 언급하는 것만으로 충분할 것이다. 히브리 선지자들의 연관성에 대한 저서를 출판하면서 교수직을 시작한 교수가 한 명 있었다. 그러나 퇴임을 앞둔 해가 되었을 때쯤 그 교수는 성경에 등장하는 도량형度量衡에 대한 연구로 명성을 얻고 있었다. 그리고 또 한 사례는 마르틴 부버Martin Buber, 1878~1965의 나-너I-Thou의 관계를 다룬 첫 번째 연구서를 냈던 젊은 동료가 이후에는 신의 존재를 증명하기 위해 낡은 사변적 논쟁을 분석하는 연구로 돌아서버린 일이다.

---

8 존 랜섬John Crowe Ransom, 1888~1974이 1941년에 발표한 《신비평The New Criticism》이라는 저서에서 촉발된 문학이론으로, 기존의 작품과 관련한 외적인 영향관계들(사회적 배경이나 작가의 생애, 사상, 독자의 반응)을 고려하는 문학접근법에서 벗어나 작품을 그 자체로 독자성과 완결성이 있는 것으로 분석하는 방법론을 의미한다. 신비평은 텍스트의 '면밀한 독서'를 강조하며 텍스트 자체만의 구조와 형식, 의미를 탐구하려 한다.(옮긴이)

인문학의 미래

물론 이것은 초기의 저서들이 이후의 논문보다 나았다는 뜻이 아니다. 세심한 장인정신에 대해서도 물론 중요하게 다룰 필요가 있다. 하지만 그럼에도 이런 방향 전환은 여전히 충격적인 면이 있다. 모든 인문학 분과들에서 이와 같은 예들은 쉽게 찾을 수 있다. 심지어는 이런 학과들이 인문학이 되기를 그만두기 위해 애쓰고 있다고도 말할 수도 있다. 이들은 인문학에 대한 연구를 회피하며 우리 시대의 가치관과 신념, 윤리에 대한 비판적 검토를 방기하고 있다.

그리하여 우리는 뭔가 중요한 것을 잃어가고 있다. 오늘날은 전혀 누구도 하지 않는 일을 과거에는 많은 사람들이 뛰어나게 했었다고 주장하는 것은 어리석은 일이다. 나는 죽어버린 과거를 칭찬하려는 것이 아니다. 문제는 우리가 미래에 어떤 도전을 해야 하는가이다.

제2차 세계대전 이후로 사변가의 위신은 엄청나게 높아진데 반해, 소크라테스적 에토스의 위신은 추락했다는 것은 부정하기 힘든 사실이다. 그럼에도 상반되는 해석의 여지는 여전히 남아있다. 몇몇 목격자들은 아마도 인문학이 죽어가고 있으며 심지어는 자살을 시도하고 있다고 말할지도 모른다. 그리고 또 다른 이들은 존중 받는 기준이 보다 과학적이거나 또는 보다 더 진보적인 것에 달려있으며, 그렇기 때문에 인문학 분과들이 사회과학이나 자연과학 분과들과 동등하다는 생각은 낡은 것이라고 주장할지도 모른다. 어떤 쪽이든 이들 모두는 인문학에 어떤 미래도 없다고 생각한다.

　그러나 정작 가장 중요한 질문은 제기되지 않는다. 문제의 진단가들은 인문학 교수가 직면하는 상황이 마치 그가 예언자가 되기를 바라며 그 때문에 사기꾼이 되거나 또는 자신의 모델을 과학에서 찾음으로써 학문의 진보에 기여하는 근면한 전문가가 되어야 하는 두 가지 길밖에 없다는 식으로 아주 잘못된 잣대를 사용하고 있다. 사변가들 사이에는 몇 가지 편견이 있는데, 그것은 자신의 전문분야 이외에 사람들의 관심을 끌만한 것은 무엇이든 하찮으며 저널리즘적이라고 여긴다는 것이다. 수학자가 출판한 논문들이 이해 불가능한 것처럼 사람들은 소수의 동료들을 제외하고는 거의 대부분의 사람들이 이해할 수 없는 논문들을 출판하려고 한다. 이는 결국 우리가 제2차 세계대전 이후로 어떤 종류의 진보를 실제로 이루어왔는지, 그리고 어떤 대안이 유용한 것인지에 대한 질문을 묻는데 실패하고 말았다는 것을 뜻한다.

　이와 관련해 앞서 제시한 유형 분류는 좀 더 나은 진단을 허락할 수 있을 것이다. 과학계에도 마찬가지로 소수의 통찰가와 대규모의 사변가가 존재한다. 그런데도 인문학 교수들은 통찰과 예언의 능력을 포기해가면서 위대한 과학자들을 모델로 삼기보다는 수상쩍은 성공을 거둔 사변가-과학자를 모델로 삼고 있다. 그렇게 함으로써 그들의 연구는 대부분 조야한 것이 되어가고 있다. 인문학 교수들의 연구가 대부분 언제나 조야한 것이었으며, 교사들의 숫자와 그들의 연구서만 우후죽순처럼 늘어났다고 말하는 것은 물론 논의의 여지가 있다. 그러나 이와 함께 늘어난 것은 편견과 자기 인식의 상실이며, 스스로가 철학의 혁명과 진보 그리고 지식의 최전방을 연구한다는 과대망상이다.

교수들에게 연구비를 지급하는 기관과 재단은 대부분 이러한 허풍에 휩쓸려 왔다. 그곳 역시 결국은 교수들의 전문적 조언에 의존해야 하기 때문이다. 또한 연구비 신청자들은 비전문가도 이해할 수 있는 기획안은 기금을 받기 어려우며, 비전문가들이 읽을 수 없는 논문이 훨씬 더 전문 학술지에 실릴 가능성이 높다는 것을 오랜 시간동안 채득해왔다. 자신의 능력을 보여줄 수 있는 가장 좋은 방법은 기술적이 되는 것이다. 그리하여 박사가 될 때쯤이면 이런 기술들은 모두 제2의 천성이 되어 버린다. 학위논문은 또 다시 이런 것들의 전형적인 양식이 된다.

무엇을 연구하고 있느냐는 질문을 받을 때면, 연구자들은 박사학위 논문의 주제로 내세울만한 것이나 기금을 신청할 만한 주제가 아닌 것은 동료에게 대답하기를 부끄러워한다. 그리고 소크라테스적인 대답은 통찰가의 대답만큼이나 조롱거리가 되어버린다. 그래서 뭔가 세부적이고 기술적인 것에 대한 언급을 대답해야 하며, 가장 좋은 인상을 줄 수 있는 것은 너무 세밀한 주제여서 장황한 설명 없이는 질문자가 이해할 수 없는 것이다. 그리하여 인문학이 죽어가는 동안에도 수천 명의 교수들은 번창의 가도를 달렸다. 잠깐의 반발이 있었던 것은 1960년대 후반뿐이었다.

이러한 반발[9]은 인문학과 사회과학의 비인간화와 건조함을 목격했던 학생들에 의해 주도됐다. 무슨 일이 벌어졌는지 제대로 파악하지 못했다고 해서 이들을 비난할 수는 없을 것이다. '시대성relevance'에 대한 학생들의 요구는 납득할 만한 것이었지만 이런 슬로건에 대한 그들의 해석은 대부분 조잡하고 반지성적이었다. 학생들은 기득권의 가면을 벗기겠다고 떠들었지만, 그들이 드러내고 싶어 했던 사악한 음모 같은 것은 존재하지 않았기 때문에 실패할 수밖에 없었다. 그러나 자신들은 의식하지 못했을지라도 이들은 교수직에 대한 자각이 부족해 누리기에만 급급했던 많은 교수들의 체제 순응주의와 비겁함을 폭로해냈다.

여기서 학생들의 요구사항과 교수들의 반응, 그리고 그 결과가 만들어낸 변화를 세세하게 언급하는 것은 논점을 벗어나는 일일 것이다. 하지만 정말 많은 교수들이 이로 인해 누리게 된 것 한 가지만은 언급할 필요가 있다. 그들도 여가 시간동안 만큼은 전문가적 제약이나 전문가적 엄격함, 전문가적 양심을 벗어나 윤리나 정치에 대해 말할 수 있을 만큼 '시대적'이 됐다. 여기서 핵심은 사회적 양심을 드러냈다는 것, 그리고 자신의 속마음이 사실은 올바른 편에, 더 정확히는 좌파 편에 있음을 보여주었다는 것

---

9 프랑스 소르본 대학을 기점으로 촉발된 1968년의 학생운동을 지칭한다. 이 운동은 프랑스와 독일을 비롯한 미국의 대학가에도 커다란 영향을 미쳤으며, 구체제의 가치관과 질서, 관료주의와 권위주의에 반기를 들었다. 대학과 관련해서는 교수와 학생의 권위적 관계 타파, 자유롭고 다양한 학문 보장, 성평등과 자유 연애를 위한 기숙사 개방 등을 요구했다.(옮긴이)

이다. 그럼에도 신념이나 윤리, 정치에 대한 관심이 정열이나 감정의 영역에 속한다는 확신만큼은 전혀 변하지 않았으며, 많은 사변가들은 감정을 드러내고 결과를 이끌어낼 수 있는 최선의 방법은 폭력을 사용하는 것이라는 학생들의 주장이 원칙적으로는 잘못되지 않았다고 보았다.

이런 방식으로 이끌어낸 변화가 현명했다면 그건 기적일 것이다. 왜냐하면 이런 변화 중 대부분이 극도로 잘못된 생각에서 나왔다는 것은 의심의 여지가 없기 때문이다. 각종 시험과 출판물을 지나치게 강조하는 것에 대한 반발은 당연하다고 할 수 있다. 하지만 이것들이 많은 곳에서 결과적으로 학문의 수준을 급격하게 떨어뜨렸으며 인문학을 한층 더 퇴락시켰다. 유럽의 몇몇 대학에서 교수직은 평범한 젊은이들로 가득 채워졌으며, 곧 밝혀지겠지만 결국 뛰어난 학생들을 받아들일 자리가 없는 상황을 개선하기에는 너무 늦어 버렸다. 그 외에도 베를린 대학에서 아델라이드 대학에 이르기까지 학생들뿐만 아니라 교수진들 역시 교수를 임용하는 데 있어 학문적 자질보다는 정치적인 검증이 훨씬 더 중요하다고 주장했다. 학생들에게는 수많은 시험들뿐만 아니라 전문화의 경직성을 형식적으로라도 막기 위해 도입했던 소위 배분 이수 과목들distribution requirements을 포함한 엄청나게 많은 필수과목들을 폐지했다. 그리고 학생운동 이후 대학원 과정에서의 전문화는 더 심화됐다.

만약 학생들이 보고서 작성법에 대한 교육을 이수했다면, 시험을 치르는 대신 점차 더 보편화되어가는 보고서를 제출해 평가하는 게 훨씬 유용했을 것이다. 그러나 대다수 학생들은 어떻게 글을 써야 하는지 알지 못했으며, 대부분의 교사들 역시 같은 전공분야의 동료들이 아니라면 누구도 이해할 수 없는 학술 잡지용 논문을 제외하고는 어떻게 글을 써야 하는지 알지 못했다.

1960년대 후반에 일어난 학생 혁명은 어느 정도까지는 사변주의의 폐해를 향한 것이었다. 하지만 소크라테스적 에토스는 말할 것도 없고 사변주의라는 개념 자체가 부재한 상황을 절반도 제대로 진단하지 못함으로써 혁명군들은 사변주의를 더 나쁜 길로 들어서게 만들었을 뿐이다.

유형론이 필요한 이유

인문학이 영양실조와 건조화로 메말라 죽어간다는 주장은 의심쩍은 것처럼 보일 수도 있다. 전문화는 좋은 것이며 여기서 수행된 결과는 동료 전문가들만이 제대로 판단할 수 있다는 것은 많은 사람들이 동의한다. 그리고 사변가는 자주 자신의 동료들과 친구들의 작업에 대해 아주 열광적인 지지를 보낸다. 개굴개굴 우는 소리를 개구리들이 칭찬하는 격이다. 서로 은유를 동원해 상처를 내거나 수행하는 일의 가치를 두고 논박하는 것은 쓸모없는 짓이다. 하지만 무엇을 하고 있지 않은지를 알아내는 것은 중요하다. 몇몇 사변가들은 두말할 나위도 없이 자신이 하는 일에 정통하며, 만일 다른 학자들에게 물어보더라도 그들은 자신이 정통한 것을 증명하려 들 것이다. 하지만 그들이 하지 않거나 잘못하는 것들 또한 많다. 세 가지 예를 들어보도록 하자.

첫째, 그들은 학생들에게 소크라테스적 에토스를 길러주지 않는다. 그들이 신념이나 실질적인 윤리 또는 정치 문제 등에 대해 다루는 것은 대체로 수업 이후의 시간에서이며, 그것도 때로는 감정적으로 대개는 무책임하게 다룬다. 이원론적인 세계관 때문에 그들은 이런 영역으로 들어서기에 앞서 입구에 자신들의 이성과 전문가적 양심을 맡겨놓으려 한다.

둘째, 샤일록[10]의 표현을 빌려본다면 사변가는 대개 입체감을 지닌 인간 존재로서의 '너You'라는 범주를 결여하고 있다. 이로 인해 사변가는 통찰가에 대해 글을 쓸 때면 우스꽝스러운 몰이해로 기울어질 때가 많다. 전형적으로 사변가는 모든 인간적인 맥락을 비롯해서 문맥에 대한 감각, 즉 문장과 개념이 의미를 획득하는 문맥에 대한 감각이 없으며, 또한 이런 문맥이 많은 의미들을 제한한다는 것을 깨닫지 못한다. 성 토마스가 성경을 인용하든 아니면 현대의 사변가가 칸트나 시인들 또는 어떤 그림의 텍스트를 분석하든, 우리가 볼 수 있는 것은 기본적으로 동일하다. 이들은 우리에게 맞서고 우리에게 도전하는 한 인간의 기록이라

---

10 셰익스피어의 희극 〈베니스의 상인〉에 등장하는 유대인 고리대금업자.(옮긴이)

고 할 수 있는 '너'가 생략된 활용 가능하지만 무력한 대상을 다룬다. 이 논점은 다음 장에서 좀 더 논의할 것이다.

'기득권층'이 인간에 대한 존중을 품지 않으며 우리를 비인간화시키고 있다고 주장한 학생 운동권의 슬로건을 많은 사변가가 차용했으면서도, 그들 스스로 이런 과정을 가속화시키고 학생들과 인문학을 비인간적으로 만들었다는 것을 깨닫지 못한다는 것은 정말 아니러니한 일이 아닐 수 없다.

셋째, 사변가는 일반적으로 전체에 대한 안목을 갖고 있지 않으며 그로 인해 더 큰 맥락을 통찰하지 못한다. 역사 감각의 부재와 자신이 속한 학파나 관점의 역사적인 문맥을 이해하지 못하는 무능은 이런 사례라고 할 수 있다.

또 다른 중요한 사례는 자신의 전문성에 대한 태도이다. 오늘날은 기본 교재를 읽고 학습한 바 있으며, 더군다나 정치이론이나 인식론 분야에서 최고의 학자라고 불리는 사람조차도 마키아벨리Niccolo Machiavelli, 1469~1527 나 언어철학에 관한 학술대회에서 강의나 토론에 따라가기 어렵다는 것이 더 이상 놀라운 일이 아니다. 왜냐하면 그들은 검증되지도 않고 정리되지도 않는 최근의 논문들에 둘러싸여 있기 때문이다. 이제 이런 것들은 기본적인 예의가 없는 것으로 생각하지도 않으며 오히려 전문성의 필수 요소라고 광범위하게 받아들여지고 있다. 사변가는 그런 관행이 얼마나 지엽적인 여론에 대한 무비판적 의존을 조장하는지 알지 못한다. 그들은 같은 전공에 속하지 않는 사람들을 위해 좀 더 명확하게 이해하려는 시도를 폄하한다. 이와 같은 시도가 우리를 뒤로 물러나게 해줌으로써 우리의 전공분야가 속해있는 문맥을 살피게 하고 추론을 제대로 깨닫게 하는 정말 중요한 일인데도 말이다. 자신이 알고 있는 것을 다른 분야의 동료 학자들이나 지적이고 비판적인 안목을 가진 사람들에게 설명하려고 시도할 때면, 그 과정에서 대체로 많은 것을 배운다. 그러나 사변가들은 본질적으로 자신에게 동의하는 사람들을 향해서만 자신의 심각한 연구를 설명한다. 그 결과 우리는 토론이라는 큰 차원을 상실해가고 있다.

어떤 사변가들은 여가 시간에 다른 분야의 전문가들이나 학식 있는 비전문가들이 이해할 수 있는 글을 저널리즘적인 태도로 끄적거리기도 한다. 하지만 이런 외도는 자신의 전공분야에 기여하고자 하는 노력과 비교해보면 그들 자신이 보기에도 동일한 비중의 중요성을 갖지 않는다. 그래서 이런 글은 매우 전문적인 연구만이 심오할 수 있으며 학제 간 연계과목들은 2학년 수준으로 강등해야 한다는 미숙한 생각을 담은 것 같은 태도를 지니고 있다.

그러나 사실 인류를 위한 가장 중요한 문제 중 대다수는 학제 간 연구를 필요로 한다. 자신의 전공이 지닌 관점으로만 이런 문제를 다루는 사람들은 그것이 불문학이 됐든 생리학 또는 언어철학이 됐든 상관없이 스스로를 진부함 속에 가둬 버린다. 지식의 최전방에서 연구하기를 진정으로 원하는 사람이라면 자신이 속한 학문분과의 장벽을 뛰어넘어야 한다.

플라톤은 세 가지 유형의 마음가짐만이 존재하며 이와 함께 논의할 가치는 없지만 넷째 유형, 즉 노예의 마음가짐 또한 가능하다고 생각했다. 나도 세 가지 기본 유형만이 가능하며, 논의할 가치는 없지만 저널리스트적 유형도 가능하다고 말하려는 것은 아니다. 이와 관련해서는 훨씬 더 많은 유형들이 존재하며 이런 유형을 분류하는 일은, 종종 간과되지만 어떤 관점을 지녔느냐에 따라 달라진다. 가령 좋은 비서를 구하려는 고용주에게 나의 유형론은 거의 도움이 되지 못할 것이다.

나의 유형론은 고등교육에 대한 우려에 근거한다. 플라톤의 유형론도 비슷한 맥락에서 나온 것이지만 그의 주요한 관심사는 이상적인 도시국가 건설과 정의였다. 플라톤은 이 두 가지가 세 가지 유형의 인간을 파악하는 데 달려있으며 교육을 통해서도 이 유형은 바뀔 수 없다고 주장했다. 드물게 자신의 부모와 동일하지 않은 유형의 아이가 존재하기도 하지만, 플라톤은 인간의 유형이 선천적이며 유전되는 것이라고 생각했다. 그는 구체적인 연령을 정하지는 않았지만 비교적 이른 나이에 어떤 아이가 근본적으로 평범한 아이이고 수공업자나 상인이 되는 훈련을 받는 것이 적합한지, 또 어떤 아이가 군인이 되는 훈련을 받을 만큼 강한 정신적 자질을 지녔는지를 결정하는 것이 중요하다고 여겼다. 소년들과 소녀들은 모두 이렇게 분류할 수 있으며, 그들 중 소수만이 군인이 되는 교육을 받은 후에 계속 수학을 배울 수 있고, 35세 이후에는 철학을 배울 수 있는 세 번째 유형인 강한 이성적 능력을 갖고 있다고 생각했다. 플라톤이 주장한 바에 따르면 교사는 세 번째 유형에 속하며, 그들 사이의 차이점 같은 것은 큰 문제로 여기지 않았다. 플라톤 자신이 스승인 소크라테스와 매우 달랐다는 점, 또한 자신의 교육체계가 만들어낸 교사가 그들 둘과도 아주 달랐다는 점을 플라톤이 알고 있었는지에 대해서는 알 길이 없다. 다만 그의 심리학은 아주 조야하다고 할 수 있다.

그에 비하면 나의 유형론은 군인이나 정치가 또는 신경증환자들로 아이들을 분류하거나 대학 입학 지원자들을 분류하려고 구상한 것이 아니다. 나는 아직 통찰가의 양육에 호의적일 수 있는 조건을 논하지는 않았지만 위대한 통찰가들이 어릴 때부터 통찰력을 지닌 아이였다고는 생각하지 않는다. 저널리스트 역시 그런 천성을 지니고 태어나는 것은 아니다. 내가 언급했던 것은 네 가지의 유형이지만, 이중 집중적으로 다룬 것은 사변가적 유형과 소크라테스적 유형 두 가지였다. 그러나 두 유형도 선천적이거나 유전적인 것은 아니며, 이 유형의 대다수는 우리가 제공한 교육에서 나온 것이다.

이 두 가지 유형은 대학에 몸담은 교수진에서 만날 수 있다. 제2차 세계대전 이후 대다수 나라의 고등교육 기관들은 전례 없이 많은 사변가들을 배출해 냈다. 또한 소크라테스적 교사들이 거의 멸종에 이르는 수준까지 감소한데 반해, 대학에 소속된 사변가적 교사들은 비약적으로 증가했다. 그럼에도 동일한 기간 동안 이러한 변화가 바람직한 것이고 필연적인 것인지에 대한 문제제기는 충분히 논의되지 못했다. 내가 구체적으로 주장하고자 하는 것은 이런 변화가 바람직한 것도 필연적인 것도 아니라는 점이다.

이 유형론을 좀 더 일반적으로 적용이 가능한 범위까지 확대할 수 있다. 통찰가 유형은 유지해야겠지만, 상황에 따라 사변가는 '기술자'로, 소크라테스적 유형은 '비평가'로 바꿔 부를 수 있다. 물론 여기서 비평가가 의미하는 것은 전문적인 평론가 층을 가리키는 것이 아니다. 그 다음, 어떤 일을 잘 하기 위해서는 기술자가 필요하며, 다른 일에는 비전을 가진 사람이 바람직하고, 또 다른 일에는 비판적인 재능을 가진 사람이 적합하다고 말할 수 있다. 그럼에도 여전히 나는 고등교육으로 뛰어들기도 전에 학생들을 이런 노선으로 분류하고, 그들을 이런 길 또는 저런 길로 밀어 넣는 것은 치명적이라고 생각한다. 내 유형론의 핵심은 사람들을 쉽게 이리 저리 분류하려는 것이 아니라, 그들 스스로가 눈을 열고 방향을 선택할 수 있도록 다른 대안도 깨닫게 하는 것이다.

당연히 훌륭한 기술자는 형편없는 비평가보다 낫다. 그렇지만 앙드레 지드André Gide, 1869~1951는 《위폐범들The Counterfeiters》이라는 일기에서 다음과 같은 것을 지적한 바 있다. "혼동을 주는 것이 나의 임무다. 대중은 언제나 안심되는 것을 선호한다. 이를 직업으로 가진 사람들 있다. 너무 많아서 탈일뿐이다."

만약 대부분의 교수들이 지드와 같은 사람이었다면, 또는 그들이 통찰가였다면 문제는 지금과 아주 달랐을 것이다. 오늘날 인문학의 미래에 대해 성찰하는 사람이라면 누구라도 사변주의가 점점 더 성행하며, 아인슈타인의 표현을 빌자면, 엄청나게 많은 교수들이 자신의 연구를 게임이나 테니스, 그것도 아니라면 적어도 일종의 '스포츠'로 여긴다는 것을 깨달으면서 시작해야 한다.

어쩌면 또 다른 은유가 좀 더 도움이 될지도 모르겠다. 오늘날 대다수의 인문학 교수들은 그들보다 더 나을 것이 없는 체스 게임자가 움직인 두세 번의 말 이동을 분석하는 데 매달린다. 소수의 사변가는 그런 분석에 아주 능해서 실제로 새로운 묘수를 발견하는데 성공하기도 한다. 경기 전체를 다루려면, 이들에게는 인생이 너무 짧게 느껴질 것이다. 하지만 몇 번의 체스 말 이동을 분석하기 위해 시간을 들이거나, 심지어 자신의 가장 창의적인 시간을 체스 게임을 두는 데 헌신하기에는 인생이 너무 짧다는 것은 논란의 여지가 있다. 만일 어떤 사람이 자신의 삶을 그렇게 소비하고자 한다면 그렇게 하도록 내버려 두자. 하지만 이런 방식의 삶이 학생들에게 자신의 재능을 발전시킬 수 있는 가장 좋은 방식으로 추켜세워 진다면, 그때는 이것이 살아있는 죽음이 아닌지 물어야 할 것이다. 최고의 경기자들과 뛰어난 분석가들에게는 마땅히 존경을 보내야 하지만, 그들이 잘하는 일이 인간이 할 수 있는 가장 위대한 일은 아니다. 만약 학생들에게 제시할 수 있는 유일한 역할 모델이 이것뿐이라면 고등교육은 인본주의 humanistic 적이거나 인간적humane 이기를 멈춘 것이다.

나의 유형론에 뒷받침이 된 생각은 통찰가와 기술자의 대비 속에 다양한 편차를 끼워 넣기 위해 제시한 것이 아니다. 나의 의도는 통찰가의 부족함을 슬퍼하려는 것도 아니다. 나의 요점은 이런 이중적인 도식이 얼마나 낡아빠진 것이며 해로운지를 보여주는 것, 그리고 소크라테스적 유형을 실천 가능한 대안으로 제시하는 것이다. 위대한 통찰을 갖지 못한 젊은 학도들에게는 오직 하나의 부끄럽지 않은 대안만이 있을 뿐이라는 사변가적인 생각은 잘못된 것이고 위험한 것이다.

물론 모든 교사들이 또 다른 소크라테스가 될 수 있는 소질을 갖춘 것은 아니며, 모든 사람들이 또 다른 바비 피셔Bobby Fischer[11]가 될 수 있는 것도 아니다. 우리가 가장 높은 꼭대기에 있는 탁월함과 거리가 있더라도 여러 가지 이상 중에서 한 가지를 선택할 수는 있다. 대안에 대한 좀 더 깊은 숙고가 절실히 필요하다. 오랜 시간동안 우리 시대는 사변가와 저널리스트라는 두 가지 유형만을 양산해왔다. 다음 장에서는 이와 관련된 실제적인 함의를 다룰 것이다.

---

11 1943~2008, 15살에 최연소 미국 체스 챔피언이 된 사람. 1972~75년까지 세계 챔피언이었다.(옮긴이)

2장

독서의 기술

The Art of Reading

독서는 인문학과 사회과학의 핵심이지만 대부분의 학생들은 잘 읽는 법에 대해 배우는 경우가 드물다. 대학원생들도 다양한 독서법에 대한 학습이 필요하다. 그러나 교수와 학자는 서로 극단적인 방식으로 독서를 하며, 그들 중 대다수는 다른 방식으로 읽는 것에 대해 전혀 생각해보려고 하지 않는다. 지적인 독자라면 호메로스Homeros, BC 800(?)~BC 750의 책을 신문을 읽는 방식으로 읽지 않을 것이며, 서평을 읽는 방식으로 백과사전의 항목들을 읽지도 않을 것이다.

2장에서 내가 다루려고 하는 것은 고전the classic에 대한 독서법이다. 여기서 고전은 정보를 제공하는 것에 그치는 것이 아니라, 그 자체로 중요하기 때문에 한 번 이상 읽을 가치가 있다고 여겨지는 저서나 시를 의미한다. 인문학 수업에서 다루는 대다수의 교재는 이런 고전에 속한다. 여기서는 고전을 읽는 네 가지 주요한 방법을 구분하고, 몇 가지 하위분류를 논하는 것으로 충분하리라고 생각한다.

성서 해석적 독서

첫 번째 독서법은 어쩌면 가장 오래된 방법이면서 오늘날까지도 널리 사용되는 방법이라고 할 수 있다. 이 독서법에서 저자에 대한 독서가의 태도는 다음과 같은 말로 간단히 요약할 수 있다. '우리는 모르지만 그는 알고 있다.' 저자에 대한 독자의 이런 숭배는 텍스트가 풍부하지 않았으며 소수의 사람만이 글을 읽을 수 있었던 시대로 거슬러 올라가서 살펴볼 수 있다. 경전의 수호자들은 텍스트에 다른 곳에서는 얻을 수 없는 유용한 지식이 있다는 인상을 자신의 제자들에게 강하게 남겼다. 경전의 출처는 신비에 싸여있거나 성스러운 것이라고 주장했다. 경전의 의미는 어떤 부분에서는 평이한 것처럼 보이다가도, 어떤 부분에서는 극단적으로 모호한 것처럼 여겨졌다. 따라서 많은 난해한 구절들에는 그에 대한 주해註解가 반드시 필요했다. 그리고 이런 상황은 제자들은 해석을 할 줄 모르지만 자신은 할 수 있다는 소위 권위자들의 주장을 사실로 믿게 했다. 주해는 전형적으로 처음에는 텍스트에 권위를 부여하고, 그 다음에는 그 안에 자신의 생각을 부여하고, 그 다음에는 그 생각에 다시 권위를 부여하는 방식으로 이루어졌다. 나는 이와 같은 독서 방식을 '성서 해석적

exegetical'이라고 부른다.

나는 성서 해석적이라는 표현을 바로 앞에서 규정한 것과 같은 기술적인 용어로 사용하고자 한다. 모든 이해는 해석을 포함하지만 그렇다고 모든 독서가 이와 같은 의미에서 성서 해석적인 것은 아니다. 읽고 있는 텍스트에 권위를 부여할 필요는 없으며 거기에 자신의 생각을 부여할 필요도 없다. 그러나 성서 해석적인 독서가는 두 가지를 모두 한다.

이런 종류의 독서에 대한 가장 분명한 예는 일주일 내내 경전에 자신의 해석을 부여하는 성직자들 사이에서 찾을 수 있다. 이런 관습은 특정 종교에서만 나타나는 것이 아니라 기독교, 유대교, 이슬람교, 힌두교, 불교에서도 발견할 수 있다. 또한 이런 관습은 직책이 낮은 사람들에게만 나타나는 것도 아니다. 마르틴 루터Martin Luther, 1483~1546도 성경에 자신의 생각을 부여했으며, 알버트 슈바이처도 그랬다. 《바가바드 기타Bhagavad-Gita》에 대한 간디Mahatma Gandhi, 1869~1948의 독서는 또 하나의 고전적인 사례라고 할 수 있다. 표면적으로 이 책에서 크리슈나Krishna는 싸움과 살육을 원치 않는 왕에게 그것이 당신의 임무라고 가르치며, 이런 학습 과정에서 크리슈나는 카스트 제도를 규범화시키고 있다. 그럼에도 간디는 《바가바드 기타》에서 비폭력이라는 자신만의 원칙을 읽어냈으며, 카스트 제도와 맞서 맹렬히 싸우면서도 《바가바드 기타》에 대한 찬사를 아끼지 않았다. 간디가 《바가바드 기타》에서 찾아낸 것은 단지 자신의 신념이었다. 수많은 종교인을 대상으로 연설을 하는 종교 개혁가의 입증될 수 없는 개인적인 의견은 그다지 진지하게 받아들여지지 않을 것이다. 그래서 자신의 의견을 효과적으로 전달하기 위해서라도 경전의 구절들 속에 자신의 생각을 부여해야만 했을 것이다. 그렇다고 간디나 루터가 그렇게 자신의 의견만 내세우는 사람이었던 것은 아니다.

랍비 아키바Rabbi Aakiba[1]의 예는 이와 관련해 상당히 유익하다고 할 수 있다. 서기 1세기 말에서 2세기 초에 활동했던 아키바는 종종 토라Torah에서 인본주의적인 생각을 뛰어나게 읽어냈다. 이때 아키바는 자신과 동료 랍비들도 인정했으며, 모세가 살아있다면 그도 깜짝 놀랄 만한 성서 해석의 방법을 사용했다. 그들은 모세 자신이 이해했던 것보다 신이 더 많은 것을 모세에게 또는 모세를 통해서 계시했다고 믿었다. 교육을 받지 않은 사람들은 그들의 특정한 해석 방법을 이해할 수 없었지만, 그들이 텍스트에서 발견한 것에는 신의 뜻이 있었다.

우리는 아키바와 간디의 인간애에 전율을 느끼면서, 그들이 살았던 역사적이고 사회적인 환경에서는 다른 사람들에게 확신을 줄 수 있는 다른 접근법이 없었을 것이라고 인정할 수도 있다. 그럼에도 아키바와 간디가 텍스트에 자신의 생각을 부여했다는 것과 바로 이 생각에 다시 권위를 부여했다는 것은 분명히

---

1 1세기 초반에 태어났다고 추정되는 유대인으로, 카발라 신비주의에 정통한 학자이자 최초로 유대인만의 전통적인 교육기관을 창시했다고 알려져 있다.(옮긴이)

사실이다.

근본적으로 사변가들 사이에서는, 그중에서도 특히 중세 스콜라학자들 사이에서는 동일한 접근방법을 공유했다. 한 예로, 토마스 아퀴나스는 이와 같은 방법으로 경전뿐만 아니라 아리스토텔레스의 저서들을 읽었다. 그리고 몇몇 현대의 사변가들 역시 칸트를 이런 방식으로 읽고 있다. 그리고 이들 중 철학자가 아닌 대표적인 사람으로 단테Alighieri Dante, 1265~1321를 들 수 있다.

이런 독서 방식이 실존주의자들 사이에서도 되풀이 되었다는 것은 대단히 이상하지만 이 점은 지금까지도 크게 주목받지 못했다. 키에르케고르는 종교 저술가의 심성을 지녔다고 하더라도, 사르트르는《실존주의는 휴머니즘이다Existentialism is a Humanism》에서 실존주의에 기독교적인 방식과 무신론적 방식 두 가지가 모두 있다는 것을 주장한 사람이었다. 사르트르는 자신과 하이데거를 무신론적 실존주의자라고 부르고, 칼 야스퍼스Karl Jaspers, 1883~1969는 가톨릭 교인이라는 점에서 키에르케고르와 하나로 묶었다. 그러나 사실 야스퍼스는 프로테스탄트교[2]의 분위기 속에서 성장했고 인본주의자가 되었던 반면, 하이데거는 가톨릭의 분위기에서 자랐고 독서 방식에서 뿐만 아니라 많은 점에서 신실한

---

2 독일의 신학자 마르틴 루터의 종교개혁 주장 이후로 가톨릭 교단에서 분리되어 나온 새로운 기독교 교파를 의미하며, 일명 개신교라고도 불린다. 프로테스탄트교의 교리는 각 분파에 따라 다양하지만 오직 믿음을 통해서만 은혜를 정당화할 수 있으며, 모든 신자들이 바로 성직자들이며, 성서만이 궁극적 권위를 가지고 있다는 공통 교리가 있다.(옮긴이)

기독교인이었다.

하이데거는 칸트에 관해 쓴 자신의 책에서 이미 해석을 감행하는 자는 '폭력'을 사용할 수밖에 없다는 것에 주목한 바 있다. 이러한 단어 선택은 나치 집권 이전에 그가 이미 다소 폭력에 매료되었음을 보여준다. 그래서 나치가 권력을 잡게 되었을 때 하이데거는 프라이부르크 대학의 총상 취임식 연설에서 이제는 대학에서 학문적 자유를 내버리고 교수와 학생들이 군복무와 노동 복무에다 제3제국의 '지식 복무'를 추가해야 할 시기라고 공표했다. 하이데거의 이 연설은 교수들과 학생들에게 히틀러Adolf Hitler, 1889~1945를 총통으로 뽑아줄 것을 호소했던 이후의 연설들과 함께 1933년에 한 권의 책으로 출판됐다. 그러나 곧 이어 그는 히틀러가 아닌 다른 곳에서 권위를 찾아냈다. 1930년대에 그가 발표한 주요 저술들은 모두 횔덜린Johann Christian Friedrich Hölderlin, 1770~1843의 시들에 대한 해석으로, 이것들 역시 한 권의 책으로 묶여져 나왔다. 이윽고 그는 또한 릴케Rene Karl Wilhelm Johann Josef Maria Rilke, 1875~1926와 트라클Georg Trakl, 1887~1914, 소크라테스 이전의 철학자들에 대한 에세이와 강연, 그리고 니체에 관한 두꺼운 책 두 권을 잇달아 출판했다. 그의 저술 방식은 항상 동일했는데, 그것은 먼저 이런 저자들의 위대함을 깨닫지 못하는 사람들에게 독설을 퍼부으면서 텍스트에 권위를 부여하고, 그 다음에 이들의 텍스트에 자신의 생각을 덧입히는 식이었다.

하이데거에 영감을 받아 독일에서는 스스로를 해석학Herme-neutics[3]이라 칭하는 거대한 운동이 일어났으며, 외국의 수많은 학자들은 뭔가 새로운 것이 발견됐다는 인상을 갖게 됐다. 하이데거 스스로도 자신이 젊은 세대에게 독서 방법을 가르쳤다고 느꼈던 것으로 보인다. 그러나 그는 주요 저작에서조차도 단지 원죄와 죽음의 두려움이라는 기독교적 관념을 소생시켰을 뿐이며 자신이 성장했던 종교적인 독서 방식인 성서 해석적 독서로 회귀했을 뿐이었다.

사르트르는 키에르케고르와 하이데거의 발자취들을 따랐다. 1960년에 그는 《변증법적 이성 비판Critique de la raison dialectique》의 서문인 〈방법의 탐구〉에서 '우리 시대의 철학'은 마르크시즘이기에, 우리 세대에서는 마르크시즘을 넘어서는 것이 불가능하다고 주장했다. 다시 말해 마르크시즘에 권위를 부여한 다음 마르크시즘에 자신의 생각을 부여한 것이다. 또한 키에르케고르가 덴마크 국교회의 기독교 정신이나 다른 공인된 기독교 교파들을 거부하면서 결코 학문적이라고 할 수 없는 자신의 주관적인 독서 방식을 발전시킨 것처럼, 사르트르도 프랑스 공산당이나 소비에

---

3 해석학은 성서나 고문서 텍스트 상의 모순적인 의미들과 난해한 문장들을 해독하기 위한 방법론으로 독일의 신학자 슐라이어마허Schleiermacher, 1768~1834가 본격적으로 시도했으며, 딜타이Wilhelm Dilthey, 1833~1911에 의해 역사적인 정신과학의 방법론으로 확장되었다. 하이데거는 자신의 첫 번째 주저인 《존재와 시간》을 딜타이의 해석학과 후설의 현상학을 결합한 '현상학적 해석학'이라 칭했다. 카우프만은 해석학 운동이 하이데거에서 본격적으로 시작됐다고 말하나, 해석학이 본격적인 철학의 한 분과로 인정되기 시작한 것은 딜타이에 의해서이기 때문에 이는 과장된 것이라고 할 수 있다.(옮긴이)

트 연방, 또는 다른 공인된 형태의 공산주의를 인정하지 않으면서 공산주의 원칙에 대한 자신만의 주관적이고 비학문적인 독서법을 발전시켰다.

인물들의 사례를 이와 같이 자세히 언급하는 이유는 주로 랍비, 성직자, 목사와 연관될 것이라고 여겨지는 독서 방식이 사실은 20세기 세속주의자들 사이에서도 상당히 일반화되어 있다는 것을 보여주기 위해서다. 마르크스의 숭배자들 중 많은 사람들은 종교 신자들과 상당히 유사하다. 그들이 마르크스주의자가 된 것은 마르크스의 저서를 연구했고, 경쟁관계의 다른 사상가들이 그보다 열등하다는 것을 발견했기 때문이 아니다. 이와 반대로, 그들은 처음부터 마르크스주의자였으며, 이와 같은 전통에 속하는 것이 그들에게는 감정적으로 중요했기 때문이었다. 그래서 이후에 이루어진 마르크스에 대한 연구는 기독교에 대한 키에르케고르의 연구처럼 본질적으로 전혀 학문적이라 할 수 없었다.

키에르케고르는 공공연히 학문적인 접근방법을 거부했으며, 자신이 추구하는 목적과 관련해서는 성서를 원어로 읽을 필요도 없다고 주장했다. 해석학적 세밀함은 논의의 요점이 아니라는 것이다. 또한 하이데거의 해석들은 거의 독일어나 그리스어 텍스트에 관한 것이었다. 독일어는 그의 모국어였으며, 그리스어에 대한 지식은 자신의 저서 곳곳에서 과시했다. 그러나 전문가들은 하이데거의 해석에 신빙성이 없으며, 논의가 뒷받침되지 않는 그의 해석이 텍스트 자체에서 나온 것이 아니라 자신의 견해에서 나왔다는 점에서 종종 당황스러워 할 수밖에 없었다.

이러한 점은 비단 하이데거나 사르트르 또는 키에르케고르에게만 나타나는 특수한 상황이 아니다. 성서 해석적 접근법은 철학자들 사이에서보다 문학 분야에서 훨씬 더 만연하고 있다. 헤겔이나 니체에 동의하지 않는 철학자들은 자신의 이름으로 자신의 관점을 발표할 수 있는 분명한 선택권이 있다. 그에 반해 영문과나 불문과 교수가 철학적 에세이나 책을 쓸 때면 그것이 자신의 능력을 넘어서는 일임을 훨씬 더 빈번하게 느꼈으며, 그래서 그들의 철학적 사색은 전형적인 성서 해석적 독서의 형태를 띠게되었다.

대단히 지적인 사람들이 여러 세기동안 이렇게 연구해왔다는 것을 생각해보면, 이런 방식이 텍스트 특히 종교적인 텍스트를 읽는 최선의 방법처럼 여겨질 수도 있을 것이다. 하지만 이런 접근법은 몇 가지 심각한 오류의 가능성을 포함하고 있다.

첫 번째, 이런 독서는 거의 대부분 자기-기만을 포함하고 있다. 성서 해석적 독서가는 자신이 텍스트에 권위를 부여한 후에, 그 안에서 자신의 생각을 읽어내고 다시 이 생각에 권위를 부여한다는 것을 거의 깨닫지 못한다. 공공연하게 폭력의 사용을 언급했던 하이데거조차도 어떤 비밀스러운 열림이 그 안에서 일어나고 있다고 생각했다. 사실, 다른 목소리와 진실하게 만나게 될 때 무엇인가 계시된다고 추측하는 것은 전형적인 일이다.

성서 해석적 독서가는 텍스트의 저자가 이런 방식의 읽기와 사고방식, 그리고 존재양태에 대해 어떻게 생각할 것인지에 대해서는 질문하지 않는다. 그런 도전은 심지어 미연에 제지되기도 한다. 하지만, 가령 소크라테스 이전의 철학자들은 성서 해석적인 독서를 의도적으로 거부함으로서 새로운 지평을 열었다. 그들은 호메로스나 헤시오도스Hésidos, (?)~(?)에게 어떤 권위도 부여하지 않았으며 고대의 시에 자신의 생각을 부여하지도 않았다. 그와 반대로 그들 중 몇몇은 위대한 시인에 대해 가차 없는 비난을 퍼부었다. 그들은 서로에 대해 매우 비판적이었으며, 그것이 무엇이 되었든 텍스트에 권위를 부여하는 것을 거부했다. 이런 획기적인 태도 때문에 그들은 서양 철학의 정초자가 될 수 있었다. 하이데거는 성경을 읽으면서 성장했던 자신의 방식대로 과거의 철학자들을 이해했기 때문에 그들의 뛰어난 점이 진정으로 무엇인지를 알아보지 못했다. 그리고 이런 고대의 저자들 또는 그가 상당한 분량을 바쳐 해석한 시인들이 자신을 어떻게 생각했을 지에 대해서도 전혀 물어볼 생각을 하지 못했다. 그의 독서에는 '너You'가 존재하지 않았다. 그는 항상 혼잣말을 했던 것이다.

이런 자기-기만은 대부분의 독서에서 나타나는 전형적인 특징이다. 한 분석철학자가 언젠가 이런 질문을 던진 적이 있다. 만약 당신이 철학을 논할 수 있는 재주가 없는데도 외딴 섬에서 한 사람의 철학자와 오랜 시간을 보내야 한다면, 당신은 유명한 철학자들 중 누구를 선택해 이야기하겠는가? 몇몇의 철학자들이 칸트와 마르크스를 꼽으면서, 서로 칸트와 마르크스의 상대적인 장점이 무엇인지를 놓고 논쟁을 벌였다. 그러나 이 철학자들은 토론 내내 오직 한 가지의 물음만을 품고 있었는데, 그것은 내가 그를 어떻게 생각하는가였다. 그가 나를 어떻게 생각할지에 대해 묻는 사람은 아무도 없었다.

이 일화는 다른 점과 관련해서도 시사하는 바가 있다. 그것은 모든 철학이 단지 수많은 주제들 중 한 가지일 뿐이며, 이미 가정에서 그 주제의 한계에 대해 토론하는 것은 배제하고 있다는 점이다. 많은 사람들은 이것이 전혀 이상하지 않다고 생각할지도 모른다. 하지만 만일 당신이 심리학을 논하지 않는다는 조건하에서 프로이트를 동반자로 선택한다고 가정해보자. 아마 프로이트는 더없이 훌륭한 동반자일 것이다. 왜냐하면 그는 문학과 예술, 종교 등을 포함해서 많은 것에 관심이 있었기 때문이다. 하지만 심리학을 건드리지 않고 그와 토론을 한다는 생각 또한 이상한 것이다. 왜냐하면 프로이트는 모든 것을 연결해서 자신만의 독창적인 심리적 접근방식을 이끌어낼 것이기 때문이다. 이것은 플라톤과 니체에게도 마찬가지가 아닐까? 어쩌면 그 질문을 제기했던 분석철학자는 스피노자의 《정치-신학 논집Theological-Political Treatise》이나 아리스토텔레스의 《시학》처럼 연구 작업의 일부분은 철학도 아니라고 말할까? 이렇게 학술적인 디너파티에 활기를 북돋아 줄 것 같은 작은 게임은 사변가의 직업의식을 이해하는 데 도움을 준다. 철학은 아홉 시부터 다섯 시까지 '일do' 할 수 있는 어떤 것, 예를 들어 휴가 때는 하지 않기로 작정할 수도 있는 어떤 것이 되어가고 있다. 통찰가나 소크라테스적 정신을 가진 철학자라면 아마도 이를 이해하기 힘들 것이다. 그렇지만 지금은 철학자들은 말할 것도 없고 대부분의 독서가 역시 저자에 대한 자신의 생각만을 문제 삼고, 저자가 자신을 어떻게 생각할 지에 대해서는 전혀 문제 삼지 않는다는 것으로 다시 돌아가자.

성서 해석적 독서가는 자신을 위태롭게 하는 일은 하지 않는 다. 그는 문화 충격Culture shock을 피해가면서 안전하게 처신한 다. 이러한 접근법의 중대한 문제 중 하나가 바로 이것이다. 앞으 로 이 글에서 문화 충격이라는 주제는 반복해서 등장할 것이다.

세계와 자기 자신, 그리고 자신의 문화를 전혀 다른 시각에서 보려고 스스로를 다른 문화에 노출시킨 여행자는 꽤 긴장감을 느 낄 것이다. 인류학자들은 이러한 경험을 바로 문화 충격이라고 부른다. 물론 몇몇 여행자들은 인류학자들이 2~3년 간 그곳에 정 착해 생활하는 것처럼 이국 문명에 깊이 빠져들기도 한다. 그리 고 몇 주만 체류하는 여행자라 할지라도 다른 문화가 가진 특징 이 무엇이며 자신의 문화와 무엇이 다른지, 그리고 자신의 문화 나 관습, 사고방식과 행동이나 감정의 방식이 이 낯선 문화의 사 람들에게는 어떻게 보일지를 알기 위해 상당한 노력을 기울일 수 도 있다. 하지만 이런 부단한 노력을 기울이는 여행자는 아주 소 수다. 성서 해석적 독서가는 어디를 가든 모든 편리를 제공하는 힐튼 호텔에만 머무르고자 하는 미국 여행자와 닮았다.

마지막으로, 다른 것 못지않게 중대한 이유는 대부분의 성서 해석적인 독서가 지극히 자의적이기 때문이다. 이것은 경쟁관계에서 내리는 독단적인 판단이 아니다. 서로 다른 성서 해석적 독서가들은 동일한 텍스트를 대단히 다른 방식으로 읽어 나가며 서로의 해석을 전혀 수용하려 들지 않는다. 게다가 그들 사이에는 어떤 중재안도 존재하지 않는다. 그래서 그들은 때때로 서로를 죽이는 방법, 즉 상대의 숫자가 많을 때는 전쟁을 통해, 숫자가 적을 때는 처형을 통해 죽이는 것에 의존해왔다. 이런 일까지 벌어지지는 않더라도, 가령 루터가 지도적인 가톨릭 신학자들과 동료 개혁자인 츠빙글리Ulrich Zwingli, 1484~1531 의 해석이 타당성이 떨어진다고 주장했을 때, 그들은 이를 루터에게 그대로 되갚아준 적이 있다.[4] 이와 같은 상황은 마르크스주의자들 사이에서도 유사하게 일어난다.

물론 사변가들 사이에는 공통된 합의라는 것이 존재하며, 동일한 텍스트를 그렇게 완전히 다른 방식으로 이해하지도 않는다. 만일 그들이 같은 학파에 속해있다면 말이다. 동일한 생각을 공유하는 한, 그들은 텍스트에서 같은 생각을 읽어낸다. 그리고 다른 학파의 존재를 염두에 두지 않는 한, 그들은 자신이 같은 생각

---

4 루터와 츠빙글리는 처음에 종교개혁에 대해 생각이 일치했으나, "이것은 내 몸이다"라는 성서의 구절을 놓고 대립한다. 루터는 성찬을 통해 예수의 전인격과 교류할 수 있다고 이해했으나 츠빙글리는 성찬을 영적인 비유로 해석했다. 루터가 츠빙글리와 합의점에 도달하지 못하자, 그때 던진 말은 "우리는 같은 영이 아니로군요!We are not of the same spirit!"였다.(옮긴이)

을 읽어낸다는 것을 부정하려 든다. 이런 예들에는 중세 가톨릭의 여러 학파들 외에도 구약을 전혀 다르게 읽어내는 유대 사변가, 현대사회에서는 아주 많은 수의 개신교 분파와 정교회들뿐만 아니라 고교회파High Church와 저교회파Low Church의 사변가들도 포함된다. 하지만 힐튼 호텔에만 투숙하려는 자들은 누구라도 힐튼 호텔에 머물 수 있으며, 그렇기 때문에 이에 대한 반박을 심각하게 받아들일 필요가 없다고 생각하는 경향이 있다. 이들은 보호받고 있다는 느낌을 주는 이런 묵계적 합의가 편협한 것임을 망각하며 의도적으로 다른 대안을 무시하기도 한다. 성서 해석적 독서가 언제나 자의적이라는 것을 독서가들이 깨닫지 못하게 만드는 것은 바로 이 때문이다.

독단론적 독서

만일 첫 번째 독서 방법을 '우리는 모르지만 그는 알고 있다'는 정식으로 요약할 수 있다면, 두 번째 독서 방법은 '우리는 알고 있지만 그는 모른다'로 정리할 수 있다. 한 마디로 두 번째 방법은 독단적이다. 몇몇 텍스트들을 성서 해석적으로 읽는 사람은 확실히 다른 텍스트에 대해서도 독단적으로 읽는 경향이 있다. 여기서는 독단적인 독서 방식의 세 가지 변형들을 구분해 보는 것으로 충분하리라고 본다.

첫째는 불평을 늘어놓을 때 쓰는 다음과 같은 표현에서 찾아볼 수 있다. '그가 X에 대해 알았다면 그렇게 말하지 않았을 텐데.' 같은 맥락에서 로마 가톨릭의 철학을 연구하는 한 저명한 역사가는 키에르케고르에 대한 책을 쓰면서 다음과 같이 말하고는 했다. '그가 토마스 아퀴나스를 읽었더라면 이렇게 말하지 않았을 것이다.' 여러 토마스주의자들이나 마르크스주의자들을 언급하면서 이런 예를 부풀리는 것은 쉽다. 이런 유형의 독단론은 너무 일반적이기 때문에 독서가들은 자신의 경험에서도 이와 같은 사례를 어렵지 않게 찾아낼 수 있을 것이다.

텍스트에 대한 이런 독단적인 태도는 우리나라가 최고라고 주장하는 애국심과도 비슷하다. 이와 같은 생각들에는 아무리 최대한 배려를 하더라도, 다음과 같은 질문을 던지지 않을 수 없다. 당신이 그걸 어떻게 아는가? 당신은 얼마나 많은 나라에서 살아보았는가? 얼마나 많은 연구를 해왔는가? 그리고 자기 나라가 최고라고 말하는 다른 나라의 사람을 이해하기 위해 얼마나 많은 노력을 기울였는가?

둘째 형태는 약간 다른 방식의 불만으로, 다음과 같다. '그에게 우리처럼 뛰어난 기술이 있었다면, 그렇게 말하지 않았을 텐데.' 이런 주장은 앞의 경우에서도 그랬지만 간혹 진실을 담고 있기도 하다. 가령 플라톤의 《소피스트Sophist》나 《파르메니데스 Parmenides》에는 플라톤이 실수한 문장들이 간혹 발견된다. 철학 저술을 공부할 때, 철학자의 논지를 면밀하게 검토하는 게 중요하다는 것은 인정할 수 있다. 그렇다고 그들이 실수한 문장을 두고, 플라톤, 칸트, 헤겔, 니체의 가장 중요한 관점이 잘못된 논지에 근거하고 있다는 식으로 해석해서는 안 된다. 그들의 논지 중 한두 가지가 빈약하거나 결론을 이끌어내지 못하고 또는 완전히 잘못됐더라도, 그것은 그 한 가지 논지만 포기하면 그만인 경우도 종종 있기 때문이다.

힐튼 호텔에 머물면서 창밖만을 내다보거나 공항에서 오는 길에 보았던 것으로 여행이 충분하다고 여기는 사람들은, 멀리 떨어진 곳까지 위험을 무릅쓰고 나가보는 수고를 할 가치가 없다고 스스로를 안심시키는 일이 전혀 어렵지 않다. 그러다 완전히 잘못된 어떤 것을 찾아내면, 언제나 약간의 그럴듯한 말을 섞어가면서 다음과 같이 말할 것이다. '우리처럼 월등한 기술을 가졌다면, 저런 방식으로 하지는 않았을 텐데.' 이런 태도는 문화 충격을 피할 수 있는 좋은 방법이다. 하지만 만일 이것이 우리의 모습이라면, 이국적인 장소를 여행하고 완전히 다른 문화를 체험하는 것이 무슨 의미가 있겠는가? 그리고 이런 마음가짐이라면 굳이 플라톤을 읽으려는 이유가 무엇인가?

셋째 형태는 다소 품위 있는 불평으로, 다음과 같다. '그는 완전히 형편없는 것은 아니고, 몇 가지 점은 우리 같은 부류에 근접해 있어.' 이런 태도는 하이데거를 읽어나가는 몇몇 미국인들이 보여준다. 그들은 존 듀이John Dewey, 1859~1952나 다른 학자들이 훨씬 더 훌륭하게 논증하고 있는 것을 하이데거의 말 안에서 드러내려고 노력한다. 이와 비슷한 또 다른 예는 니체에 관한 최근 연구서에서 찾을 수 있다. 이 연구서에 따르면 니체는 완전히 형편없는 것은 아니고, 곳곳에서 비트겐슈타인과 한두 명의 옥스퍼드 교수에 근접해 있다.

이 세 가지 형태에서 독단적인 독서가들은 다음과 같은 질문을 제기하는 데 실패한다. 즉, 이런 방식의 독서에 대해, 이런 방식으로 읽는 독서가의 생각에, 독서가의 인생관과 추론에 대해 과연 저자는 어떻게 생각하겠는가? 독단적인 독서가는 자신이 드러나는 것을 기피하며, 대안과 단점에 대해 눈을 감고, 그 텍스트에서 무엇이 중요한 것인지 들여다보기를 거부한다. 그리고 편안하게 텍스트를 대하지도 못한다. 가장 최악은 그러한 해석이 오만하면서도 타당성이 없다는 것이다. 기껏해야 그들은 근시안적인 태도로 거만을 떨고 있을 뿐이다.

불가지론적 독서

세 번째 독서 방식은 다음과 같이 간략하게 요약할 수 있다. '우리는 알 수 없으니 진실에 대한 판단은 유보하자.' 이와 같은 독서법은 불가지론적agnostic이라고 할 수 있다. 이런 독서 방식에서 진실은 중요하지 않다. 독서가의 관심은 다른 것에 있다. 이것 역시세 가지로 구분하는 게 좋을 것 같다.

첫째는 '골동품수집가antiquarian' 형태로, 19세기에 번성했으나 오늘날을 비롯해 이전의 다른 시대에서도 발견할 수 있다. 이들은 우표를 수집하는 사람들이 갖는 마음으로 텍스트를 읽으며, 오래되고 희귀한 것을 선호한다.

둘째는 '미학적인aesthetic' 형태이다. 미학적이라는 표현을 특별한 의미로 사용했던 키에르케고르라면 세 가지 형태 모두에 이 용어를 적용했겠지만, 나는 여기서 그것을 아름다움과 스타일을 가장 중요시하는 접근방법에 사용하고자 한다. 이런 독서가들은 키에르케고르나 플라톤의 텍스트를 미학적인 방식으로 읽을 수 있으며, 어떤 시인이나 소설가, 종교 경전이라 할지라도 그렇게 하려고 든다.

셋째는 '현미경적microscopic' 형태이다. 이것은 20세기 후반에 성행했던 독서 방법이다. 이런 독서가들은 전체적인 관점을 얻기 위해 한 작가의 작품 전체oeuvre는 말할 것도 없고 책 한 권조차도 몇 번씩 이상 읽어낼 수 있을 만한 호흡을 갖고 있지 않다. 이들은 시 한편, 한 문장 또는 하나의 논의에 대해서만 연구하기를 선호한다. 이와 같은 방식에서 저자는 지워져버리며, 도전적으로 '너'와 만나는 것은 회피되고, 분해될 수 있는 작은 파편들만 다루게 된다.

이 세 가지 형태 모두에서 저자가 가장 중요하게 여겼던 사항은 무시되어 버리며, 어떤 경우가 됐든 특별한 관련성이 있다고 생각되지도 않는다. 독서가는 다시 한 번 최고의 자리에 군림하며, 자기 자신이나 자신의 관점, 선입견을 위태롭게 만들려고 하지 않는다. 물론 이런 접근법이 모든 경우에 동일하게 적합하지 않은 것은 아니다. 하지만 독자에게 도전하거나, 또는 어떤 중요한 진실을 얻어내려 한다거나, 폭넓은 관점을 발전시키려는 것을 중요한 목표로 삼고 있는 작가들의 작품을 이렇게 읽으면 그야말로 고집불통이 되어버리고 만다.

독서가 한 명이 성서 해석적이었다가, 독단적이 되고, 그 다음에는 불가지론적이 되는 것은 전적으로 가능한 일이며, 결코 드문 일이 아니다. 이런 사람은 성서는 성서 해석적으로, 타 종교의 경전은 독단적으로, 아리스토텔레스는 골동품수집가의 마음으로, 키에르케고르는 미학적으로, 그리고 최근 철학자들이나 시인의 글은 현미경적으로 읽어내려고 한다.

학생들이 교육받는 독서 방식은 당연히 다방면에 걸친 절충적인 것이다. 하지만 사변가적 교사들은 대체로 여기서 다룬 세 가지 주된 방식 가운데서 번갈아 선택한다. 이 세 가지의 공통점은 너와의 만남 없이 독서를 한다는 것과 문화 충격을 겪는 것에 대해 지나치게 신중하다는 것이다. 남자와 여자, 즉 사람이 썼음에도 텍스트들은 비인간적인 것이 되어버렸으며 편협하게 읽혀진다. 독서는 인문학 교과목의 핵심인데, 인문학은 이러한 추세를 따라가면서 점차 더 인간적인 것에서 멀어지고 있다. 그렇다면 도대체 우리는 어떻게 읽어야 하는가?

변증법적 독서

책을 읽을 때 저자에 대해 갖는 또 하나의 태도는 다음과 같이 요약할 수 있다. 저자나 우리나 모든 것을 알 수는 없지만 그래도 그와 우리는 이해력이 있어. 그러니 그와 우리는 공동의 탐구를 통해 몇 가지 오류를 넘어서서 너라고 할 수 있는 텍스트의 목소리와 마주할 수 있도록 노력해야 하는 거야. 이 네 번째 독서법 역시 성서 해석적, 독단적, 불가지론적이라는 표현처럼 하나의 단어로 지칭해보는 것이 유용할 듯싶다. 약간의 불만족스러운 점이 있지만, 나는 이것을 '변증법적dialectical'이라고 부르겠다.

변증법이라는 용어에는 다양한 의미가 있다. 이것은 칸트, 헤겔, 마르크스와 더불어 제논Zenon of Elea, BC 490(?)~BC 430(?), 플라톤, 아리스토텔레스와도 연관성이 있으며 또한 다른 많은 것과도 관계가 있다. 헤겔의 철학 안에서만 이 용어의 의미를 파악하는 것은 상당히 어려운 일이다. 내가 이 용어를 선택했을 때 다른 사람들이 사용해 온 의미를 모두 그 안에 포함하려고 한 것은 아니라는 점을 먼저 밝혀야겠다.

두 번째는 이 용어가 자주 다양한 방식의 궤변술이나 속임수에 사용되어 왔다는 점이다. 내가 사용하려는 의미와 이런 종류의 것을 분명하게 구분 짓기 위해서는 잘못된 의미로 사용되는 그로테스크한 변증법의 용례를 두 가지 정도 제시하는 게 제일일 것이다. 첫 번째는 다음과 같다.

어떤 사람이 변증법이 무엇이냐고 묻는다. 응답자는 다음과 같이 말한다. 두 사람이 굴뚝 속으로 떨어졌지. 그런데 한 사람은 밑에 있었기 때문에 더러웠고 다른 사람은 깨끗했어. 그렇다면 둘 중에 과연 누가 몸을 씻게 될까?

물론 더러워진 사람이지.

아니, 깨끗한 사람이야.

왜?

더러운 사람은 깨끗한 사람을 보고 자신도 마찬가지로 깨끗할 것이라고 생각하거든. 반면 깨끗한 사람은 더러운 사람을 보고 자신도 더러워졌을 것이라고 추측하기 때문이지. 자, 그렇다면 다시 한 번 질문을 해볼까? 두 사람이 굴뚝 속으로 떨어졌는데, 한 사람은 아래 있었기 때문에 더러웠고 다른 사람은 깨끗했어. 과연 누가 씻게 될까?

우리가 방금 해결을 본 문제잖아. 깨끗한 사람이지.

당연히 아니지, 더러운 사람이야.

도대체 왜?

왜냐하면 더러운 사람은 깨끗한 사람이 자신을 쳐다보는 눈빛을 보고 손으로 자기 얼굴을 문질러 볼 거야. 그리고는 자신이 더러워졌다는 걸 깨닫기 때문이지. 자, 다시 한 번 해보자고. 두 사람이 굴뚝 속으로 떨어졌어. 한 사람은 아래 있었기 때문에 더러웠고 다른 사람은 깨끗했어. 과연 누가 씻게 될까?

우리가 방금 알아낸 대로. 더러운 사람일 것 같은데.

말도 안 되는 소리. 두 사람이 굴뚝 속으로 떨어졌는데 한 사람만 더러워

져서 나오고 다른 사람은 깨끗했다는 얘기가 어떻게 가능하다는 거야.

바로 이것이 변증법이다. 변증법은 종종 우리가 어떤 것을 '증
명'하기 위해 논거의 형태로 쓰는 고급스러운 단어이다. 이러한
점을 깨닫고 이 단어에서 카리스마를 벗겨내는 일은 중요하다.
20세기의 유명한 변증가에 대한 일화를 하나 더 예로 들어보자.

그가 한 세미나에서 헤겔에 관해 장황한 말을 늘어놓고 있었다. 그때
갑작스럽게 한 학생이 가까스로 질문을 허락 받고는 헤겔에 관한 책과
'부정의 변증법'에 관한 또 다른 저서도 집필한 바 있는 이 교수가 헤
겔에 대해 잘못 이해하고 있다고 객기를 부렸다. 긴 논쟁이 이어졌고,
마침내 학생은 헤겔의 《정신현상학》에서 교수의 주장과 정면으로 대
치되는 문장으로 교수를 반박할 수 있었다. 하지만 변증법의 대가인
교수는 전혀 당황하지 않고 젊은 친구에게 이렇게 말했다. "변증법이
란 바로 이처럼 텍스트가 저자의 의도와 모순될 수 있다는 점에 있습
니다."

텍스트에 대한 변증법적 접근법을 이야기할 때 내가 의미하는
바는 이와 같은 것이 전혀 아니다. 또한 플라톤이나 칸트, 헤겔,
마르크스가 그 용어를 사용할 때 부여했던 의미들과도 유사하지

않다. '성서 해석적', '독단적', '불가지론적'이라는 표현들을 명확히 규정할 수 있는 기술적인 용어로 사용했던 것처럼, 나는 '변증법적'이라는 용어도 앞으로 구체적으로 밝힐 그런 엄격한 의미로 사용해보려고 한다. 내가 이 단어에 의미를 부여하려는 것은 이것 이상도 이하도 아니다.

변증법적 독서는 그 안에 세 가지 핵심 요소가 있다. 첫 번째 요소를 나는 '소크라테스적'이라고 부른다. 왜냐하면 이것은 '성찰되지 않은 삶the unexamined life'에 대한 소크라테스의 불만을 떠올리게 하기 때문이다. 변증법적 독서가들은 문화 충격을 회피하기보다는 그것을 기대한다. 이들은 자신의 삶과 믿음, 그리고 가치를 점검하려는 노력의 일환으로 텍스트에서 도움을 받으려고 한다. 이들은 우리 자신과 우리 시대의 통설에 대해 저자가 어떻게 생각하는지 묻는다. 변증법적 독서가는 자신이 길들여져 온 다양한 통설의 외부에 있는 관점을 추구한다. 텍스트는 그가 자유롭도록 도움을 주는 것이다. 텍스트는 자기-해방 autoemancipation의 보조물이다.

그럼에도 나는 이러한 방식의 독서를 소크라테스적보다는 변증법적이라고 부른다. 왜냐하면 소크라테스는 이런 식으로 텍스트를 사용하지 않았을 뿐만 아니라 자신의 후학들에게 독서 방법을 가르치지도 않았기 때문이다. 게다가 이것은 단지 변증법적 방식을 특징짓는 세 가지 요소 중 하나일 뿐이다.

다양한 저자들의 책을 읽는 것은 다양한 장소를 여행하는 것과 같다. 변증법적 독서가는 스스로를 다양한 문화 충격에 내맡긴다. 그는 자신이 동의할 수 있는 누군가의 권위를 기대하기보다는 자신의 관점을 비판적으로 성찰할 수 있도록 해주는 대안적인 관점을 추구한다. 그래서 이런 방식의 독서는 그에게 자신의 선입견과 자신이 속해있는 집단의 선입견을 자각하게 해준다.

소크라테스적 유형의 마음가짐에서 논의했던 것처럼, 소크라테스적인 독서방법을 가르치는 데 있어 반드시 통찰가가 되어야 할 필요는 없다. 학생들을 소크라테스적으로 가르치기를 원하는 교사들 중에는 자기를 내세우는 것을 좋아하지 않는 사람들도 있다. 그렇지만 이 사람들도 학생들이 자신만의 가치나 자신이 속해있는 사회의 가치를 깨닫도록, 그리고 많은 것에 의문을 품도록 도울 수 있다. 이런 교사들은 미세한 문제를 놓고 사변적으로 싸움을 걸기보다는 첨예하게 갈라진 다양한 관점을 보여주는 텍스트를 선택하기 위해 특별한 노력을 기울이려고 한다.

이런 면에서 변증법적인 독서는 헤겔의 변증법과 공통점이 있다. 그것은 근본적으로 다른 관점들 사이에 놓여있는 거시적인 대립 지점을 찾아내려고 한다는 점이다. 변증법적 독서가는 지나치게 학구적이어서 전문가만 이해할 수 있는 전문 학술잡지에 글을 투고하는 같은 학파나 같은 주의를 가진 사람들의 찬반 논의를 검토하기보다는 서로 다른 세계관, 태도, 감수성을 보여주는 각각의 텍스트를 서로 경쟁하게 한다. 그리고 그는 누군가의 견해에는 동의하고 누군가의 견해에는 반대하기 위해서 텍스트를 접하지 않는다. 스스로 배울만한 만한 가치가 있는 것이 무엇인지 이미 알고 있으며, 때문에 텍스트에서 무엇이 잘못되었으며 무엇이 정답에 가까운지를 거들먹거리면서 텍스트를 대하지 않는다. 변증법적인 독서가는 다양한 만남들을 통해 새로운 배움을 희망하면서 발견의 항해를 시작한다.

변증법적 독서에서 두 번째로 중요한 요소를 나는 대화적 dialogical 이라고 부른다. 하나의 텍스트는 우리가 그것에 질문을 던지는 것과 마찬가지로 우리에게도 질문을 던지는 '너You'라고 할 수 있다. '대화적'이라는 용어는 마르틴 부버를 연상시키지만, 그의 독서방법과 대화 개념에는 상당히 중대한 비판점이 있기 때문에 내가 생각하는 것을 표현해주는 적합한 예라고 할 수 없다. 그래서 나는 부버식의 독서법을 대화적이 아닌 변증법적 방법이라고 부르고자 한다.

부버는 나-너의 관계와 대화dialogue를 오직 드문 경우에만 성취할 수 있고 오래 지속할 수 없는 황홀경ecstasy과 연결했다. 이런 맥락에서 그의 독서방식은 상당히 주관적이고 인상주의적이다. 또한 유대교 텍스트에 대한 그의 해석은 매우 아름답지만 급진적인 하시디즘Hasidism[5]의 변형을 포함한다. 부버의 《하시디즘 이야기Tales of the Hasidism》는 성서 해석적 독서방식의 아주 드문 성공작이라고 할 수 있다.

대화적 요소라는 나의 개념이 부버에게 빚진 것은 사실이지만, 내가 이 단어에서 의미화 하려는 것과 상당히 다르다. 우리는 텍스트가 인도하는 곳으로 우리 자신을 이끌 수 있어야 하며, 그것의 독특한 목소리를 경청해야 하고, 또한 그것이 다른 목소리와 어떻게 다른지 알아내려고 노력해야 한다. 또한 이 목소리가 우리에게 도전하고 충격을 가하며 불쾌감을 주는 것을 허용해야 한다.

이러한 충격을 회피하고 우리가 가신 최고의 텍스트에 우리의 관점을 부여하는 것은 정신에 반하는 비겁함과 우상숭배라는 두 가지 죄를 저지르는 것이다. 왜냐하면 이런 독서가는 결국 자신이 만든 소중한 수공품을 숭배하는 것에 지나지 않기 때문이다. 반면 모세와 예언자들, 예수와 루터, 키에르케고르와 칸트, 부처와 《바가바드 기타》에는 사람들이 들어줬으면 하는 말이 있었다. 그럼에도 자신의 견해 때문에 호의를 베푸는 사람들의 관대함을 전혀 고마워하지 않았으며, 대신 비난을 퍼부으며 물리쳤다.

문화 충격, 도전, 비난과 같은 표현들을 자주 언급하는 이유는 이와 같은 독서방식이 권위적이지 않다는 것을 강조하기 위해서이다. 이런 독서가들은 텍스트에 권위를 부여하려고 하지도 않

---

5 하시디즘은 지나친 율법주의에 대항해 영성과 경건함을 추구하는 유대교 신비주의 분파의 하나로 18세기에 동유럽의 랍비 바알 셈 토브 Baal Shem Tov, 1698~1760 에 의해 정초되었다. 부버는 젊은 시절 유대인만의 민족주의 국가를 건설하려는 시오니즘에 참여했으나, 곧 정치적인 성향에 환멸을 느끼고 하시디즘으로 돌아섰다. 부버에게 하시디즘은 세속적인 일상생활 속에서도 '신성'을 체험할 수 있게 해주는 신비적 원리다. 대표적인 예로 '나-너'의 관계는 인간의 참된 본질이 고립된 실존적 존재가 아니라 '너'와 관계 맺고 있는 인간적인 '나'임을 알려준다.(옮긴이)

고, 옳다는 주장을 펼치려 하지도 않으며, 미리 동의하려고 마음 먹지도 않는다. 이들은 텍스트의 목소리를 듣고 이해하려고 노력하며, 그것이 우리의 관점과 일치하지 않을 수 있으며, 모든 점에서 동의를 구할 수는 없다는 것을 예상한다. 변증법적인 독서가는 자신에게 묻는 것을 허용하며, 또한 자신도 텍스트에 물음을 던진다. 공격받는 느낌이나 충격적인 느낌이 들더라도 그는 자신이 그 전에 고수하던 입장을 체계적으로 정식화하려고 노력하면서 텍스트의 입장과 비교한다. 이것이 독서가와 텍스트 간의 대화를 시작하게 해준다. 이와 같은 대화 속에서 독서가의 이전 견해는 초월되며, 그의 의식수준은 높아진다.

여기서 '의식수준이 높아진다'는 표현은 독단론자의 것과 비교할 필요가 있다. 독단론자들은 사람들의 수준을 그들이 바라는 수준으로 높여준다는 의미에서 이 표현을 사용한다. 이러한 자만심은 가장 비-변증법적인 것이다. 반면 내가 의식수준을 높인다고 말한 것은 독단주의자들의 의미가 아니라 헤겔의《정신현상학》에 가깝다. 의식수준을 높이는 것은 독서나 여행을 하거나 음악을 듣거나 또는 회화나 조각 작품을 보거나 영화나 연극을 감상하는 등과 같은 대안적인 행위와 자유롭게 접촉함으로써 가능한 것이지, 교훈적인 영화나 연극 또는 책을 꾸준하게 섭취하면서 한 가지 관점을 권위적으로 주입하는 것에서 얻어지는 게 아니다. 내가 염두에 두고 있는 것은 파벌주의와 문화적인 조건에서 해방, 새로운 방식의 창조행위 속에서 다양한 대안에 대한 의식이 발생할 때 탄생하는 자유, 그리고 의식의 확장이다.

첫 번째 동심원: 텍스트

변증법적 독서의 세 번째 요소는 '역사-철학적historical-philoso-phical'인 것이다. 만족스러운 변증법적 독서는 소크라테스적 요소와 대화적 요소가 '역사-철학적' 요소와 함께 온전히 결합했을 때 가능하다.

이 세 번째 요소는 세 종류의 동심원concentric circles을 비유로 들어보면 쉽게 이해할 수 있다. 전체적인 관점을 파악하려고 노력하면서 한 작품 전체를 읽으려고 할 때는 먼저 가장 안쪽의 동심원에서 시작한다. 책을 읽을 때 세부적인 것이 독서를 느리게 만들 수도 있고, 때로는 너무 복잡해서 현미경적인 고찰의 도움을 받기 위해 잠시 멈출 때도 있다. 그러나 첫 번째 동심원의 주된 관심은 세밀한 것이 아니라 저자의 주된 문제의식이다. 사변가적인 현미경주의자들은 거의 관심을 기울이지 않지만 진정한 독서가는 저자가 이 저서에서 무엇을 성취하려고 하는지 질문해야 한다. 〈창세기〉에서 한 구절의 절반만 필요했던 토마스 아퀴나스나 수많은 신학자들과 목사들과 달리 독서가는 〈창세기〉가 도대체 어떤 것인지를 물어야 한다. 물론 이런 질문은 헤아릴 수 없이 많은 세부적인 것들에 노력을 기울이면서 상당히 여러 번에 걸쳐 책 전체를 통독하기 전까지는 대답할 수 없다.

독서가는 많은 주석가들과 교사들, 논문의 저자들처럼 헤겔의 《논리학》에서 한 개념이 다른 개념으로 모호하게 이행되는 과정이나, 《정신현상학》의 한 단계가 다음 단계로 이행되는 과정에만 몰두하기보다는 앞의 연구자들이 전혀 시도하지 않았던 것, 즉 헤겔이 이 책을 통해 성취하고자 했던 것이 무엇인지를 질문해야 한다.

물론 처음에는 이런 모든 경우에서 텍스트 바깥으로 나가기보다는 내적인 증거들에 의존하게 된다. 하지만 저자가 정말 의도했던 것이 무엇인지 묻는 것만큼은 놓쳐서는 안 된다. 때로는 결론이나 서문에 이에 관한 실마리가 들어있기도 한다. 그리고 이런 질문에 대한 해답은 저자의 다음 작품을 이해하는 데 더 없이 귀중한 것이 되기도 한다.

철학 작품의 경우, 대부분의 진지한 독서는 논증, 해법, 그리고 저자의 통찰력에 대한 나름의 평가를 포함해야 한다. 평가가 꼭 독단적일 필요는 없다. 다시 말해 평가를 반드시 경쟁적인 관점에서 도출해야 할 필요는 없다. 초기의 비판적인 안목은 주관적인 것일 수 있다. 그리고 이후의 평가는 다양한 관점에서 접근할 수 있다. 이와 같은 사례를 종교적인 작품에 적용해 보도록 하자. 처음에는 한 문장, 한 문단, 또는 하나의 이야기가 전체 문맥에서 어떻게 기능하는지 살펴볼 수 있다. 그 다음에는 다양한 관점을 통해 조명해 볼 수 있다. 이와 유사하게 《일리아드》의 한 구절을 처음에는 그 구절의 기능을 이해하기 위해 전체 문맥 안에서 연구할 수 있다. 그 다음에는 가령, 자신의 딸 이피게니아Iphigenia를 제물로 바치려는 아가멤논Agamemnon을 에우리피데스Euripides, BC 484~BC 406(?)가 처리하는 방식과 이삭Isaac을 제물로 바치려는 아브라함Abraham을 비교, 대조하면서 살펴볼 수 있다.

모든 주요 종교의 경전과 문학 작품들은 위대한 철학자의 저서들 못지않게 철학적 차원이라고 할 수 있는 것을 담고 있다. 만약 그것들이 철학적 차원을 품고 있는데도 놓친다면, 형편없는 독서가라고 할 수 있다. 여기서 내가 말하려는 것은 '세계관'이라고 할 만한 것을 내세울 만큼 지적일 필요가 없다는 점이다. 이것을 가장 잘 표현하는 말은 어쩌면 '수많은 텍스트들은 각각의 고유한 인생 경험을 반영하고 있다'는 표현일지도 모른다. 변증법적 독서가는 텍스트에서 다른 어떤 것들보다 가장 중요한 이것을 기대한다.

신비평가들new critics이나 현미경적인 사변가에게 배우는 학생들은 대개 이와 같은 것을 전혀 배우지 않는다. 그 대신 시인의, 나중에는 소설가의 어법, 어휘 또는 이미지에 집중한다. 또한 철학에서는 몇 가지 논쟁들이나 다양한 개념의 의미에 대해 집중한다. 물론 신비평가들 중에서도 뛰어나고 예민한 감수성을 가진 사람들은 가끔씩 자신도 모르게 작가의 개인사와 체험에 대해 이야기를 할 때도 있다. 하지만 여기서 중요한 것은 그들이 학생들에게 어떻게 독서를 지도하는가이다.

신비평가들은 한 편의 시나 한 권의 책이 지니는 자율성을 무척 중요시한다. 따라서 학생들에게 이것 이상을 너머서 저자의 다른 작품이나 그의 개인적인 삶 또는 서신을 참조할 필요는 없다고 가르친다. 때문에 이런 독서에서 철학적 차원은, 간과할 수 없을 만큼 철학이 중요한 비중을 차지하는 소포클레스의《안티고네》라도 무시되곤 한다.

신비평가들은 한 권의 텍스트에 고통스러운 존경을 강조하며, 텍스트 외에는 아무것도 없다고 말한다. 그럼에도 최소한 두 가지 점에서 그들은 저명한 분석철학자보다 나은 점이 있다. 첫째, 그들이 작품에 초점을 두는 것은 분석철학자들이 전체 문맥을 무시하면서 훨씬 더 작은 단위에 몰두하는 방식보다는 비교적 전체적으로 호의적이다. 둘째, 신비평가들은 저자의 언어에 세심한 주의를 기울이는 것이 얼마나 중요한지를 지칠 줄 모르고 강조한다. 이런 점에서 학생들은 적어도 뛰어난 감수성을 기를 수 있다.

분석철학자들도 물론 신비평가들 만큼이나 언어에 대해 강조해 왔으며, 대다수는 저자의 생애나 성장과정 그리고 역사적 맥락에 대해 신비평가들과 동일한 선입견을 가지고 있다. 그러나 자신이 연구하는 작가의 언어, 특히 외국 작가의 언어에 대한 이들의 몰이해는 가끔 충격적이기도 하다. 이러한 점은 크게 주목한 적이 없기 때문에 드러낼 필요가 있다. 프로이트와 니체에 관한 최근의 독서방식을 살펴보자.

명망있는 '현대의 거장들Modern Masters' 시리즈 중에서 프로이트에 관한 책은 영국의 저명한 분석철학가가 집필했다. 우리는 이 책의 참고문헌 목록에서 프로이트가 영어로 책을 쓰지 않았다는 어떤 흔적도 찾아낼 수가 없다. 이 책은 다음과 같이 시작한다. "프로이트에 대해 연구를 하는 사람이라면 누구나 다음의 세 가지 중요한 저서에서 큰 도움을 받게 된다. 첫 번째로 가장 기여도가 큰 것은《표준 판본 프로이트 심리학 전집Standard Edition of The Complete Psychological Works of Sigmund Freud》이다." 이 리스트 중에서 영어가 아닌 제목은 단 한 가지만 열거되는데, 거기에 번역자의 이름은 소개하지도 않았다. 이 철학자는 또한 '현대 철학 연구Modern Studies in Philosophy'라는 또 다른 유명한 시리즈에서도 프로이트에 관한 '비평 논문집A Collection of Critical Essays'의 편집을 맡았다. 이 비평 논문집의 거의 모든 기고자들은 아주 유명한 분석철학자들로, 이들은 원문과 대조하는 귀찮은 작업 없이 영어로 프로이트를 읽었던 것으로 여겨진다. 물론 이것은 아주 이상한 일이다.

어쨌든, 프로이트는 우리 세기의 가장 위대한 작가 중 한 사람으로 그의 저술은 번역을 하기가 아주 어렵다. 학술 토론에 필요해서 단지 인용문 몇 개만이라도 번역을 시도해 본 사람이라면 번역과정에서 얼마나 많은 것을 놓치게 되는지 경험했을 것이다. 게다가 니체를 제외하면 프로이트는 다른 어느 누구보다도 어감의 중요성을 가르친 사람이다. 그런데도 프로이트에 관한 심도 있는 글을 쓰는 사람들이 원문을 참조할 어떤 필요성도 느끼지 못했다는 것은 이상한 일이 아닐 수 없다. 적어도 논문학기가 시작되는 시점부터는 학술 연구를 할 때 원문 텍스트에 의지하는 것이 반드시 필요하며, 특히 외국인 작가 한 명만을 다루는 단일 연구에서는 더욱 당연하다고 여겨졌다.

번역에 대해서는 3장에서 길게 논의할 것이다. 하지만 이것이 해석의 한 가지 양식이 될 수 있다는 점에서 몇 가지 사전적인 언급이 필요할 듯싶다. 요즘 학부생들 사이에서는 어떤 해석이든 다른 것만큼이나 좋다는 '공감대felt'가 널리 확산된다. 교수들 중에서는 그렇게 말할 사람이 거의 없기를 희망하지만, 믿을 수 없을 만큼 많은 교수들이 점차 관용주의자latitudinarian가 되어가고 있다. 많은 해석이 분명히 실수를 저지르고 있다는 점을 가장 쉽게 알 수 있는 방법은 심각하게 잘못 이해해서 잘못 번역된 중요 구절을 언급하는 것이다.

이쯤에서 프로이트에서 니체로 넘어가는 것이 좋을 듯하다. 다른 곳에서 자세히 언급했던 것들을 여기에서는 좀 더 간결하게 다뤄 보겠다. 1968년 이전에 니체의 《힘에의 의지The Will to Power》의 유일한 영어 판본은 영문판 니체 《전집Collected Works》의 편집자였으며 '공동 작업자들 중 가장 재능 있고 성실하다'는 평가를 스스로도 잘 알고 있던 사람이 번역한 것이었다. 덧붙이자면, 1950년까지만 해도 《힘에의 의지》는 니체의 대표작magnum opus으로 널리 알려져 있던 것으로, 하이데거는 훨씬 최근까지도 이러한 관점을 꾸준히 전파했다. 하지만 이 번역서에는 잘못 번역된 것들이 있다. 두 가지의 예를 골라보면, 먼저 12장에서 니체의 '우주론적cosmological'이라는 표현이 '범세계적cosmopolitan'으로 번역되어 있다. 그리고 86장에서 니체가 'Henrik Ibsen ist mir sehr deutlich geworden'이라고 쓴 부분인, '헨릭 입센은 나에게 아주 명백해졌다'가 영어 판본에는 '내 생각에, 헨릭 입센은 너무 독일적이 됐다'고 번역되어 있다. 번역자가 '명백한deutlich'과 '독일적인deutsch'을 혼동한 것이다.

학생들이 이런 실수를 흔히 저지른다는 것은 누구나 다 안다. 그렇지만 강단이나 학술서에서 교수들이 이와 비슷한 실수가 넘쳐나는 번역물을 널리 사용한다는 것은 많이 알려지지 않았다. 게다가 대다수의 교수들은 교재를 채택하기 전에 다양한 번역을 신중하게 비교해보려고 하지도 않으며, 많은 교수들이 정확성보다는 '가독성'을 우선시해야 하는 것을 당연하다고 여긴다.

사람들은 시가 언어에 대해 가장 세심한 주의를 필요로 한다고 생각할 것이다. 하지만 대부분의 교수들은 시를 번역할 때 가장 중요한 것이 '시적인poetic' 것이라고 주장한다. 이들에게 널리 퍼져있는 생각은 모든 세대가 새로운 번역을 해야 하고, 고전을 자기가 속한 현대적인 어법으로 바꿔야 한다는 점이다. 만일 원래의 의미에 충실하려고 깊이 파고들면 형편없고 쓸모없는 작품이 나올 수밖에 없다는 것이다. 당연히 이러한 생각은 근거 없는 해석을 걷잡을 수 없이 강의실로 끌어들인다.

게다가 몇몇 학자들은 자신의 오역을 제공한다. 한 가지 충격적인 예를 들자면, 《도덕의 계보학에 대하여On the Genealogy of Morals》는 의심할 바 없이 니체의 가장 중요한 저작 중 하나이다. 이 책은 세 편의 에세이로 구성되어 있는데, 그중 두 번째 에세이의 제목은 〈'죄', '양심의 가책', 그리고 그와 유사한 것들'Guilt,' 'Bad Conscience', and the Like〉이다. 양심의 가책bad conscience의 기원에 대한 니체의 이론은 도덕심리학에 대한 중요한 기여 중 하나로, 프로이트가 1930년과 1933년에 후기 저작에서 발전시킨 이론과도 상당히 유사하다.

미국의 한 명문 대학에 재직하는 철학 교수는 1965년에《철학자 니체Nietzsche as Philosopher》라는 책을 출판했다. 그 책에서 양심의 가책은 '허위 의식bad consciousness'으로 바뀌어 있다. 독일어 Gewissen에는 의식이라는 의미는 전혀 없고 양심만을 뜻한다. 또한 이 책에는 저자가 잘못 알고 있는 독일어 단어들로 가득차 있으며, 개정판을 냈을 때도 여전히 철자의 오류가 있었다. 또한 니체에서 인용한 엄청난 '인용문들'은 앞에서 언급했던 학부 기자와 쇼의 저널리스트에 대한 비판을 떠올리게 한다. 책의 핵심 부분에 의도적으로 삽입한 9개의 인용문들을 살펴본 사람이라면 누구나 그것들이 모두 심각하게 오역이라는 것과 몇 개의 핵심 단어부터 심지어는 9행에 이르는 문장을 아무런 언급도 없이 생략해서 훼손됐다는 것을 발견할 수 있을 것이다. 하지만 가장 충격적인 것은 누구도 여기에 충격을 받지 않았다는 점이다. 이를 읽은 대부분의 교수들이 중시했던 것은 그 책이 니체를 말더듬이 옥스퍼드 인으로 바꿔놓았다는 점, 그래서 드디어 영국의 분석철학자들이 니체에게 접근할 수 있도록 했다는 점이었다. '너'에 대한, 주인공의 고유한 목소리와 의미에 대한 관심의 결핍은 너무 광범위하게 확산되어서, 이 정도의 오독은 전혀 심각하게 느끼지 않았던 것이다. 그렇다고 이런 반응이 반드시 분석철학자들에게만 한정되는 것은 아니다. 독일이나 프랑스 철학에 관심을 갖는 젊은 학자들도 니체 연구의 필요성을 보여주었다는 점에서 중요한 책이라는 견해를 표현했다.

번역의 정확성과 '너'에 대한 존중이 이런 방식으로 '접근 용이성accessibility'에 희생된다면, 결국 저널리즘만이 승리를 거머쥐게 될 것이다. 만화책 판본의 《햄릿》이나 '슈퍼맨'이 엉터리 추론reductio ad absurdum 만을 제공하는 것처럼 말이다.

글쓰기에 애를 먹는 교수들은 글을 잘 쓰는 것이 저널리즘의 특징이라고 생각할지도 모른다. 하지만 대부분의 좋은 글은 저널리즘이 분명히 아니다. 대다수의 저널리즘은 엉성하게 씌여진다. 변증법적 독서가는 고전의 도움을 얻어서 자신이 살아가는 시대에 필요한 약간의 관점을 획득할 수 있으며, 고전의 우스꽝스러운 측면도 발견할 수 있다. 반면 저널리스트 독서가는 니체가 스스로 근대성의 비판자이자 반시대적이라는 것을 자랑스럽게 여겼다는 사실 조차 무시하면서 니체마저도 시대적이고 접근 가능한 것으로 만들기 위해 애를 쓴다. '너'에 대한 존중과 문화 충격을 말하면서 자신이 살아가는 시대가 중요하게 여기는 관점을 얻어야 한다고 주장한다면, 아마도 사람들은 이들을 분명한 정확성과 세심한 학문정신에 관심을 기울이는 사람이 아닌 사변적인 해석가라고 여길 것이다. 그러나 다음의 예는 이것이 정반대임을 보여준다.

대다수의 사변가는 저널리즘적인 에토스를 지니고 있다. 그들은 여론에 의존하기 때문에 유행을 선호한다. 유행과 관련이 없는 것과 현재의 경향과 통설에 도전하는 것에 대해서는 눈을 감아버린다. 자신도 모르게 그들은 학자답지 않은 사람이 되어가는 것이다. 물론 사변가마다 커다란 차이가 있다. 하지만 그중 많은 사람들은 텍스트를 부차적인 것으로 여기며, 저자에 대해서도 거의 관심을 기울이지 않는다. 그들에게 중요한 것은 교묘한 술수를 시도할 수 있는 장기판처럼 텍스트를 그저 단순한 하나의 받침대로 활용할 수 있는 게임이다.

분석철학은 지적 성실성의 수준이 만족스러울 만큼 높지 않은 것에 대한 항의로 시작했으며, 그러면서 자신이 지적 양심을 다소 발전시키고 있는 듯한 자세를 때때로 취해왔다. 니체 역시 스스로 이와 유사한 주장을 했으나, 자신의 전임자에 대한 그의 통찰력 있는 독서는 분명히 비판에 대해서도 열려 있었다. 대부분의 니체 해석자들이 지적 양심과 '잘못된 독서'에 대한 논의를 주목하지 않는 것은 이런 점에서 상징적이라고 할 수 있다. 니체의 이런 면모에 대해 눈을 감아버림으로써 그들은 이론을 뒷받침할 수 없는 해석만을 제시하고 있다.

니체와 프로이트는 변증법적 독서와 관련해서 특히 중요하다. 왜냐하면 그들은 이전의 어떤 사람들보다 텍스트에서 감정을 읽어내는 인간 존재에 대해 관심을 기울일 것을 요청했기 때문이다. 어감에 대한 그들의 막대한 관심은 바로 이것 때문이라고 할 수 있다. 니체는 《우상의 황혼》 서문에서 자기 자신을 '귀 뒤에 또 귀를 가진 (…) 늙은 심리학자'라고 불렀다. 프로이트의 제자 중 한 명인 테오도르 라이크Theodor Reik, 1888~1969는 1948년에 자신의 책 제목을 《세 번째 귀를 통해 듣다》라고 붙이기도 했다. 그렇지만 프로이트는 품위를 떨어뜨리는 방식의 '환원주의'라는 부당한 평판을 받아왔으며, 니체의 섬세한 심리학은 여전히 광범위하게 무시당하고 있다.

인문학에 속하는 수많은 사변가가 심리학에 대해 갖는 부정적 견해는 궁극적으로 반인본주의적이다. 그들은 텍스트와 인간의 창작물 속에 표현되고 있는 인간적인 현실을 바라보기보다는 그것을 마치 인간성과 격리된 물질처럼 대한다. 토마스 아퀴나스가 아리스토텔레스를 인용했던 방식은 동의를 구하기 위해서가 아닌 몇 가지를 제외하면 아직도 이에 대한 전형인 사례다. 이러한 방식에 전형적으로 남아 있는 특징은 바로 텍스트 뒤에 있는 인간 존재, 전체 문맥을 놀라울 정도로 무관심하게 보는 것이다.

우리는 아직 작품 하나를 전체적으로 다루는 첫 번째 동심원에 머물러 있다. 단편 시는 말할 것도 없고 한 권의 책은 독립적인 것autonomous이 아니다. 니체가 《도덕의 계보학에 대하여》 서문에서 이전에 출간된 자신의 책을 접하지 못했던 독자들은 아마 당황할 수 있다고 서술한 것에 주목할 필요가 있다. 니체는 여기에서 "나의 초기 저술을 먼저 읽은 사람들이라면 이것을 읽는 데도 큰 수고가 필요치 않을 것"이라고 말한다. 그러나 니체의 이런 언급은《철학자 니체》의 저자가 책 1장의 바로 첫 페이지에서 니체의 책은 '각각의 연계성을 전제로' 하지 않기 때문에 어떤 글을 훑어보더라도 상관이 없다고 알려주는 것을 막지 못했다.

첫 번째 동심원에서 두 번째 동심원으로 이동해야 하는 필요성에 대해서는 비교적 소소한 예를 통해 설명하도록 하자. 니체의 책 제목인《도덕의 계보학에 대하여 Zur Genealogie der Moral》에서 Zur는 '~을 향하여 toward'와 '~에 대하여 on'라는 두 가지 의미가 모두 가능한 애매한 단어이다. 원문 텍스트를 읽는 소수의 독자라 할지라도 이 문제에 주목할 일은 거의 없겠지만, 번역자는 학자들 못지않게 세심하게 읽어야 하는 통역자이기에 관심을 기울일 필요가 있다. 특히 이 경우는 관련된 책 한 권만으로는 풀릴 수 없는 문제이다. 왜냐하면 Zur는 소위 아포리즘적 aphoristic 이라 불리는 니체의 책 속에 들어있는 수많은 단장들의 제목에서 사용하는 표현으로, 거의 대부분이 '~을 향하여'가 아닌 '~에 대하여'의 의미로 사용되기 때문이다. 따라서 이 책의 제목은 '도덕의 계보학에 대하여'라고 표기해야 한다.

다음과 같은 더 흥미로운 질문들이 첫 번째 동심원에서 두 번째로 나아가도록 할 수도 있다. 가령, 니체는 허무주의자였는가?

진리에 대한 그의 견해는 무엇인가? 칸트는 신God을 믿었는가? 에우리피데스는 '이성주의자rationalist'였는가? 스토리에만 집중을 하면서도 카프카Franz Kafka, 1883~1924를 이해하는 것이 가능한 일인가?

두 번째 동심원: 작품세계

첫 번째 것보다 넓은 두 번째 동심원은 작가의 작품 전체와 작품세계의 변화과정을 포함한다. 아마 혹자는 텍스트를 읽는 것이 목적인데 왜 그렇게까지 해야 하냐고 물을 것이다. 여기에는 세 가지 중요한 이유가 있다.

방금 위에서 살펴봤듯이, 한 단어의 의미—한 문단의 의미는 더욱 말할 것도 없고—는 그것을 시 한편이나 책 한 권에 국한시킨다고 해서 결정할 수 있는 것이 아니다. 또한 작가의 초기 저서를 살펴보기 전까지는 한 저서의 의도에 대해 확신할 수 없다. 때로는 그의 후기 저서가 중요한 자체 해석이나 자기-비판self-criticism을 제공하기도 한다. 저자의 자체 해석을 액면 그대로 항상 받아들일 수는 없지만, 이를 전혀 고려하지 않는 독서가는 저자가 자신에 대해 알고 있는 것보다 독서가 자신이 훨씬 더 잘 알고 있다고 생각하는 지나친 오만에 빠질 수 있다.

두 번째 이유는 텍스트에서 자신의 생각만을 읽어내려는 위험이 항상 존재하기 때문이다. 이따금 자신의 생각이 틀리지 않았다고 알게 되거나, 저자와 특별한 유대감을 느끼거나, 또는 저자와 비슷한 경험이나 직관을 갖는 상황에서는 독서가들에게 이전에 간과했던 것을 다시 읽게 한다. 하지만 이런 경우에서 중요한 것은 텍스트에 없는 것을 읽어낸 것은 아닌지 확인하는 일이다. 그리고 이것을 확인할 수 있는 가장 좋은 방법은 작가의 다른 책에서도 이와 유사한 생각이 펼쳐지는지를 살펴보는 것이다.

나는 내 책《비극과 철학Tragedy and Philosophy》에서 《오이디푸스 왕》의 핵심 주제 중 하나를 영웅의 정직함이라고 보며, 시인 소포클레스는 지나치게 높은 수준의 정직함이 제아무리 존경받을 만한 것이라도 그것을 추구하는 사람을 불행에 빠지게 할 수 있다는 생각을 했다고 확신하며 서술했다. 또한 소포클레스 이전에는 이와 같은 주제가 오이디푸스의 줄거리에 들어있지 않았다고 주장했다. 이 주제는 그리스 비극에서 찾을 수 있는 다른 주제와 함께 내 책의 핵심을 이루는 것이었다. 그 때문에 먼저 내가 흠모하는 작품에 나의 생각을 투영한 것은 아닌지 따져 묻는 게 필요했다. 그리고 이 지점에서 나는 여섯 편의 소포클레스 작품들 중《필록테테스Philoctetes》에서 결정적인 확증을 찾을 수 있었다. 이 비극에서 소포클레스는 네오프톨레무스Neoptolemus가 높은 수준의 정직함을 추구한다는 것을 플롯으로 구성했고, 오직 신이 개입해서만 막을 수 있는 비극적인 결말을 만들어냈다. 이 주제는 소포클레스가 각색하기 전까지는 이전의 어떤 작가들도 다루지 않은 것이었다. 이와 같이 무엇인가를 좀 더 확신하기 위해서는 작가의 다른 작품 전체oeuvre를 살펴보면서 자신의 추론이 전체적으로 맞아떨어지는지 알아보아야 한다. 그리고 가장 중요한 것은 작가의 정신적 인격geistige Persönlichkeit, 즉 그의 기질이나 사고방식에 대한 일정한 상像을 획득하는 것이다.

만일 당신이 어떤 작가의 작품에 능통한 학사들에게 어떤 부분에서 작가가 그런 말을 했는지 묻는다면, 그들은 아마 '그 작가가 그렇게 말했다고는 믿어지지 않는 군요' 또는 '그 작가가 그렇게 말했을 리 없는데요' 또는 적어도 '그 작가가 그런 방식으로 말하려고 한 것은 확실히 아니었을 겁니다'라고 말할 것이다. 만일 당신이 라디오를 켜고 스트라빈스키Igor Stravinsky, 1882~1971의 음악을 듣고 있는데 누군가가 "이건 모차르트의 몇 번 교향곡이지?"라고 물었다고 상상해보자. 그러면 이전에 이 음악을 들은 적이 전혀 없었던 사람이라도 아마 주저하지 않고 "누구의 음악인지는 모르겠지만 모차르트는 확실히 아닌 것 같은데"라고 말할 것이다. 이와 유사하게, 그것이 만일 에곤 실레Egon Schiele, 1890~1918의 그림이었다면, 그 사람은 아마 "누구의 작품인지는 모르겠지만 지오토Giotto di Bondone, 1266(?)~1337의 작품이라 하기에는 너무 그로테스크한 걸"이라고 말할 것이다. 그림이나 음악의 경우에는 이렇게 명백한 것이, 대다수의 독서가들이 텍스트를 읽을 때는 그렇지 않다. 이것은 대부분의 사람들이 얼마나 잘못 읽고 있는지를 보여준다.

터너Joseph Mallod William Turner, 1775~1851의 아주 평범한 그림을 한두 점만을 알고 있는 비평가가 터너의 인상주의적인 걸작을 대하면 아마 그것이 터너의 작품일 리가 없다고 느낄 것이다. 이런 점에서 어떤 예술가나 작가의 정신적 인격을 알기 위해서는 전문적인 지식까지는 아니더라도 그의 전 작품과 발전과정에 대한 어느 정도의 인식이 필요하다. 작가에 대해 많이 알면 알수록, 안목은 훨씬 더 넓어진다.

예술사가들 중에는 때때로 이런 안목을 높은 수준까지 쌓은 사람들이 있어서, 박물관에 전시된 '렘브란트Rembrandt, 1606~1669'에 대해 주저하지 않고 "렘브란트의 작품이라고 보는 것은 확실히 잘못된 것이다"라든가 "얼굴 윤곽은 렘브란트가 그린 것이 아니다" 라든가 "이건 틀림없이 18세기에 제작된 모조품이다"라고 말하곤 한다. 이런 경지의 안목은 음악의 경우에 훨씬 더 광범위하게 확산되어 있는데, 그 이유는 많은 사람들이 미술작품을 접할 수 있는 기회보다 라디오나 전축을 통해 훨씬 방대한 양의 음악을 접할 수 있었기 때문이다. 많은 사람들이 베토벤Ludwig van Beethoven, 1770~1827이나 다른 거장들의 작품을 여러 차례 반복해서 들을 수 있었던데 반해, 렘브란트의 최고 걸작 전부를 본 사람은 얼마 되지 않는다. 그리고 대다수 사람들은 몇몇 작품을 단지 짧게 한두 번 정도 보았을 뿐이다.

텍스트도 음악과 마찬가지로 쉽게 연구할 수 있다. 그럼에도 각각의 스타일 차이를 인식하는 안목이 많은 사람들에게 부족한 것은 주로 부실한 교육에서 기인한다. 하지만 변증법적 독서가는 저자가 어떤 것을 말하리라는 것에 대해서뿐만 아니라, 저자가 무엇을 의미화하려고 했는지에 대해서도 알 수 있는 감각을 기르려고 노력한다. 그래서 지적 허영심에 가득 찬 사람이 변증법적 독서가가 잘 알고 있는 작가에 대해 작가의 의도가 어떤 것이라고 말하는 것은, 다른 사람의 작품으로 여겨지는 것을 모차르트가 작곡했을 것이라고 말하는 것만큼 우스꽝스러울 뿐이다.

음악과 회화의 스타일과 관련해서는, 스타일이 시대와 모종의 관련성이 있기에 시대착오anachronism 라는 분류가 가능하다. 우리가 이따금 확신을 가지고 어떤 음악이 모차르트의 것이 아니며 18세기의 것도 아니라고 말할 수 있는 것은 이런 이유에서이다. 이와 똑같은 방식은 회화뿐만 아니라 문학의 스타일에도 적용 가능하다. 더 나아가 음악이나 회화의 스타일처럼 사유방식 역시 특정한 시기에 속해 있고, 다른 시대에서는 절대로 불가능한 스타일이 존재한다. 변증법적 독서가는 작가의 문학적인 스타일에 대한 감각을 발전시키려고 할 뿐만 아니라 그의 사유 스타일에 대해서도 탐구를 하고자 한다.

문화 충격을 일부러 회피하고 작가의 고유한 특징에 대해 눈을 감으려고 하는 사람들은 스타일이나 사고방식에 대한 어떤 감각도 발전시킬 수 없다. 또한 이런 사람들이 만일 과거의 어떤 철학자에 대한 책을 쓰게 된다면, 그들의 해석은 모차르트나 지오토를 20세기 후반에 속한 것처럼 기술하는 시대착오적인 오류를 범할 수도 있다. 그러나 이런 일들은 오늘날 너무 만연해 있어서 모차르트나 지오토의 해석자라면 퍼부을 만한 조롱과 경멸도 흔치 않은 실정이다.

철학자들에 관한 책과 강의에서도 이런 기괴한 예는 넘쳐난다. 최소한 번역물로 문학을 가르치는 방식에도 다양한 문제들이 있다. 오늘날 널리 사용하는 대학 수업의 번역물들은 중요한 비밀을 드러낸다. 강세를 넣는 것은 번역자의 자유재량에 맡기고, 통상적인 기준에서 좋은 시라고 여겨지는 번역본은 작가의 스타일과 의미에 충실한 텍스트보다 중요하게 취급된다. 이런 태도에서는 가장 노골적인 시대착오가 용인되고 있을 뿐만 아니라 요구되고 있으며, 작가의 스타일과 정신에 대한 감각은 시작 지점부터 배제되고 있다.

그리스나 독일 시인의 작품을 현대 어법으로 개작해야 하며 이 과정에서 작가의 이미지, 어법, 의미가 바뀌는 것은 그다지 중요하지 않다는 생각은, 지오토에 대해 가르치기 전에 먼저 최근 유행하는 스타일로 지오트의 복제품을 만들어 달라고 요구한 다음 그것을 가르치는 것과 비슷하다. 이런 일이 실제로 독서교육 현장에서 벌어지고 있음에도, 많은 교수들은 이와 비슷한 요구와 관례를 기괴하다고 여기지 않는다.

작가의 전 작품세계를 아우르며 읽는 두 번째 동심원에서 이제 남은 과제는 하나이다. 그것은 각 텍스트의 중요도를 측정하는 것이다. 독서가는 가능한 하나의 텍스트가 작가의 어떤 시기에 해당하는 것이며, 그가 직접 출간을 한 것인지 사후 출간인지, 만약 직접 출간했다면 어떤 형태이며, 작가가 얼마만큼의 중요성을 부여했는지, 그리고 만약 사후 출간이라면, 왜 작가가 출간하지 않았으며, 특징은 무엇인지를 알아보아야 한다. 혹시 이 단락은 저자가 출판할 생각이 전혀 없이 종이에 휘갈긴 것은 아닌가? 혹시 이 단편은 작가의 마음이 바뀌었기 때문에 완결 짓지 않은 것이 아닌가? 혹시 이 초고는 작가가 나중에 자신의 책들 중 하나에 포함시키면서 대체된 것이 아닌가? 혹시 이것은 작가가 직접 쓴 것이 아니라 학생이 그의 강의에서 들었다고 생각해서 첨부한 것이 아닌가? 만일 그렇다면, 그 학생이 그를 정확하게 이해할 가능성은 있는가? 그리고 혹시 그 구절이 출판된 것과 그것이 실려 있는 문맥 전체에 오류의 소지는 없는가? 이런 것들은 독서가가 작품을 대하면서 물어보아야 하는 구체적인 질문들이다. 그러나 실제로 이런 질문들은 거의 묻지 않는다.

예를 들어, 헤겔과 니체에 대한 대부분의 연구는 이런 질문들과 연관되어 있지 않다. 니체와 관련해서는 대다수가 형편없는 해석들이며 그중에서는 야스퍼스의 방대한 《니체》, 하이데거의 두 권으로 된 《니체》가 고려할 만 하다. 그리고 헤겔의 경우에는 영국에서의 연구들을 고려할 만 하다. 그럼에도 앞에서 언급한 질문들은 말할 것도 없고 철학자의 사유가 변화된 과정에 대해서도 대부분 간과하는 형편이다.

1960년대에는 마찬가지로 극단적이면서도 훨씬 더 심각한 반응들이 있다. 이 무렵에는 헤겔과 니체의 '작품들'에 대한 '교정본들critical editions'을 엄청나게 발간하기 시작했다. 그럼에도 철학자들이 쓰고 직접 출판한 저서들에 대한 새로운 교정본이 필요하다고는 전혀 요구하지 않았다. 왜냐하면 새로운 것, 즉 훨씬 더 많은 관심을 끌었던 것은 철학자들의 '작품들'이 아니라 노트, 초안 또는 학생들의 강의 필기였기 때문이다. 그리하여 당시에는 전반적으로 중요도가 떨어지는 텍스트에 지나치게 불균형적인 관심을 기울이는 경향이 있었다. 게다가 이런 텍스트들은 소수의 전문가들 외에는 꼼꼼하게 파악하고 전체 문맥에 맞는 의미를 부여하는 것이 사실 불가능하다는 것을 과시하는 방식으로 제시됐다. 그리고 훨씬 더 빈번하게 이런 책들은 학생들과 교수들에 의해 뒤적거려졌고, 작은 한 토막글이 마치 완결된 책의 한 구절과 동등한 무게를 지닌 것처럼 계속해서 인용되었다. 그리하여 새로운 교정본을 이런 방식으로 참고하는 것은 학문적인 억측을 만들어냈다.

세 번째 동심원: 시대배경

한 작품을 깊이 있게 다루는 가장 안쪽 원에서 한 작가의 작품 전체와 발전과정을 아우르는 두 번째 원으로 나아가는 것만으로는 변증법적 독서라고 하기에 충분하지 않다. 변증법적인 독서는 두 번째 동심원을 넘어 작가의 시대배경background과 영향관계 influence도 고려해야 한다.

역사적인 배경은 적어도 두 가지 점에서 중요하다. 첫째, 시대적 배경을 고려하지 않고는 텍스트의 의미meaning를 판단하기가 불가능할 때가 있기 때문이다. 둘째, 이런 배경을 무시하는 한 텍스트의 의의significance를 판단하는 것은 전혀 불가능하다.

여러 가지 용어와 문장 그리고 개념의 의미를 파악하기 위해서는 연구하려는 작가보다 이전에 활동했던 작가들에 대해 알아야 할 때가 있다. 고대 그리스나 히브리 문학을 연구할 때는 이런 것이 일반적이다. 가령, 어떤 용어의 정확한 의미를 파악하기 위해서는 그 용어의 중요한 용례를 열거해 놓은 사전을 참조하기도 하며, 드물게 사용하는 단어의 경우에는 모든 용례를 조사하기도 한다. 현대 문학의 경우에는 언어가 너무 폭넓게 사용되기 때문에 사전을 찾다가 실망할 때도 있다. 하지만 학자라면 당연히 세 번째 동심원을 향해 나아가야 한다.

니체와 관련한 예로 다시 설명해 보도록 하자. 그는 《안티크리스트》를 자신의 마지막이자 가장 중요한 저서라고 불렀다. 안티크리스트는 대개 '반그리스도'로 여겼지만, 두 명의 점잖은 니체 추종자만큼은 그것이 사실은 '반기독교'를 의미한다고 주장했다. 이 두 가지 번역은 사실 모두 가능한 것으로 어느 것도 명백한 오류를 포함하지는 않는다. 그러나 두 번째 동심원을 더 잘 알고 있는 사람이라면 이 지점에서 니체가 최대한 도발적인 것을 의미화하려고 했다는 것을 좀 더 분명하게 이해할 것이다. 그리고 세 번째 동심원을 통해 훨씬 더 결정적인 확증을 찾아낼 수 있을 것이다.

쇼펜하우어Arthur Schopenhauer, 1788~1860의 《여록과 보유Parerga und Paralipomena》2권에 들어있는 109번 단장은 다음과 같이 시작한다. "세계가 윤리적 의미가 아닌 물리적 의미만을 가진다는 것은 가장 거창하고 가장 악의적이며 근본적인 오류이자 정신의 진정한 괴팍함perversity이어서, 아마 그 근저에는 반그리스도로 의인화된 신념이 자리하고 있을 것이다." 1886년, 《비극의 탄생》 제2판의 뛰어난 서문에서 니체는 이 작품에 대해 "쇼펜하우어가 자신의 가장 성난 저주를 지칠 줄 모르고 퍼부었던 바로 이 정신의 괴팍함이 앞서 목소리와 표현을 얻었다"고 주장했다. 다시 말해, 니체는 자신이 반그리스도라고 제시한 것이다. 그는 또한 에르네스트 르낭Joseph Ernest Renan, 1823~1892의 《반그리스도L' Antéchrist》에 대해서도 알고 있었다.

이와 같은 경우에서 알 수 있듯이, 세 번째 동심원은 단어의 정확한 의미를 판단할 때 도움을 준다. 더구나 한 문단의 의의를 결정하기 위해서는 훨씬 더 자주 세 번째 동심원을 참조해야 한다. 역사적인 배경을 알지 못할 경우에는 텍스트가 원작인지 모방작인지, 패러디인지, 비판인지, 신성모독인지, 경건한 것인지가 확실하지 않을 때가 많다. 텍스트의 '너'와 그것의 의도에 대해 관심을 기울이지 않는다면, 이 모든 것은 관계가 없어 보인다. 하지만 텍스트에 관심을 기울인다면, 역사적 배경에 대한 지식은 없어서는 안 될 필수적인 것이다.

매우 영향력 있는 텍스트의 경우에는 변증법적 독서가라 할지라도 그것의 영향력을 고려해 아주 신중하게 선택해야 한다. 그렇지 않으면 자료가 너무 많기 때문에 어떤 성과도 거둘 수가 없다. 그렇다고 쉬운 방법을 택해서는 안 되며 이런 관점 모두를 무시해서도 안 된다. 과거의 독자들이 텍스트에서 이해해왔던 것에 주의를 기울이지 않으면, 독서는 아주 주관적이고 편협한 것이 되어버린다. 과거의 주요한 해석은 미리 알지 못했다면 간과할 수도 있었을 관점을 알게 해주며, 또한 텍스트에 자신의 생각을 투사하는 것을 막아주기도 한다. 그래서 텍스트가 가지는 영향력의 범위와 몇 가지 주요한 해석이 제시하는 명쾌한 평가를 알고 있는 것은 핵심적이라고 할 수 있다.

독단론자들은 자신의 견해를 진리인 것처럼 제시하는 것에 만족할지도 모른다. 하지만 변증법적 독서가는 텍스트뿐만 아니라 이전의 독자와 논평, 그리고 해석과도 대화를 나누려고 한다. 이런 자료들 중 어떤 것들은 우리가 함정에 빠져들지 않도록 도와준다. 왜냐하면 다른 사람의 실수는 대개 자신의 실수보다 훨씬 더 잘 포착되기 때문이다. 이렇게 어떤 자료들은 그것의 도움 없이는 간과했을 수도 있을 문제점과 실수를 보여주기도 한다.

사변적인 독서가는 자신의 학파에 속한 소수의 정예부대가 제시하는 해석에만 관심을 기울이는 경우가 잦다. 이런 독서가는 본질적으로 자신과 같은 견해를 공유하는 동료들이 제시하는 해석만을 비판하는 경향이 있다. 하지만 변증법적 독서가는 다양한 시대의 사람들이 다양한 방식으로 텍스트를 어떻게 접근하고 해석해 왔는지를 알아보기 위해 끊임없이 노력을 기울인다. 이런 노력을 통해 그는 단순한 한 가지의 이해방식을 넘어선 보다 많은 것을 얻을 수 있는 기회를 얻는다.

변증법적 독서의 장점

이제 이런 방식의 독서를 왜 변증법적인 독서라고 부르는지 조금은 분명해졌을 것이다. 이러한 독서 기술은 소크라테스 덕분이며, 이런 점에서 그는 변증론자라고 할 수 있다. 또한 그것은 텍스트가 표현하는 삶의 경험을 찾아보고 역사적인 문맥을 고려하면서 더 집요하게 소크라테스를 넘어서서, 텍스트를 '너'로 다루는 것으로 나아간다. 이러한 독서방식은 부버의 대화 개념에도 빚을 지고 있으나, 부버는 여기서 강조하는 독서법을 전혀 염두에 두지 않았다. 역사-철학적인 요소들은 다소 헤겔에게 빌려온 것이지만, 헤겔 또한 내가 말하고자 하는 변증법적 독서가는 아니었다. 이러한 독서 방법은 여기서 조금, 저기서 조금씩 끌어 모은 절충안도 결코 아니다. 이것은 과도한 편파성을 피하도록 도와줄 수 있는 이전 시대의 사상가들과의 대화와 만남을 통해 발전한 것이다. 또한 서로 다른 다양한 방식의 독서 방법에 대한 고찰을 통해서 전개한 것으로, 여기서 제시한 의견은 어떤 곳에서는 논쟁이 될 수도 있다. 사실, 더 나은 대안을 무시하면서 이런 류의 논쟁을 피하는 것이 훨씬 시대에 부합하는 것인지도 모른다. 하지만 나는 그렇게 하면 왜 안 되는지를 보여주려고 노력해 왔다. 더 나은 대안을 고려해보고 그것들의 장단점이 무엇인지, 그리고 우리의 생각이 지닌 장단점이 무엇인지를 알아보는 것은 중요한 일이다. 변증법은 언제나 반대의견과의 논쟁거리를 포함한다.

이런 맥락에서 여기서 제시한 독서 기술에 대해 제기될 수 있는 몇 가지 반대의견에 응답을 하면서 결론을 내리는 것이 좋을 듯싶다. 첫째, 어떤 독서가들은 종교적, 철학적, 문학적인 텍스트를 과연 역사적으로 접근할 필요가 있는지 질문할 수 있을 것이다. 이들은 아마 역사적인 접근방법이 철학적인 접근방법도 아니고 문학적인 접근방법도 아닌, 역사 그 자체이며, 자신의 관심은 그것이 아니라고 말할지도 모른다. 이러한 물음은 19세기에 종교적인 텍스트를 역사적으로 접근하는 방법이 제시되었을 때 얼마나 많은 반대에 부딪쳤는지를 떠올려 보면 좋을 것이다. 이러한 반대는 성서 해석적인 접근방식을 보호하려는 욕망에서 나온 것으로, 어느 곳을 가든 힐튼 호텔에 묵어야 한다고 고집하는 사람들을 보호하려는 것과 같다. 이들은 준비가 되어 있지 않을 때는 새로운 도전과 마주치지 않고, 성스러운 텍스트 속에 안전

하게 자신의 생각을 부여하기를 원한다. 이러한 상황은 오늘날의
철학과 문학에서도 다르지 않다.

어떤 사람들은 아마 우리의 관심은 미래에 대한 것인데 과연
누가 역사나 과거에 대해 관심을 갖겠냐고 물을 것이다. 하지만
내가 여기서 보여주고자 한 것은 고전 텍스트의 의미와 의의에
대해 제대로 알기 위해서는 역사가 필요하다는 점이다. 그리고
만일 저자가 의도한 것에 대해 관심이 없다면, 도대체 왜 저자의
이름을 남용하면서 들먹이는 것인가? 이런 경우라면 차라리 진
짜 체스 게임이나 두면서 집에 머물러 있는 것이 나을 것이다.

다음으로, 어떤 독서가들은 철학과 관련이 없는 텍스트를 접
하면서도 철학적인 차원을 고려해야 하는 것에 반대한다. 이에
대해 나는 다음과 같이 대답하곤 한다. 어떤 철학 텍스트는 내가
철학적인 차원이라고 부르는 것을 결여하고 있지만, 어떤 비철
학적인 텍스트는 철학적인 차원을 담고 있다고 말이다. 예를 들
어, 〈창세기〉와 〈욥기〉, 소포클레스와 《법구경》, 괴테, 톨스토
이, 릴케, 그리고 각 종교의 경전과 그리스 비극이 그렇다. 이런
텍스트는 그것들이 표현하는 삶의 경험이나 도전을 무시하는 한
제대로 이해할 수 없다.

마지막으로, 변증법적인 접근법이 너무 과중한 학제 간 연구를
필요로 한다는 비판이 있을 수 있다. 그것은 너무 어려운 방법이
기에 대부분의 교수들과 학생들은 이런 식으로 텍스트를 읽을 수
있는 역량이 없다고 말이다. 이것은 틀림없는 사실이다. 그리고

이에 대해서는 창피함을 느껴야 하는 것이 당연하다. 과거의 위대한 철학자들은 일반적인 사람들과 달랐다. 플라톤과 아리스토텔레스는 그 당시 아테네에서 할 수 있는 모든 지식을 만들었다. 데카르트와 라이프니츠는 철학자로서의 명성뿐만 아니라 수학자로서의 명성도 높았다. 스피노자는 다양한 분야에 해박한 철학자로, 히브리 문법책을 썼으며 성서 비판이론Biblical criticism을 개척하기도 했다. 홉스는 호메로스와 투키디데스의 저서들을 번역했다. 흄은 여러 권으로 된 《영국사History of England》를 썼다. 칸트는 중요한 천문학 이론을 제창했으며, 그의 뒤를 이은 헤겔만큼이나 지식의 주요 분야를 거의 모두 다뤘다. 고문헌학자였던 니체는 훌륭한 시인인 동시에 최초의 위대한 심리학자였다.

다른 방식이기는 하지만 그리스 비극시인들과 단테, 괴테, 톨스토이 역시 대단한 사람들이었다. 대부분의 교수들은 틀림없이 이런 인물들의 저술이 마음에 들지 않을 것이다. 또한 자신의 전공분야 너머까지 나아갈 것을 요구하는 집중적인 노력 없이는 그들을 제대로 이해하려는 기대도 불가능할 것이다. 이런 노력이 어렵다는 것은 분명하다. 하지만 구체적으로, 소포클레스나 플라톤 또는 위대한 종교 경전을 읽는 것이 어렵다는게 좀 더 이치에 맞을 것이다.

인문학에서는 특히, 학생들에게 읽는 법을 가르치는 것에 관심을 기울이지 않고는 교육개혁을 이룬다는 것이 불가능하다. 중등교육과정에서 너무 잘못된 방식으로 가르쳤기 때문에 학생들이 많은 훌륭한 작품들을 외면하고, 젊은이들이 관심을 잃은 점 때문만은 아니다. 진짜 문제는 그로부터 몇 년 후에 학생들과 졸업생들이 어떤 텍스트에 관심이 생겼을 때, 어떻게 읽어야 할지를 몰라서 포기해 버린다는 데 있다.

1960년대에 엄청나게 많은 젊은이들이 《바가바드 기타》와 선불교 이야기들, 그리고 아시아 텍스트에 관심을 갖기 시작했다. 하지만 그들은 질적으로 너무 편차가 심한 번역본들과 대부분 성서해석적인 해설서들 중에서 어떤 것을 골라야 할지 알 수 없었다. 또한 《바가바드 기타》나 선불교를 어떤 역사적 문맥에 놓아야 하는지도, 또한 텍스트의 의도와 그것의 영향력에 대해 어떻게 탐구해야 하는지도 알 수 없었다. 설사 그들이 '발생론적 오류 the genetic fallacy'나 '의도적 오류the intentional fallacy'에 대해 들어본 적이 있더라도, 이런 것은 전혀 도움을 주지 못했다. 젊은이들은 어둠 속을 헤맸다. 이것은 대개 고전을 어떻게 읽어야 하는지 그들이 한 번도 배운 적이 없었기 때문이었다. 아주 유능하고 다른 많은 것에도 뛰어난 재능이 있는 교수들조차도 학생들에게 독서를 어떻게 해야 하는지 가르칠 생각을 하지 않았다. 많은 학생들 스스로도 이런 기술을 익히려고 하지 않았다. 하지만 텍스트를 읽어내는 독서 기술을 잃어버리고 만다면 그때는 텔레비전도 컴퓨터도 인문학을 구원할 수 없을 것이다.

3장

서평의 정치학, 번역과 편집의 윤리학

The Politics of Reviewing and the Ethics
of Translating and Editing

• •

지금까지 내가 집중적으로 다룬 것은 인문학 관련 학과에서 주교
재로 사용하는 텍스트를 읽는 방식에 관한 것이었다. 나는 사변
가의 독서 방식에 대해 비판을 제기했으며 구체적인 몇 가지 대
안을 제시했다. 그렇지만 신문, 학술 논문, 그리고 특정한 정보를
제공하는 자료에 대해서는 이와 동일한 비중으로 다루지 않으려
고 했다. 그럼에도 어떤 책을 실제로 읽을 필요가 없다고 해주거
나, 무엇을 읽을지 선택할 때 도움을 주거나, 또는 무엇이 중요한
것인지를 알도록 정보를 제공하는 서평reviews 의 독서에 대해서
는 짧게나마 언급할 필요가 있을 것 같다.

　서평가, 번역가, 그리고 편집자는 모두 저자와 독서 사이에서
움직이는 중개인이다. 나 역시 이런 세 가지 역할을 반복해서 해
왔기 때문에, 중개인이라고 표현한 것은 전혀 폄하하려는 의도가
아니다. 오히려 그 반대로 이런 역할이 상당한 영향력을 행사하
기 때문에 인문학에 관해 논의할 때 중요하게 고려할 필요가 있

다고 말하려고 한다. 그리하여 먼저 서평에 관해 다룬 다음, 번역
에 대해 다루고, 마지막으로 편집에 대해 다루도록 하겠다.

서평은 정치다

서평은 우리가 신문이나 잡지, 계간지나 학술지 등에서 접하는
문화생활의 중요한 부분임에도 그에 관해서는 거의 언급이 되지
않는다. 많은 사람들은 전적으로 서평만은 아닐지라도, 주로 그
것을 통해 책의 세계와 접촉한다. 수많은 교수들이 서평을 쓰는
데, 거의 대부분은 다른 사람들이 썼던 서평에 일정부분 의존한
다. 또한 학문적인 경력에 종종 이러한 서평들이 영향을 주기도
한다. 어떤 교수의 저서에 대한 서평이 그 사람의 재임용이나 초
빙 제의, 임금 인상이나 승진 등과 같은 것에 영향을 주는 것이
다. 그럼에도 왜 서평이라는 주제는 출판물 상에서 거의 논의되
지 않는 것일까?

　그 대답은 아주 분명하다. 상당수의 많은 서평들이 바로 버나
드 쇼가 저널리즘을 비판했던 것과 같은 대상이기 때문이다. 이
문제를 건드리지 않고는 서평이라는 주제를 심도 있게 논의할 수
없다. 그럼에도 사람들은 틀림없이 이런 비판이 예의에 어긋난
일이라고 느낄 것이다. 서평가들이라면 무엇이라고 말하겠는가?
그들 중 몇 명은 틀림없이 저들의 비판이 자신의 저서가 좋지 못

한 서평을 받은 것에 대한 형편없는 변명을 시도하려는 것일 뿐이라고 주장할 것이다. 이런 점 때문에, 이 주제는 출판물 상에서 거의 다루어지지 않는다.

한 번도 서평집을 출판해 본 적이 없는 사람이 그런 폭로expose를 하는 게 무모한 일이거나 혹은 적어도 상당한 용기가 필요하다는 말에는 일리가 있다. 하지만 주간지와 월간지, 계간지뿐만 아니라 학술지에도 10여 편의 서평을 기고해 온 작가라면 침묵을 지키고 있는 것에 대해 어떤 변명도 할 수 없을 것이다.

서평은 저자나 독자와 달리 편집자와 서평가라는 두 명의 주요한 인물과 관련된다. 편집자의 역할은 여기서 결정적이다. 편집자는 어떤 책을 자신의 잡지에 거론해야 하는지, 누가 그 책에 대한 서평을 쓸 것인지, 얼마만한 분량으로 서평을 써야 하는지, 언제 실을 것인지, 그리고 얼마나 눈에 띄게 그것을 배치할 것인지를 결정한다.

많은 일간지와 주간지의 편집자들이 어떤 책은 무시하면서 어떤 책은 동일하게 다루는 것은 사전에 어떤 결정이 작용했기 때문이다. 편집자들은 출판사가 어떤 책을 홍보하기 위해 특별히 노력을 기울일 것이며, 광고를 하고, 수많은 서점에 입고시킬 것인지 알리는 의미에서 발송하는 출간예정 저서목록들advance news releases과 책들의 인쇄용 가제본을 받는다. 대부분의 서점은 상대적으로 적은 몇 권의 책만을 대량으로 주문한다. 그래서 출판사가 밀고 있는 책에 대한 서평을 하지 않는 것은 편집자가 낮잠에 빠져있는 것이 아닌가하는 인상을 독자들에게 준다. 반면 독자가 서점에서 찾기 어려운 책에 대한 서평을 너무 많이 싣는 것은 많은 부수를 찍어내는 잡지에는 어울리지 않는 일이다. 누군가가 설득하는 몇 권의 책에 운을 걸어볼 수도 있겠지만, 대체로 편집자는 무엇이 기사거리가 될 만하며, 그래서 무엇이 광고가 되고 다른 곳에도 실려서 주목을 받을 것인지를 고려해야 한다. 이것이 전부라면, 잘 팔릴 가능성이 없는 책들은 일간지나 주간지에 서평으로 실릴 수도 없었을 것이다. 하지만 편집자는 무엇이 지속가능한 것인지도 고려해야 하기 때문에 소수의 전문가들의 의견을 경청하기도 한다. 이러한 전문가들 중 일부가 바로 통찰가와 소크라테스적 인물이다.

30년 전 쯤,《뉴욕 타임즈 북리뷰The New York Times Book Review》는 아주 기가 막힌 시스템을 하나 개발했다. 어떤 책에 대한 서평을 싣는 것이 좋은지 확신할 수 없었던 편집자가 자신이 실제로 생각했던 책보다 훨씬 많은 책에 대한 서평을 의뢰하기로 결정했던 것이다. 만일 서평이 그다지 열광적이지 않다면, 이것은 그 책의 서평이 당장 실리지 않아도 될 만큼 중요하지 않다는 것을 의미한다고 봤다. 그리고 만일 몇 주 안에 충분히 좋은 서평들이 들어온다면, 앞서의 냉담한 서평은 싣지 않으면 그만이었다. 둘 중 어느 경우든 서평가는 많은 액수는 아니지만 신속하게 원고료를 받을 수 있었다. 하지만 서평가 입장에서는 자신의 노력이 아무런 결실도 맺지 못했다는 것을 알게 되면 당연히 실망할 수밖에 없었다. 그래서 서평가는 자신의 원고가 실리기를 원한다면 책에 대해 호의적인 글을 쓰는 것이 유리하다는 것을 재빨리 알아차렸다.

이런 예는 훌륭한 서평만이 각종 출판물에 실린다는 것을 말하기 위해 든 것이 아니다. 대부분의 서점에서 취급하지 않을 것 같은 책에는 비판적인 서평이 불필요하다. 하지만 뉴스거리가 될 만한 책은 사정이 다르다. 편집자는 종종 어떤 특정한 책에 대해서 누가 열광적인 서평을 쓸 것이며 누가 그것을 갈가리 찢어버릴지를 예측할 수 있다. 그리고 어떤 편집자들은 자신이 존경하는 저자의 책에 대한 서평을 저자에 대해 적대적인 비평가에게 맡기거나 그 반대의 경우가 될 경우, 자신이 책무를 다하지 못했다는 죄책감을 느끼기도 한다.

학술 잡지에서는 사정이 더욱 심각하다. 전문분야에 속한 사람들은 서로에 대해 강경한 견해를 보이는 경향이 있다. 그래서 편집자는 누가 누구에 대해 어떻게 생각하고 있는지를 알아야만 한다. 그래야 편집자가 원하는 종류의 서평을 얻어내기가 쉽기 때문이다. 물론 다른 사람들처럼 편집자조차도 때로는 놀라움을 금치 못하는 경우가 있다. 학술 잡지는 빈번하게 어떤 학파와 연관되어 있다. 그리고 이런 경우, 어떤 책이 어떤 서평을 받을지를 추측해보는 것은 결코 어려운 일이 아니다.

때때로 편집자는 자신이 관여하는 지면을 한 번도 빛내준 적이 없는 사람이지만, 다루려고 하는 책을 아주 싫어하거나 또는 열

변을 토할 것이라고 예상된다는 이유 때문에 서평을 의뢰하기도 한다. 대부분의 독자는 이런 일들을 전혀 알아차리지 못한다. 뿐만 아니라, 대부분의 저서들이 서평에서 다루는 것보다 뛰어난 수준의 저자들이 쓴 것임에도 몇몇 학술 잡지들에서 지속적으로 묵인된다는 사실 조차 알지 못한다.

서평에서 알게 된 책의 대부분을 읽을 만한 시간이 있는 사람은 거의 없으며, 서평을 읽기 전에 먼저 책을 읽는 경우도 드물다. 그래서 대부분의 사람들은 얼마나 많은 서평들이 왜곡된 설명과 명백한 실수로 가득 차 있는지 거의 알아차리지 못한다. 이러한 문제점은 호의적인 서평이나 적대적인 서평뿐만 아니라 학술잡지에도 동일하게 적용될 수 있다.

솔직히 말하면, 대다수의 서평은 그다지 진지하게 다루어지지 않는다. 몇몇 일류 대학은 교수진이 출판한 모든 것의 목록을 소책자로 매년 발간하는데 거기에 책 서평은 제외한다. 이런 사실은 대학 당국이 서평을 그다지 중요하게 생각하지 않는다는 것을 보여준다. 동시에 책임감 있는 서평을 쓸 수 있는 자질을 가진 사람들을 낙담시킴으로써 서평을 저널리즘적인 유형의 인물에게 넘기도록 만든다.

가끔 예외가 있지만, 서평은 저널리즘의 한 형태이다. 여기서는 서평가를 몇 가지 유형으로 구분하는 것이 좋을 듯싶다. 첫 번째로, 전문 서평가가 있다. 만일 이들이 일주일 안에 몇 편의 서평을 써내야 한다면, 좋은 책들을 선별하기 위해 훨씬 더 많은 책을 읽어야 할 것이다. 하지만 전문 서평가가 자신이 서평하는 책에 모두 관심을 기울여 읽으리라는 것은 거의 기대할 수 없는 일이다. 만일 전문 서평가가 존경을 받는 사람이라면, 그것은 그가 언급한 몇 권의 책이 사람들의 관심을 받았기 때문이다. 반면 그가 책에 대해 논의하고 말하는 모든 것이 옳은 것인지 아닌지는 그다지 중요하게 여겨지지 않는다.

두 번째 유형으로는 저명한 학자가 있다. 그의 서평은 그의 유명세 때문에 사람들에게 주목을 받는다. 하지만 대부분의 저명한 학자들은 서평을 그다지 보람 있는 일이라고 생각하지 않기 때문에 자신의 연구에 전념하기를 더 선호한다. 이들이 가끔 어떤 책에 대한 서평을 수락하는 것은 어찌됐든 자신이 그 책을 읽어야 할 필요가 있다고 느꼈기 때문이다. 그리고 가끔 책을 다 읽은 후에는 자신의 결정을 후회하기도 한다. 왜냐하면 젊은 작가나 이름이 잘 알려지지 않은 작가의 책에서 단점을 폭로하는 것은 잔인한 일인데다가 작가의 경력을 망치게 할 수도 있기 때문이다. 다른 대학의 동료 교수가 쓴 책의 단점을 폭로하는 것 역시 그 책이 눈에 띄는 실수들로 가득 차 있더라도 난처한 일이다. 잘못된 점을 가볍게 다루지 못하는 것도 고통스러운 일이다. 물론 어떤 책은 훌륭할 수도 있다. 하지만 문제는 훌륭한 책이라고 예상해 서평을 수락했는데, 나중에 그렇지 않다는 것을 알게 되었을 때다. 그래서 서평을 많이 쓰는 학자들은 흔치 않으며, 서평을 많이 쓰는 사람들은 대부분 아주 적은 시간을 할애한다. 이들 대부분이 취하는 공통 전략은 자신의 견해를 진척시킬 수 있는 기회로 서평을 이용하면서, 그 책의 주제에 대한 짧은 에세이를 쓰는 것이다. 또한 이와 함께 자신도 그다지 주의 깊게 읽지 않은 책 한두 권에 대한 약간의 언급을 끼워 넣는 것이다.

세 번째 유형은 젊은 서평가다. 시몬 드 보부아르Simone de Be-auvoir, 1908~1986의 《레 망다랭Les Mandarins》에 나오는 한 구절을 인용해 본다면, 아직 씌어진 적이 없는 위대한 책의 지고함에 기대어 세상을 내려다보는 자다. 서평은 그에게 출판물에 등장할 수 있는 기회와 그가 얼마나 똑똑한 사람인지를 과시할 수 있는 기회를 제공한다.

네 번째 유형은 책을 몇 권 출간하기는 했지만 아직 인정을 받지는 못한 사람들이다. 그들은 저서에서 충분히 만족하지 못했다. 그래서 서평은 자신보다 성공한 사람들에게 앙갚음을 할 수 있는 기회다. 이런 유형에 속한 몇몇 사람들은 분노로 가득 차 있으며, 또 어떤 이들은 기꺼이 좋은 평가뿐만 아니라 나쁜 평가도 할 수 있는 자신의 힘이 가진 즐거움에 휘둘린다. 그리고 몇몇 사람들은 '비평가'로 자처하면서 자신이 단순한 서평가보다 우월하다고 느낄 뿐만 아니라, 비평은 취향을 만들기 때문에 자신이 작가보다 훨씬 중요한 사람이라고 진지하게 주장한다.

마지막으로, 어떤 유형의 사람들은 어떤 곳에는 익명으로, 다른 곳에는 서명으로, 때로는 이니셜로 이름을 쓰면서 책 한 권당 한 페이지 정도의 짧은 서평을 쓴다. 몇몇 사람들은 이런 익명성 때문에 무책임하게 행동하거나 대충 해치우도록 부추김을 받는다. 또 어떤 사람들은 소수의 경쟁적인 출판사들이 어떤 책이 중요한지 신속하게 보고를 받을 수 있도록 해주는 유용한 기능을 발휘한다. 만약 서평을 다루는 정기간행물들이 중대한 실수와 잘못된 이해에 대한 수정안들을 신속하게 출판한다면, 간행물들에 끊임없이 주의를 기울이게 하는 하나의 방편이 될 수 있을 것이다. 또 다른 방법은 저자에게 서평가의 글을 읽게 한 후에 150단어 정도로 된 글을 같은 발행 호에 덧붙일 수 있는 기회를 제공하는 것이다. 이것은 헤겔이 문학잡지 증보판에 자신의 첫 번째 책에 대해 한 페이지 분량의 설명을 실었던 독일의 사례를 좀 더 개선한 것이라고 할 수 있다.

말이 나온 김에 덧붙이자면, 런던에서 주간지로 발행된《타임즈 문학 서평The Times Literary Supplement》의 무기명 서평들은 심각한 남용을 초래했을 것이라고 쉽게 추측할 수 있다. 실제로, 부정행위가 얼마나 쉽게 이루어지는지 알고 있었던 편집자는 공정하게 판단하기 위해 비상한 노력을 기울여야 했다. 하지만 결국 1970년대에 이르러서는 익명으로 서평을 쓰는 전통이 폐지되었고, 이는 훨씬 나은 처방으로 여겨졌다. 왜냐하면 명성이 자자한《타임즈 문학 서평》에 실린 서평은 서평가에게 분에 넘치는 권위를 수여했기 때문이다. 물론 서평가들을 선의의 경쟁으로 선발했지만 그럼에도 그들은 진흙 발을 가진 평범한 인간 존재[1]에 불과했으며, 모두 동일한 탁월함을 가진 것도 아니었다. 만일 서평가가 다루는 주제에 대해 전문적인 경험이 없다면, 독자는 이에 대해 알아야 한다. 또한 만일 서평가가 저명한 사람이라면, 그의 서평은 그가 쓴 다른 저작과의 연관성 속에서 작품 oeuvre 의 일부로 고려해야만 충분히 이해할 수 있다.

몇몇 편집자와 서평가가 매우 높은 완결성에 대한 기준을 가지고 있다. 그러나 책을 서평하는 사람들이 드라마 비평가나 미술 비평가가 휘두르는 권력 같은 것을 행사하지 않는다는 것은 확실히 다행이다. 소수이긴 하지만 어떤 서평가들은 취미의 결정권자가 되고 싶어 한다. 하지만 이들의 영향력은 값싼 문고판형 책들이 출현한 이후 극히 제한적이 됐다. 이따금 학술적인 책이 사실은 얼마나 비학술적인지를 결정적으로 드러내는 한두 가지 예외를 제외하면, 한 사람이 커다란 차이를 내기에는 사실 너무 많은 서평가가 존재하기 때문이다.

또한 자신의 노력이 얼마나 보잘 것 없는지를 알고 있는 소수의 서평가들은 몇몇 영화 평론가들처럼 즐거움을 목적으로 삼아, 그 책을 전혀 읽지 않았거나 심지어 그 작가를 오랫동안 싫어했던 독자도 즐길 수 있는 아주 재미있는 글을 쓰기도 한다. 어떤 주간지는 매우 높은 수준으로 이런 장르를 담아내고 있다.

---

1 성서에서 나약한 인간을 비유할 때 나오는 표현이다.(옮긴이)

지속가능한 작품은 무엇인가

인문학이 관심을 두고 있으며, 관심을 두어야만 하는 것은 지속 가능한 작품이 무엇인가 하는 것이다. 새로운 책들의 홍수에 둘러싸인 사람이라면 당연히 서평이 안내자가 되어줄 수 있다고 생각할 것이다. 하지만 학술적인 것이든 아니든, 잡지들은 대개 서평에 아주 작은 공간만을 할애한다. 그리고 잡지는 좀 더 근원적이고 장기적이며 영향력이 있는 책이 무엇인지를 가려내기보다는 평범한 책을 다루려고 한다. 이와 관련된 몇몇 잡지의 사례를 다루는 것은 시간낭비일 것이다. 오히려 노벨문학상을 예로 들어, 지속가능할 수 있는 작품을 선별하는 어려움에 대해 보여주는 것이 나을 듯싶다.

어떤 점에서, 스웨덴 위원회의 업무는 편집자나 서평가의 업무보다 쉬운 편이라고 할 수 있다. 왜냐하면 노벨 재단이 편찬한 《노벨상: 수상 분야와 그 인물들Nobel : The Man and His Prizes》에 따르면, "일반적으로 문학상은 한 작가의 작품 전체를 대상으로" (82쪽)하기 때문이다. 한 작가의 작품 전체가 오래 기억할 수 있는 것인지 아닌지를 결정하는 것은, 한 권의 저서를 놓고 출간 즉시 결정을 내리는 것보다 훨씬 어렵지 않은 일임에 틀림없다. 노벨문학상의 두 번째 수상자는 1902년에 테오도르 몸젠Christian Matthias Theodor Mommsen, 1817~1903이었는데, 그의 기념비적인 저서인 《로마사History of Rome》는 두 가지 중요한 점을 지적했다.

첫 번째는 문학의 범위를 굉장히 광범위하게 이해하고 있다는 점이다. 두 번째는 《노벨상》이 적절하게 지적하는 것처럼, 몸젠의 《로마사》 첫 세 권이 1854년에서 1856년에, 네 번째 권은 1885년에 완성됐다는 점이다. 노벨상 위원회는 특히 초반 몇 년 동안 훌륭한 작가가 너무 많아 고르기가 힘든 상황이었다. 따라서 노벨상 위원회가 첫 해 10년간은 오래 지속될 수 있는 작품을 생산하는 작가를 선별하는 게 비교적 쉬웠으리라고 예상할 수 있다. 그러나 몸젠과 루디야드 키플링Rudyard Kipling(1907), 그리고 셀마 라거뢰프Selma Lagerlöf(1909)에게 그에 합당한 수상의 영예를 준 것은 예외적인 경우라고 할 수 있다.

톨스토이와 입센Henrik Ibsen, 1828~1906은 모두 1899년에 자신의 최고 걸작을 내놓음으로써 필생의 업적을 이뤘다. 하지만 1901년에 최초의 노벨상은 쉴리 프뤼돔Sully Prudhomme, 1839~1907에게 주어졌다. 입센은 1906년에, 톨스토이는 1910년에 사망했으며 두 사람은 모두 해마다 수상에서 비켜갔다. 릴케는 20세기의 가장 위대한 시인이라고 할 수 있는 사람으로, 자신의 최고 걸작 두 권을 1907년과 1908년에 내놓았다. 그는 1926년까지 생존했지만 프로이트나 카프카가 상을 타지 못했던 것과 마찬가지로 수상의 영예를 안지 못했다. 회고해보면, 이 작가들이 비외른손Björnson(입센의 동료)이나 미스트랄Mistral, 에이자기레Echegaray, 시앤키에비치Sienkiewicz, 카르두치Carducci, 오이켄Eucken(수상의 영예를 얻었음에도 이 독일 철학자의 명성은 잔물결조차 일으키지 못하고

가라앉았다), 그리고 노벨상 위원회 의장이 1910년에 "독일은 괴테 이후로 이처럼 위대한 문학 천재가 있었던 적이 없었다"고 평했던 파울 하이제Paul Johann Ludwig von Heyse, 1830~1914보다 안전한 선택으로 여겨지지 못했다는 것은 이해할 수 없다. 길게 나열한 이 작가들은 모두 상이 제정되고 첫 10년 동안 상을 받았다. 톨스토이, 입센 그리고 프로이트는 당시의 신념과 도덕에 타협하지 않고 비판을 제기함으로써 지나치게 논란을 일으켰다. 이에 대해 위원회 의장은 톨스토이가 "범죄자들에게 법을 집행하는 정부의 권리를 맹렬히 비난해 왔으며" "성서 비판에 대한 경험이 전혀 없음에도 의도적으로 반쯤은 합리주의적이고 또 반쯤은 신비주의적인 정신으로 신약을 다시 썼다"고 다소 길게 설명했다. 이런 점에서 《제르미날Germinal》과 《나는 고발한다J'accuse》의 저자인 에밀 졸라를 후보로 지명한 것은 다소 도발적으로 여겨지는데, 왜냐하면 졸라는 필수적인 이상주의와 인도주의를 결여하고 있는데다 "가장 조야한 종류의 자연주의를 선동하는 자이기 때문에 고려의 대상이 될 수 없었"기 때문이다.

위원회의 판단이 최근에 크게 나아졌는가의 문제는 논쟁의 여지가 있지만, 분명한 것은 우리 자신의 판단이 갈수록 점차 더 신뢰를 잃고 있다는 것이다. 어쨌든 중요한 것은 스웨덴 위원회가 좀 더 나아져야 한다는 점이 아니다. 지속가능한 작품이 무엇인지를 판별하는 것이 일반적으로 생각하는 것보다 훨씬 더 어렵다는 점이다. 인문학에서 훌륭한 교육은 당연히 이런 판단을 용이하게 도와주지만, 학술잡지를 포함한 대다수 잡지들이 이와 관련해서 형편없는 점수를 받는 것은 당연한 일이다. 이 잡지들은 실제로 사변가나 저널리스트에게 기대할 수 있는 것보다 더 낫지도 나쁘지도 않은 상황이다.

물론 어떤 편집자는 파벌을 초월하기 위해 무척 노력을 하며, 어떤 서평가는 높은 수준의 정직성으로 서평을 쓴다. 그리고 어떤 경우에는 책보다 그것을 다루는 서평이 훨씬 훌륭할 뿐만 아니라 재판을 찍을만한 가치를 갖는 경우도 있다. 그렇지만 얼마나 많은 서평가들이 서평에서 호의를 바라는지, 서평을 사적인 원한을 청산하고 되갚음을 하는 공간으로 여기는지, 솔직한 것은 무례하기 때문에 조심스럽게 행동하는 것인지에 대해 아는 독자는 충분히 많지 않다. 서평가는 특정 인물을 적으로 만들고 싶어 하지는 않지만, 곧 다른 사람을 공격하는 것이 친구들을 만드는 것이라는 점만큼은 확실히 알고 있다. 공개 토론에서 상대를 참패시킨 한 작가는 최소한 그로부터 서평을 받을 수 있는 기회 한 번을 얻게 된다. 몇몇 나라에서는 이런 일이 모두 공공연한 비밀이다. 서평가와 서평을 받는 사람이 같은 대학의 같은 학과만 아니라면, 잡지 편집자 중 한 명이 낸 책이 동료 편집자 여러 명에 의해 다른 잡지에 서평이 실리는 경우나, 어떤 학과의 학과장이 자문위원회 소속 교수의 책을 서평하는 경우 같이 가까운 직업상의 유대관계는 단순하게 묵인되고 만다. 프랑스에서는 이런 것들이 당연한 것으로 만연해서 사람들은 다음과 같이 비아냥거리곤 한다. 만일 프랑스 작가가 책을 한 권 출간한 친구에게 "내가 어떤 말을 써줬으면 좋겠니?"라고 묻지 않는다면 예의가 바르지 않은 사람이라고 말이다.

많은 사람들은 자신이 서평을 읽는 기술에 통달했다는 환상을 품고 있다. 그들 중 대부분은 자신의 학파에 속한 사람들의 서평은 신뢰하면서도, 속하지 않는 사람들의 서평은 폄하한다. 그리고 좀 더 교양 있는 사람들은 어떤 책에 관한 여러 서평을 읽고 나서 자신이 그 책에 대해 상당히 분명하게 이해를 했다고 생각한다. 물론 그럴 수도 있다. 하지만 그것에 대한 이해가 명확하더라도 그것은 여전히 하나의 밑그림일 뿐이다. 고대 로마의 속담인 '한 번 남긴 오점은 완전히 지워지지 않는다semper aliquid haeret'는 말은 불행히도 진실이며, 편견과 맞아떨어지는 이중의 진실이다. 한 책에 대한 두 번째 서평을 읽을 때면 그 책에 대한 정보를 좀 더 많이 알게 되었기 때문에 우쭐한 느낌이 든다. 그리고 세 번째 서평을 읽게 되면 직접 읽지 않은 책이지만 그것의 전문가가 된 것 같은 느낌이 든다. 우리는 모두 이에 대한 해결책이 무엇인지 알고 있다. 그것은 바로 그 책을 읽는 것이다. 물론 우리는 그렇게 할 수 있다. 하지만 서평을 읽는 것은 시간을 정말 많이 절약하게 해준다.

번역의 윤리와 번역자의 과제

|

번역은 또 다른 중요한 사안이다. 그래야 할 필요가 없는 한, 대부분의 사람들은 번역에 의존하지 않는다. 하지만 관심 범위가 다양한 사람들은 때때로 번역에 의존해야만 한다. 19세기 초반까지만 해도 여전히 서양의 문학이나 철학, 역사, 과학에 관한 걸작 대부분을 원어로 읽을 수 있는 개인이 드물기는 해도 존재했었고, 헤겔은 그런 사람 중 한 명이었다. 하지만 헤겔도 히브리어는 알지 못했으며, 중국어나 아랍어, 산스크리트어나 불교 경전의 언어인 팔리Pali어는 유럽 교육이 포괄하는 범위 바깥에 있었다. 오늘날 대다수의 학생들은 번역자들에게 철저하게 복종하며 점점 더 많은 학자들 역시 그들에게 의존하고 있다. 그럼에도 번역의 윤리에 대해 고민하는 사람은 거의 없다.

무엇보다 먼저 번역자는 스스로 자신이 그 일을 추진하는 목적이 무엇인지 자문해야 한다. 만일 그 목적이 단지 출판사가 돈을 많이 벌기 위해 기획한 읽기 쉬운 종류의 책을 출간하는 것이라면, 은연중에 번역자의 의무는 단지 출판사에만 한정된다. 또한 그 책의 저자나 독자들은 전혀 안중에 없음을 가정하는 것이다.

하지만 어쨌든 번역물 중 상당수는 주로 학교에서 사용하기 위해 기획한 것들이다. 그것들은 학생들이 원작자original author에 대해 토론하고 글을 쓰고 시험을 치를 때 학습하기 위한 기본 교재로 사용하기 위해 제작된다. 불교나 호메로스 또는 노자老子를 다루는 수업은 학생들이 배우고 싶어 하는 주제이며, 공부하고 토론을 해야 할 것들이다. 이런 수업을 진행하는 교사들은 최소한 원서를 읽을 수 있기를 바라지만, 다양한 관심 주제를 가진 교수들 역시 번역물에 의존하고 있으며, 심지어 그들의 출판물 역시 그러하다.

이런 상황이 함축하고 있는 윤리적 의미는 상당히 분명함에도 지나치게 묵인되어왔다. 학생들이 사용하기 위해 만든 번역물은 원작original work을 토론하는 데 기초가 될 수 있도록 기획해야 한다. 이러한 번역은 저자의 어조와 의미, 그의 특징적인 목소리를 포착해 내려고 노력해야 한다. 번역자의 제일 중요한 의무는 저자의 목소리가 언어의 장벽을 넘고 들릴 수 있도록 하는 것이다. 만일 그가 원저자의 화려한 스타일을 따분하고 지루한 표현으로 바꾸어버린다면, 또는 저자가 말하지 않은 것을 그가 말한 것처럼 만들어버린다면, 그는 작가를 잘못된 방식으로 제시하는 것이다. 그리고 만일 번역자가 포크너William Cuthbert Faulkner, 1897~1962처럼 어려운 작가의 작품이나,《피네건의 경야Finnegans Wake》같은 불가사의한 작품을 신문에서 읽을 법한 쉽고 밋밋하고 저널리스틱한 산문으로 바꾸어버린다면, 그는 독자를 잘못 인도하는 것이다.

출판사는 번역자에게 어렵지 않고 명확하고 자연스러운 스타일을 강요할 수도 있다. 그리고 어떤 비평가와 교수는 번역자에게 모든 세대에는 고유한 어법이 있기 때문에 훌륭한 책은 반복

서평의 정치학, 번역과 편집의 윤리학

해서 번역할 필요가 있다고 말할지도 모른다. 오늘날의 시는 빅토리아 시대의 운문이나 T. S. 엘리엇의 표현 방식, 또는 현재 유행하는 어법으로 써야 한다는 식으로 말이다. 하지만 이런 종류의 충고를 받아들이는 번역자는 자신의 독자뿐만 아니라 저자 또한 배신하게 된다. 저자의 관심과 독자의 관심은 근본적으로 동일하다. 저자는 다른 작가와는 다른 한 명의 '너'로 생명력을 부여받고, 소포클레스는 소포클레스다운, 릴케는 릴케다운 음악이 나와야 한다.

만일 모든 세대에 진정으로 현대적인 판본의 호메로스나 소포클레스가 필요하다면 왜 셰익스피어라고 아니겠는가? 이러한 요구를 늦게나마 인식한 미국의 한 출판사는 1970년대 중반에 원문 맞은편에 현대적인 어법으로 바꾼 표현을 나란히 실어 《맥베스》, 《햄릿》, 《리어왕》, 《줄리어스 시저》를 다음과 같이 출간했다. "사느냐 죽느냐, 그것이 문제로다To be or not to be; that is what really matter" "내일 다음에는 내일이 이어지고, 그 다음에는 내일이 이어진다Tomorrow follows tomorrow, and is followed by tomorrow." 아마 또 다른 출판사는 이런 번역들 역시 너무 원문에 충실하고 딱딱하기에, 진짜 필요한 것은 최근 출간된 호메로스의 판본처럼 시적이고 자유로운 것임을 또 발견할 것이다. "사느냐 죽느냐"하는 표현은 너무 산문적이고 추상적이지 않은가? 그렇다면 "생명 연장과 자살 사이의 선택, 지금은 그것이 진짜 중요한 문제이다"와 같은 번역은 어떠한가?

시를 번역하는 것은 특수한 문제들을 제기한다. 시를 번역하는 사람들이 대개 기억될 만한 좋은 문장이나 이미지들을 떠올리기 힘든 이류 시인들이라는 것은 조금도 문제가 되지 않는다. 이들은 몇 줄의 근사한 문장이나 이미지를 머릿속에 담기 위해 위대한 시들의 자극을 필요로 한다. 그런 다음 이것들을 자신의 번역에 집어넣음으로써 대중들의 관심을 얻는다. 위대한 시인들은 당연히 그런 작은 평판이 필요하지 않다. 현대 철학자들도 자신이 해석한 것을 고대 철학자들이 어떻게 생각할지 자문하지 않는데, 위대한 시인들의 시구를 희생해 받는 선물을 어떻게 생각할지 현대의 번역자가 자문할 이유가 어디에 있겠는가? 교실에서, 보고서에서, 그리고 몇 년 후에 나눈 대화에서도 위대한 시인들에 관한 논의는 이런 유형의 판본에 기초한다.

여기서 내 저서 《비극과 철학》의 말미에 실린 '번역에 관한 기록'을 짧게 인용하는 것을 용서해주기 바란다.

1965년에 사르트르는 에우리피데스의 《트로이의 여인들》을 각색한 《트로이 여인들Les Troyennes》을 발표했다. 곧 이어 각색본에 대한 '영문판'이 나왔고, 사르트르를 영어로 접한 많은 독자들은 에우리피데스의 희곡이 과연 어떻게 바뀌었는지를 알기 위해 이 매력적으로 제작된 저서에 관심을 돌렸다. 하지만 독자들은 서문 17페이지의 "사르트르가 에우리피데스를 자유롭게 다뤘던 것처럼 나 역시 사르트르를 자유롭게 다루고자 했다"는 문장에서 멈추고 말았다. 이것은 분명한 엉터리 추론

reductio ad absurdum이다 (…) 이것은 결국 사르트르도 에우리피데스도 아닌 로날드 던컨Ronald Duncan만을 얻게 되는 극단적인 예이다.

희곡의 경우에는 새롭게 개작된 판본이 공연으로 오를 수 있다는 희망이 있다. 하지만 그것이 영화화되거나 비디오로 제작되는 경우 외에는, 텍스트가 일단 출판되고 나면 훨씬 더 많은 사람들은 무대에서 보았던 것보다 새로운 판본을 읽으려고 한다. 그리고 독자들 대부분은 학생이기 때문에 현대적인 판본을 기초로 원저자에 대해 토론을 하게 된다. 이것은 고대의 예술작품을 관찰하지도 않고 토론하는 것과 같이 현대적인 스타일로 아무렇게나 복제된 것들을 다루는 것이다.

조각이나 회화, 건축과 음악의 경우에는 이런 발상이 무척이나 이상하게 여겨질 것이다. 하지만 희곡이나 시, 기타 문학 장르들의 경우, 원 작품을 현대적으로 개작하려는 생각은 상식적인 것으로 널리 받아들여지고 있다. 어느 누구도 이런 것들이 얼마나 만연되는지 주목하지 않는다. 이것은 마치 19세기 후반부터 미국 대학들에 들어선 모방품의 고딕 양식을 두고 고딕 건축Gothic architecture의 특징을 연구하는 것과 같다.

누군가는 음악 역시 현대적인 해석들에 의존하지 않느냐고 반문할지도 모른다. 하지만 음악은 많은 점에서 다르다. 음악은 대개 즐거움을 위해 연주된다. 하지만 바흐Johann Sebastian Bach, 1685~1750나 모차르트를 가르치는 사람은 학생들에게 18세기의 연주가 현대적인 연주와 어떻게 다른지를 구체적으로 설명해야 한다. 게다가 음악을 좋아하는 수천 명의 사람들은 서로 다른 연주들을 들어가면서 전적으로 자신만의 능력으로 다양한 해석방식들을 비교한다.

그러나 문학의 경우에는 심지어 교사들조차도 각각의 서로 다른 번역들을 비교하지 않으며 학생들에게 비교해 볼 것을 요구하는 일도 거의 없다. 그러나 교사들이라면 그렇게 하도록 요구해야 한다. 가령 학생들에게 셰익스피어의 한 단락을 성서의 개정 표준판본 식으로, 신新영역 성경 New English Bible 방식으로, 그리고 최근 개정된 고전문학의 번역 방식으로 '번역'해 보도록 권하는 것은 유익한 숙제가 될 수 있다. 이런 숙제는 학생들이 스타일의 의미를 깨닫고 번역이 어떻게 이루어지는지를 이해하는 데 도움을 줄 것이다.

이와 함께 음악을 공부하는 학생들이라면 18세기의 악기로 연주한 바흐나 모차르트를 들어야 한다. 학생들은 마스크를 쓰고 공연하는 그리스 비극들을, 그리고 남자들이 모든 역할을 맡아 공연하는 셰익스피어 시대의 비극들을 관람해야 한다. 이러한 수업들은 음반과 비디오 기록물, DVD 등을 통해 쉽게 진행할 수 있으며, 만일 재정적인 지원이 필요하다면 이러한 기획들이 인문학에 얼마나 도움이 되는지 학교 재단과 정부기관이 깨닫도록 해야 한다.

인문학의 관점에서는 고전 연극이나 소설을 현대적인 텔레비전 프로그램으로 개작하는 일을 지원하는 것이 그리스나 고딕 건축물들을 '현대적인' 형태로 바꾸는 것을 지원하는 것과 비슷하다. 인문학을 위해 이런 식으로 비용을 쓰는 것은 확실히 해가 되는 일이다. 요점은 그런 건축물들이 감동을 줄 수 없다거나, 그런 제작물들이 즐거움을 줄 수 없다는 것이 아니다. 당연히 그것들은 즐거움을 줄 수 있다. 하지만 감동과 즐거움을 주는 과정에서 식별력과 이해력의 결핍을 조장할 수 있다. 예를 들면 사람들은 에우리피데스를 자신이 알고 있다고 생각하지만, 사실 이들이 알고 있다고 생각하는 것은 거의 틀린 것들이다.

사람들은 텔레비전 카메라가 가장 이국적인 장소들로 찾아가서 동물원이 아니면 전혀 볼 수 없는 동물들의 자연적인 생태를 잡아내는 것을 기꺼이 시청한다. 우리가 전에는 전혀 보지 못했던 것을 텔리비전이 보여주면 줄수록 우리는 그것에 더욱 열광한다. 하지만 BBC 방송국이 입센의 연극을 시청자들에게 보여줄 때, 방송국은 조금이라도 낯설어 보이는 것은 무엇이든 지우려고 했으며, 심지어 그 연극을 영국 중산층들이 좋아하는 눈물 짜는 드라마로 바꾸어놓았다. 그리고 이것은 교육 방송의 혁혁한 개가라고 널리 칭송됐다. 상황이 이런데 어떻게 모험과 짜릿함을 좋아하는 학생들이 인문학보다 과학을 선호하는 것이 이상할 수 있겠는가?

최근의 위대한 수학자 중 한 명인 데이비드 힐버트David Hilbert, 1862~1943는 제자들 중 한 명이 소설가가 되기 위해 수학자를 포기했을 때 그러는 편이 좋겠다고 충고를 했다. 그 학생은 수학에 관심을 갖기에는 상상력이 너무 부족하다고 말하면서 말이다. 힐 버트의 이 말은 자주 인용되곤 했는데 많은 사람들이 그것을 역 설로 받아들였기 때문이었다. 하지만 이제는 이 말에서 역설적인 분위기를 찾을 수 없다.

대학에는 이제 더 이상 상상력을 독점했다고 여겨지는 학과들 이 존재하지 않는다. 어떤 분야든 중요한 연구는 모두 상상력이 필요하다는 것은 근거 있는 주장이다. 또한 인간의 상상력으로 빚은 작품들을 다루고 학생들의 상상력을 자극하고 확대하는 것 이 인문학의 존재이유raison d'être 라는 이해 역시 당연한 말이다. 다른 문화권에서 탄생한 작품들, 문학의 경우에는 다른 언어권에 서 출현한 작품들은 이러한 점과 관련해 특히 중요한 역할이 있 다. 그렇기 때문에 번역에 대해 언급하지 않고는 독서의 기술에 대해서 논의할 수 없다. 우리는 번역물을 필요로 하지만, 우리가 가지고 있는 번역본들은 너무 자주 역효과를 낸다.

독특한 스타일을 가진 작가들이나 훌륭한 시들을 다룰 때면, 번역자의 문제가 해결이 쉽지 않은 난제로 등장하곤 한다. 번역 자들이 어려움을 겪을 것이라는 점은 부정할 수 없다. 하지만 여 기에는 윤리의 문제가 포함되어 있으며 번역자가 이에 대한 책임 이 있다는 것을 일단 깨닫는다면, 어떤 해결 방법들이 찾아질 지 도 모른다.

무엇보다 먼저 번역자는 새로운 번역의 특징과 다소 놓칠 수밖에 없었던 원작의 특성들, 그리고 작가의 스타일과 그로 인해 야기된 몇 가지 문제점들을 저자와 독자들에게 설명해야 할 의무가 있다. 서문에서든 후기에서든 이러한 설명은 번역자의 관할에 속한 것으로 학생들에게는 반드시 필요하다. 작가의 생애와 작품들, 그리고 사상을 독자들에게 이해시키는 것은 물론 해로울 게 없지만, 이런 종류의 정보들은 어디서든 손쉽게 얻을 수 있다. 새로운 방식으로 책의 내용을 요약하는 것도 도움은 되겠지만 이전에 번역된 것들에 대한 설명만큼은 반드시 필요하다. 왜냐하면 그것은 다른 어디에서 찾을 수 없는 것이기 때문이다.

출판사는 아마도 번역자에게 그의 번역이 최초의 번역도 아닌데 군이 앞선 번역본들과 비교할 필요가 있느냐고 말할지도 모른다. 하지만 독자는 왜 번역자가 아직 번역되지 않은 작품과 씨름하기보다 다시 그 작품을 번역하려 했는지에 대해 알아야 할 권리가 있다. 독자들은 번역자가 앞선 번역들에서 무엇이 부족하다고 느꼈으며 그래서 완성하려고 노력한 것이 무엇인지를 알고 싶어 한다.

두 번째로, 각각의 책들에는 특히 중요한 몇 가지 용어들이 대개 존재한다. 철학 작품에는 논의를 뒷받침하는 중심 개념들이 존재한다. 산문이든 시든, 문학 작품이든 반복적으로 나타나는 주제의 기능을 하는 단어들을 가리키는 주도어Leitworte (마르틴 부버와 프란츠 로젠츠바이크가 독일어본 히브리 성서에서 차용해 만든 용어)를 찾을 수 있다. 만일 번역자가 일관되게 사용될 수 있는 이와 같은 단어를 찾아내지 못한다면, 상당히 큰 것을 잃어버리게 되며 심지어 번역 전체가 쓸모없는 것이 되어버리고 만다.

영어에는 독일어 'Geist'와 상응하는 완벽한 단어가 없다. 하지만 만일 번역자가 철학 작품에서 이 단어를 어떤 때는 정신으로, 어떤 때는 마음으로 때로는 영혼이나 지혜 또는 지성으로 바꾸어 놓는다면, 학생들뿐만 아니라 그들의 번역에 의존하는 다른 사람들은 작가의 Geist라는 개념을 본문에서 오해하고 토론할 수밖에 없다.

한 가지 예로 소포클레스의 《안티고네》는 이런 원칙들이 시에 어떻게 적용되는지를 보여줄 것이다. 미국에서 가장 널리 사용되고 또한 가장 신뢰받는 영어 판본은《그리스 비극 전집The Complete Greek Tragedies》인데, 이 비극의 가장 유명한 구절이 여기서는 이렇게 번역되어 있다.

기이한 것들은 많으나 인간보다 더 낯설게 출현하는 자는 없다

Many the wonder but nothing walks stranger than man.

이 번역은 사실 내가 제시한 원칙을 기계적으로 적용한 것보다 훌륭하다. 내가 번역을 했더라면 아마 에리히 프롬Erich Fromm, 1900~1980이 좌우명으로 사용했던 다음과 같은 구절이 되었을 것이다.

> 기이한 것들은 많지만 인간보다 놀랍게 기이한 것은 없다
>
> Wonder are many, and none is more wonderful than man.

그리스어 'deina'와 'deinoteron'이 들어있다는 점에서 이 번역은 올바른 것이 아니다.

> 많은 것들이 낯설지만 인간보다 낯선 것은 없다
>
> Much is stranger but nothing stranger than man.

사실 위의 번역이 아마도 소포클레스의 의미에 훨씬 더 가까울 것이다. 어떻게 우리는 그것을 알 수 있을까? 어떻게 우리 자신이 갖고 있는 인간에 대한 관점을 소포클레스에 부여하는 것을 피할 수 있을까? 먼저 우리는 동일한 그리스 단어가 9행 앞줄에서 세 번째로 등장하고 있다는 것에 주목할 수 있다. 《그리스 비극 전집》은 이 단어를 상당히 합리적으로 '두려운terrible'으로 번역하고 있다.

> 추측한다는 것은 얼마나 두려운 일인가, 게다가 거짓을 추측한다는 것은! How terrible to guess, and guess at lies![2]

---

2 폴뤼네이케스의 시신이 매장된 것을 두고 크레온이 파수꾼을 범인으로 지목하자 파수꾼이 했던 말이다.(옮긴이)

이 세 가지 경우에 모두 사용할 수 있는 영어 단어를 찾는 것은 결코 쉬운 일이 아니다. 게다가 그것만으로 충분한 것도 아니다. 이 단어가 이 작품의 다른 곳이나, 소포클레스의 다른 비극 작품들이나, 또는 이 작품이 영향을 받았을지도 모르는 아이스킬로스 Aeschylos, BC 525(?)~BC 456 같은 앞선 작가의 작품들에서 나타나지 않는지 확인해야 한다. 물론 고전문헌학자들이 이와 같은 작업을 가능하게 하는 참고 문헌들을 오랫동안 편찬해 왔지만, 한 단어를 만들기 위해서는 이처럼 엄청난 양의 작업이 수반되어야 한다. 또한 만일 번역자가 '끔직한dire'도 아니고 '굉장한awesome'도 아닌, 완전히 만족스러운 단어를 찾지 못했다 하더라도, 전혀 노력을 낭비한 것은 아니다. 우리를 세 번째 지점으로 이끌고 갈 요점이 바로 이것이다.

때로는 어떤 중요한 것을 놓치지 않고는 번역될 수 없는 문장들에 얽매일 수 있다. 이때는 두 가지 좋은 방법이 있다. 주요 개념어와 주도어를 번역자의 안내글에서 거론하는 것이다. 그러면 독자는 무엇을 놓쳤으며 무엇이 중요시되었는지 알아차릴 수 있다. 하지만 관련 문장을 접하기 전까지는 염두에 두기가 쉽지 않은 많은 지점들도 있다. 이때는 그런 지점이 등장하는 페이지에 직접 정보를 줄 필요가 있다. 각주를 다는 것이 무슨 이유가 되었든 칭송받고, 각주가 작가의 박식함을 광고하는 것 외에는 별 기능도 없이 넘쳐나는 요즘 문화 속에서 번역자가 달아놓은 각주를 거의 찾아보기 힘들다는 것은 정말 이상한 일이다. 그럼에도 여기서

서평의 정치학, 번역과 편집의 윤리학

추가 정보는 같은 페이지 안에 들어있어야 하며 텍스트 속에 들어와서는 안 된다. 때로는 말장난이나 다른 언어로 바꿀 수 없는 농담, 중요한 모호함이 각주를 달아달라고 울부짖기도 한다.

어떤 경우에는 논평이나 해설을 위한 각주가 지나칠 정도로 많기도 하다. 물론 많은 번역자들이 저자에 대해 충분히 잘 알지는 못하지만, 여기서 주장하는 표준적인 방식은 각주를 최소화하는 것이다. 시의 경우에는 페이지 맞은편에 원문을 넣어주는 것이 바람직하지만 각주로 넣는 것도 괜찮은 방법이다. 대부분의 그리스 시들에서는 이것이 실현되기 힘들지만, 호메로스나 그리스 비극에 대해서 각주를 달면 번역의 가치를 굉장히 높일 수 있다. 노자뿐만 아니라 아리스토파네스Aristophanes, BC 445(?)~BC 385(?)의 경우에는 실제로 이런 작업이 시도된 바 있었고, 상당한 도움을 준다는 것이 증명됐다.

그렇다면 왜 오래전에 이미 이런 것들이 표준적인 방식으로 자리 잡지 못한 것일까? 좋지 않은 얘기지만 그 이유는 매우 분명하다. 대부분의 출판사들이 가능한 한 번역물들을 마치 번역물이 아닌 것처럼 내놓고 싶어 하기 때문이다. 번역자들은 대개 굉장히 충격적인 낮은 보수를 받으며, 서평에서도 언급조차 할 가치가 없는 사람들인 것처럼 여겨진다. 심지어는 제목과 책의 가격, 저자와 출판사의 이름이 열거되어 있는 서평의 상단에서 생략되기도 한다. 번역자는 익명의 일꾼으로 취급되는 것이다. 그리스 고전들을 포함한 시문학의 경우, 상황은 그렇게 나쁘지 않다. 그러나 여전히 구매자를 사로잡는다. 즉 도처에 널려있는 현대의 하급시인들이 번역한 수없이 많은 번역본들 중 하나가 아니라 불변하는 고전이라는 인상을 주려고 노력하는 것이다. 정직함은 다른 고려사항들 밑에 굴복되고, 대다수 사람들은 번역의 윤리가 있을 것이라는 생각조차 떠오르지 하지 않는다.

시인들은 말할 것도 없고 대부분의 학자들은 화려한 스타일을 가진 작가들의 작품을 번역하는 일에 적합하지 않다. 하지만 사변가들은 스타일적인 개성이 부족한 작품들에 주해와 색인을 붙여가며 세심하게 번역을 할 수 있다는 점에서, 그들이 해왔던 다른 일보다 더 큰 공헌을 할 수 있다. 물론 이러한 목적을 위해서는 무엇보다 최소한 두 가지 언어에 정통해야 한다. 라틴어와 그리스어를 잘 알고 있는 학자들은 유용한 번역을 현대 언어로 제공할 수 있으며, 매우 귀중한 사전들과 다른 참고문헌 서적들을 편찬할 수 있다. 인문학에는 이렇게 열심히 일하는 사변가들을 포용할 수 있는 충분한 공간이 있으며, 통찰가는 이들의 도움을 필요로 한다.

출판의 우선순위

편집editing도 번역과 마찬가지로 독서의 기술 부분에서부터 논의해온 것이다. 하지만 오늘날은 편집이 하나의 산업이 되어버렸다. 몇몇 나라들의 정부와 재단들은 이것이 바로 오늘날의 인문학이 필요로 하는 것이라고 예측하면서 여기에 엄청난 돈을 쏟아붙고 있다. 이 문제에 대해서도 자세히 다루어 보자.

비평을 시작하기에 앞서 두 가지 종류의 편집을 구분해보는 것이 유용할 것이다. 첫 번째는 수업에서 사용하기 위한 목적으로 여러 사람의 논문들을 모아놓은 논문 선집이다. 이런 종류의 몇몇 연구서들은 굉장히 유용하다. 반면 그 이외의 것들은 무능한 학자들이 이런 방식 외에는 자신들의 이름으로 된 책을 낼 수 없기 때문에 출간한 것으로 보인다. 이런 종류의 기획은 때로는 정말 애처로워서, 아마 대부분의 출판사들이 출간 때마다 논점도 없고 구상도 잘못된 상당수의 논문들을 거절했을 것이다. 하지만 제대로 된 논문집들 역시 해로울 수 있다.

하나의 중심 주제를 다루는 이런 류의 논문집 대부분은 그 가치가 미심쩍은 논문들을 상당수 포함하며, 때로는 이런 논문들이 절반 이상을 차지하기도 한다. 편집자들은 책을 한 권 구성할 수 있을 만큼의 논문들을 찾기 위해 각종 잡지들을 샅샅이 뒤진다. 편집자들은 더 많은 저자를 포함할수록 그만큼 더 수업교재로 채택될 확률이 높다고 느끼는 것 같다. 어떤 때는 자신들이 포함시킨 저자들의 비위를 맞추고 싶어 한다. 하지만 중요한 것은 동기가 아니라 그것의 결과이다. 오늘날 인문학 과목들에서 점점 더 많이 읽히고 있는 것들은 불변하는 고전이 아닌, 잡지에서 골라낸 일시적인 자료들이다

학생들에게 이런 한시적인 것들을 많이 제공하는 것이 좋지 않은 이유는 그것이 거의 영양가가 없기 때문도 아니고 오래된 잡지처럼 빨리 식상해지기 때문도 아니다. 그보다는 이런 자료를 읽느라 반드시 읽어야 할 저서들에 들여야 할 시간이 줄어들기 때문이다. 시리얼 제품이나 감자칩, 소다수 같은 정크 푸드가 아무리 해롭지 않다고 하더라도 영양가 있는 음식 대신에 그것들로만 지성을 채운다면 바르게 성장할 수 없다.

두 번째는 아마 이것과 극단적으로 반대라고 할 수 있다. 그것은 소위 주요 인물들의 저작에 대한 비평선집critical edition을 말한다. 이런 유형의 편집은 최근에 엄청난 지원을 받는 산업이 됐다. 여기서는 문고판 제작을 위한 편집에 뛰어들어서라도 학계에서 살아남기 위해 여기저기서 분투하는 사람들이나 가끔 이와 같은 비평선집을 편찬하는 교수들을 다루지는 않을 것이다. 그보다 많은 사람들에게 이런 일거리를 제공하는 일련의 기관들에 대해 말해보고자 한다.

서평가들과 번역자들은 보통 저널리즘적인 에토스를 지니고 있는 반면, 두 번째 종류의 편집은 거의 예외 없이 사변가들에 의해서 이루어진다. 이들이 편집하는 저술들은 대개 통찰가들이 쓴 것이다. 그래서 대부분의 교정본들은 이상할 정도로 저자에 대한 느낌을 표출하지 않는 고질적인 결함이 있다. 태산이 요동쳤으나 나온 건 쥐 한 마리 뿐泰山鳴動鼠一匹이라는 옛말이 있다. 이런 선집에서 목격하는 것은 한 무리의 개미들 때문에 흉물스러운 언덕

서평의 정치학, 번역과 편집의 윤리학

아래 파묻혀버린 거인들이다.

이런 상황은 앞절에서 언급한 바 있는 예이츠의 〈학자들〉이라는 시를 떠올리게 하지만 그보다는 아인슈타인의 담쟁이덩굴에 대한 비유가 더 적절할 것이다. 왜냐하면 담쟁이덩굴은 자신이 살아가고 타오르는 나무를 가려버리기 때문이다. 그렇다고 내가 교정판본을 모두 반대하는 것은 아니다. 문제의 핵심은 작가가 우리에게 말 건네는 것을 편집자들이 돕고 있는지 아니면 방해하는지를 가려내는 것이다. 그리고 내가 하려는 비난은 너무 많은 비평선집들에 반-인문학적인 취지가 있다는 점이다. 이 문제만큼은 적어도 최소한 편집자들과 이들을 후원하는 기획자들이라면 알고 있어야 한다.

정부가 후원하는 비평선집들을 가장 노골적이고도 맹렬하게 비판한 미국사람은 에드먼드 윌슨이다. 그는 1968년 9월과 10월 두 차례에 걸쳐 처음으로 《뉴욕 리뷰지The New York Review》에 글을 기고했으며, 그 다음에는 서평집인 《MLA의 성과The fruits of the MLA》(MLA는 미국의 현대 언어학회Modern Language Association를 의미한다)를 출간했다. 앞서 이미 나는 그가 신중한 학자정신을 지니지 않았다고 언급한 바 있으며, 윌슨이 상세하게 비판하고 있는 윌리엄 딘 하월스William Dean Howells, 1837~1920의 첫 번째 소설 《그들의 신혼여행Their Wedding Journey》을 읽어본 적이 없을 뿐만 아니라 이 소설에 대한 비평선집을 연구해 본 적도 없다. 하지만 미국 국립 인문학기금National Endowment of the Humanities이 하월스의 책에 대한 비평선집을 만드는 데 기금을 사용하기보다는 더 나은 것들에 후원할 수 있었으리라는 것에는 동의한다. 이런 판단을 내린 사람들이 하월스의 목소리가 과연 들을 필요가 있는 것인지, 그리고 이런 종류의 교정본이 과연 도움이 되는 것인지 깊게 생각하지 않았으리라는 것은 누구나 추측할 수 있다.

《톰 소여의 모험》은 틀림없는 고전이다. 하지만 윌슨의 말이 사실이라면, 편집자들이 이 책에 대해 했던 일들이 얼마나 조야하고 불필요한지에 대해서는 누구도 부정하지 못할 것이다. 가령, 윌슨에 따르면 열 댓 명의 편집자들이 이 책의 의미나 스타일에 몰입되어 작업에 방해를 받을까봐 거꾸로 책을 읽도록 지시받았으며, 이들은 폴리 이모Aunt Polly의 철자가 어디서 대문자 'A'로 되어있고 어디서 소문자 'a'로 되어있는지, 그리고 'ssst쉬-잇'의 스펠링이 어디서 세 개의 s로 되어있으며 어디서 네 개의 s로 되어있는지 찾아내야 했다.

이런데도 엄청난 규모의 재정을 쓰는 데 책임이 있는 사람들이 그것의 목표에 대해 충분히 고민하지 않았기 때문에 인문학이 표류하고 있다고 말하는 것이 지나친 것일까? 그리고 전적으로는 아니지만 이들이 사변가들의 말만을 지나치게 많이 경청한다는 것도?

만일 인간 정신을 담은 위대한 작품들을 보존하고 육성하는 것이 인문학의 가장 중요한 목표 중 하나라면, 그러한 작품들에 대한 좋은 판본과 번역물을 장려하는 것은 당연히 중요하다. 그러한 목표를 위해서는 어떤 작품이 더 훌륭한 것인지를 결정할 수 있는, 다시 말해 최근의 어법을 빌리자면, 우선순위를 정할 수 있는 가치판단들이 필요하다. 우리가 진심으로 인문학을 염려한다면, 당연히 비교적 이류에 속한다고 할 수 있는 미국인들의 소설을 다루는 교정판본보다는 아직까지 충분하게 번역되지 않은 위대한 고전작품들을 영어로 훌륭하게 번역하는 일이 필요하다. 물론 사람들이 원하는 것을 출간하면 훨씬 더 잘 팔릴 것이고 본전을 뽑을 수도 있을 것이다. 유혹은 항상 별 필요가 없는 것에 매수되기 마련이다. 그리고 지원을 받는 이런 종류의 프로젝트에 몰려드는 사람들은 작가에 대해 아무런 느낌이 없는 것처럼 여겨지는 경우가 종종 있다.

우리에게 필요한 것은 번역과 편집의 기준과 우선순위에 대한 진지한 논의이다. 지원 대상을 심각하게 고려해야 할 때마다, 우리는 이 작업에 뛰어들고 싶어 하는 사람들에게 자신들이 무엇을 하고자 하며 왜 하고자 하는지에 대한 보고서를 제출하도록 요구함으로써 일종의 경합을 할 수 있을 것이다. 그렇지만 교정판본이 다루어야 할 네 가지의 자료들에 대한 논의는 여전히 필요하다. 각각의 자료들은 서로 다른 문제가 있다. 이에 대해 처음에는 정본 작품genuine works에 대해, 그 다음에는 사후 자료들 Nachlass(초고나 단편 같은 작가가 출판하지 않은 자료들)과 서간들, 그리고 마지막에는 강연록들에 대해 간략하게 논의해보고자 한다.

정본 작품

작가가 단 한 번의 초판본만을 출판한 작품이라면, 일반적으로 교정판본 같은 것은 필요치 않다. 훌륭한 편집자라면 도움이 될 만한 서문을 제공하고 몇 가지 참고문헌들과 암시들을 설명하는 각주를 첨가하고, 모호한 것들에 관심을 환기시킬 수도 있다. 하지만 이 모든 것들은 최소한의 해설일 뿐 교정판본이 의미하는 것은 아니다. 또 다른 한편으로, 어떤 작가의 작품 전집 같은 비평선집은 종종 재판再版된 작품들을 포함하고 있다는 점에서 대단히 충격적인 가격으로 터무니없이 부풀려지곤 한다.

저자 생존 당시에 작품이 몇 번의 개정판을 낸 경우에는 문제가 복잡해진다. 판이 거듭되고 개정의 범위가 넓어질수록 편집의 문제가 어려워지기 때문이다. 가령 칸트의 《순수이성 비판》의 경우, 독일 편집자들은 이미 오래전에 1781년의 첫 번째 판본과 1787년의 두 번째 판본에서 바뀐 것들을 한 권의 동일한 책에 수록한 후에 값싼 대중 판본으로 출판하는 아주 적절한 방법을 고안해냈다. 이 두 판본의 페이지 숫자들은 각각 A와 B를 붙여 본문 여백에 수록했는데, 이것은 호들갑이나 허세를 부릴 필요도 없이, 기가 막힌 장치도 없이 모든 문제들을 해결함으로써 학자들과 학생들이 A판본이나 B판본을 확인하고 인용하는 데 전혀 어려움을 겪지 않도록 했다.

적어도 최소한 이와 견줄 만큼 중요한 작품이라면, 이런 예를 따라보는 것도 매우 바람직하다고 여겨진다. 셰익스피어는 이에 적합한 경우다. 그의 몇 가지 판본들은 오래 전부터 수정된 부분들을 각주에 넣어 처리했다. 예이츠의 시들 또한 한 권의 책에 완결된 것들과 수정된 것들을 담는 것이 가능하다. 강조해야 할 점은 언제나 가독성과 편이성이다. 드문 경우이긴 하지만 어떤 경우에는 첫 번째 판본과 마지막 판본 두 가지를 모두 싣고, 여러 종류의 중간 판본들은 이 두 가지 판본들과 다른 점을 설명하는 각주로 넣는 것이 가장 좋은 해결책이 될 때도 있다.

중요한 것은 이런 작업을 착수하기 전에 그것이 어떤 목적에 기여할 수 있는지를 묻는 것이다. 작품 자체와 다양한 판본들의 차이점이 무척 중요하기 때문에 학생들은 이런 모든 개정사항들을 고려하면서 텍스트를 연구해야 한다. 하지만 막상 그 책이 지나치게 가독성이 떨어지고 게다가 가격까지 터무니없이 비싸다면 아무리 중요하더라도 편집의 목적은 실패한 것이다. 또한 이런 기획이 다소 이 분야의 전문가들에게 알려야 한다. 쉽게 읽히는 책으로 출판되기에 적합하지 않은 경우라면, 이런 정보를 제공하는 것이 과연 유용한지, 논문 형식으로 작성하는 것이 훨씬 유용한 것은 아닌지를 심각하게 고려해야 한다. 하지만 이런 것을 고민하는 경우는 얼마 되지 않으며 오히려 아주 드물다.

사후 자료들이란 작가의 사망 당시 출판되지 않고 남겨진 자료들을 뜻하는 것으로, 교정판본의 주主요소이다. 여기서 가장 큰 문제는 항상 이것들 중 '무엇을' 출판해야 하는가이다. 교정판본

의 편집자들이 대부분 아무런 비판의식 없이 하는 대답은 '전부
다'이다. 무엇 때문에? 무슨 이유에서? 이런 문제가 첨예해지는
것은 남겨진 자료의 양이 방대할 때다. 모든 자료들을 비평선집
들로 완성하자면 적어도 수십 년은 소요될 것이라고 예상되는 경
우도 전혀 없지는 않다. 한편, 편집자들과 스폰서들은 기획이 진
행되는 동안 학자들이 그것을 참조해서 자료 중 일부를 출판하게
되면 기획 전체가 약화될 것이라고 느끼는 경우가 종종 있다. 이
때는 검열로 여길 수 있는 모든 것들에 대한 공포가 실제로 검열
을 초래하기도 한다.

학문의 목적에 훨씬 더 좋은 기여를 할 수 있는 방법은 방대한
자료들을 비판적으로 가려내 저자에 대해 새로운 빛을 던져줄 수
있는 미출간 단편들과 문장들을 일찌감치 출판하는 것이다. 이와
관련한 두 가지 뛰어난 예로는 《헤겔의 청년기 종교론집Hegels
theologische Jugendschriften》과 마르크스의 초기 원고들을 들 수
있다. 하지만 아직까지는 시도되지 않은 것들이 대부분이며, 흥
미로운 재해석을 요구하는 것들이 과연 정말로 있는가라는 궁금
증만을 남겨놓고 있다. 그런데 만일 재해석을 요구하는 것들이
존재하지 않는다면, 이러한 사업 전체는 의심스러운 것이 되어버
릴 것이다.

어떤 경우든 비평선집의 편집자들이 해야만 하는 일은 분명해
보인다. 이들은 무엇보다 먼저 모든 목록들에 대한 구체적인 설
명과 인증을 포함해서 그것이 이전에 출판된 적이 있는지 정보

를 공개해야 한다. 이렇게 하면 관심을 갖고 있는 모든 학자들이 착수 단계에서 이용 가능한 것에 대한 정보를 얻게 될 것이고, 기록보관서로 찾아와 특별히 관심이 있는 목록들을 살펴보거나 복사를 요청할 것이다. 틀림없이 이런 방법은 엄청나게 비싼 장서들이 장시간동안 드물게 발간되는 현재의 시스템보다 훨씬 바람직할 것이다. 지금의 시스템은 가능한 한 신속하게, 값싸게, 그리고 효율적으로 정보를 주도록 설계되어 있지 않다.

　정말 출판해야 할 것은 새로운 발견들에 대한 관심을 요청하는 선견지명이 있는 논문들과 특별히 중요하다고 여겨지는 선별된 텍스트들이다. 만약 이런 발견에 미출간 텍스트들을 포함되어 있다면, 반드시 출판해야 한다. 어떤 경우든 편집자들은 자신이 무엇을 출판하는지, 그리고 자신이 무엇을 생략하고 있으며 왜 그러한지에 대해 설명을 해야 한다. 그리고 어떤 학자든지 생략된 부분에 대한 복사를 요청할 수 있다면, 비밀리에 이루어지는 검열의 위험 따위는 없어질 것이다.

서간들

서간들 역시 저자가 작성했거나 받았던 편지들을 모두 출판해야 한다고 주장하는 것은, 특히 그것이 너무 많아 다량의 권수를 발간해야 하는 경우라면 납득하기가 힘들다. 앞서 말했지만 여기서 요구되는 것은 비평적인 교정본이다. 이것은 날짜와 내용의 분량을 포함해서 주고받은 서신들 가운데 얼마나 많은 것들이 유용한지에 대한 고려가 우선시되어야 한다. 여기서도 다시 관심이 있는 학자들이 복사본을 이용할 수 있도록 해야 한다. 어떤 경우에는 저자의 가족이나 서신을 주고받은 사람들 중 한 명이 어떤 시기까지는 사본을 허락할 수 없다고 명시할 수도 있다. 동일한 이유에서 또는 제3자에 대한 지나치게 사적인 언급을 고려해서 출판 가능한 서신들 중 몇몇 단락들이 생략될 수도 있다. 관음증적인 어떤 학자들은 이에 대해 분개할 수도 있다. 하지만 현재의 시스템은 관음증적인 학자들의 편을 잘 들어주고 있다. 오히려 반대로 말이다.

서간들을 선택해야 하는데는 또 다른 이유가 있다. 대부분의 사람들은 상당히 많은 따분한 사업상의 편지들을 써야 하는 상황에 놓이기도 하며, 또 어떤 때는 서로 다른 수신자들에게 동일한 일들을 알려야 한다. 이런 이유 때문에 독자에게 지루하고 반복적인 인상을 주면 오히려 작가를 잘못 이해하게 인도할 수도 있다.

독일에서는 이따금 서간집이 잘 팔리기도 한다. 하지만 미국에서는 거의 그렇지 못하다. 하지만 여기서 우리의 관심은 사람들이 여가 시간에 즐길 수 있는 것이 무엇인지, 그리고 출판사가 돈을 벌 수 있을 만한 것 또는 그렇지 못한 것이 무엇인지에 대해서가 아니다. 학문정신과 교육적인 관점에서 볼 때 서신들은 작가

서평의 정치학, 번역과 편집의 윤리학

의 작품과 생각, 사고방식을 조명해 줄 수 있다는 점에서, 또한 드물게는 그가 살았던 시대를 알려준다는 점에서 중요하다. 이런 관점에서 볼 때, 그리고 심지어 거의 모든 방식을 고려해 보더라도 전체를 모두 출간해야 한다는 요구는 전혀 이치에 맞지 않다. 그리고 출간되기까지 수년이 걸리는 방대하고, 엄청나게 비싸고, 여러 권으로 된 서간집들은 대개 역효과만 낳을 뿐이다.

기록보관소는 가능한 '모든 것'을 소장하는 게 목표일 것이다. 하지만 책은 편집상의 판단을 필요로 한다. 이런 점에서 편집자는 선택을 해야만 하는 다음과 같은 몇몇 상황에 부딪히기도 한다. 먼저 편집자는 작가의 서신들을 연대기적 순서로 모두 출판하려고 할 수 있다. 대부분의 경우, 이런 선택을 하면 엄청나게 반복적이고 가독성이 떨어지는 여러 책들을 내게 된다. 그리고 작가가 응답을 하고 있는 편지들은 이와 관련한 정보를 제공하는 방대한 양의 주석을 달지 않을 경우, 많은 텍스트들이 완전히 이해 불가능하지는 않더라도 잘못 이해될 수 있다. 따라서 작가가 주고받은 편지들 중에서 선택을 할 때 합리적이고 단일한 연대순으로 제공할 수 있다.

베를린에서 출판되고 있는 니체의 작품들과 서신들에 대한 비평선집을 맡은 두 명의 이탈리아 편집자들은 아주 기발한 해결책을 찾아냈다. 이들은 총 13권에서 6권과 반 권 분량에는 니체가 쓴 편지와 메모를 모두 연대기순으로 출판하고, 나머지 6권과 반 권 분량에는 니체에게 전달된 편지와 메모를 모두 연대기 순으로 출판하기로 결정했다. 니체가 5살이 되던 해부터 20살 생일을 맞기 직전까지를 포함하는 1권은, 1에서 297페이지까지 "니체가 잉크 구입을 허락해 달라고 요청"하는 것을 비롯한 많은 목록들을 포함해 그가 쓴 자료들이 실려있다. 299페이지에서 436페이지까지는 다른 사람들이 니체에게 써 보낸 자료들이 실려 있다. 그리고 니체가 보냈던 서신들과 그에게 보내진 서신들이 각각의 권들로 나뉘어 다음에 출판됐다. 앞으로도 니체와 관련한 서신들이 4권으로 구성될 예정이며, 편집과 관련한 사항들 editorial apparatus이 3권 더 예정되어 있어서 전체 20권으로 구성될 것으로 여겨진다.

이와 같은 편집은 작가가 일상적인 서신들을 그다지 많이 쓰지 않았고, 수백 통에 이르는 사소하고 지루한 서신들도 받지 않았을 경우에 적합한 것이다. 니체가 받았던 서신들 중 과연 몇 퍼센트나 유의미한지는 지켜봐야 한다. 니체의 이러한 편집 기획은 이미 수년 전에 처음 발표되었지만, 세 권의 책이 처음으로 출간된 것은 1975년이었다. 니체가 받은 우편물까지 모든 것을 포함시키려는 이런 욕망에 대해 편집자들은 다음과 같은 세 가지 이유를 들고 있다.

1) 니체에게 '접촉했던' 모든 '목소리들'을 포함해야 한다.
2) 선집은 어쩔 수 없이 주관적인 해석의 위험에 빠질 수 있다.
3) 따라서 서신들에 대한 교정본 전체의 바람직한 완결성에도 심각한

문제가 제기될 수 있다.

　물론 평범한 편지가 다른 편지나 저서의 어떤 구절을 이해하는 실마리를 제공해 줄 수도 있으며, 수많은 사소한 편지들이 저자가 속해있던 환경에 대한 놀라운 그림을 포착하게 해줄 수도 있다는 것은 부정할 수 없다. 이런 특수한 시도를 평가하기에는 아직 시기상조일 것이다. 하지만 윌리엄 딘 하월스나 아이젠하워 Dwight David Eisenhower, 1890~1969는 말할 것도 없고, 프로이트가 받았던 서신들을 모두 출판한다는 것은 분명히 이해할 수 없다. 니체는 물론 이에 비해 상대적으로 적은 서신을 받았으며, 고독한 삶을 살았기 때문에 그가 접촉했던 목소리들 중 상당수는 서신을 통한 것이었다. 그렇다 하더라도 다른 것들 또한 있을 것이다. 그가 읽은 대부분의 것들이 어쨌든 우편물만은 아니었기 때문이다.

　다른 방식으로 1,800년 이후의 작가들 중에서 니체만큼 흥미롭고 영향을 준 사람이 거의 없기 때문에, 니체가 특별히 '비평 문헌 전집critical total edition'에 적합하다고 가정해보자. 그렇다 하더라도 여기에는 여전히 몇 가지 심각한 문제가 남는다. 첫 번째이자 가장 중요한 것으로, 니체가 저술한 모든 책들은 얇은 종이로 된 두 권으로 발간됐다. 이 두 권의 책이 아니었다면 니체의 서신들은 누구도 관심을 기울이지 않았을 것이며, 그에게 발송된 서신들까지 출판하겠다는 생각은 꿈도 꾸지 못했을 것이다. 따라서 니체에게 관심이 있는 사람들은 무엇보다 먼저 그가 쓴 책들을 읽고 연구를 해야 한다. 하지만 오늘날 연구자들은 2차 문헌은 말할 것도 없고 그의 저서들과 사후 자료들, 그리고 서신들 각각을 읽는 데 시간과 에너지를 분배하도록 요구받고 있다. 이 모든 것들을 소화해 낼 수 있을 만한 충분한 시간이 있는 사람은 거의 없다. 따라서 예전이었다면 대부분 니체의 책에 바쳤을 시간이 책 이외의 것에 바쳐지는 상황이 당연히 벌어지게 된다. 이런 방식으로, 가장 중요한 의미는 항상 상대적으로 중요하지 않은 것의 홍수에 잠겨버리는 경향이 있다. 이 비유를 약간 변형하면, 니체의 목소리는 그를 지시하고 그에 대해 말하는 목소리들에 의해 수장되고 있다.

게다가 이런 비평선집을 제대로 사용하기 위해서는 니체가 보낸 서신, 그가 받은 서신, 그에 대한 자료들, 그리고 텍스트를 이해하기 위해 필요한 중요한 정보, 원고의 날짜를 담고 있는 편집자의 부록이 실린 네 번째 책을 포함해서 상당한 두께의 책 네 권을 동시에 펼쳐야 한다. 그리고 너무 뻔한 이유 때문에 편집과 관련한 추가사항은 언제나 뒤늦게, 대개는 수년이 지난 후에나 등장하며, 이로 인해 독자들은 심지어 글을 쓴 사람이 누구인지도 알지 못한 채 매 순간 벽에 부딪히게 된다.

이탈리아 편집자들이 해왔던 것처럼 막대한 지원금이나 대규모 작업 인원들 없이 오직 문헌학적인 결벽증이 동기가 되어 세심하게 일이 완료된 경우라면, 이에 대해 감사를 표해야 한다. 그리고 편집상의 주석들을 분리한 책에 싣는 것은 텍스트를 덜 주관적이고 더 완전한 것으로 만들지도 모른다. 하지만 내 생각에, 주석은 그것이 필요한 곳에 제공하는 것이 훨씬 독자들에게 유용하다고 여겨진다.

이러한 작업은 윌리엄 맥과이어William McGuire가 단 한 권으로 탁월하게 편집한《프로이트 융 서간집-프로이트와 융이 주고받은 서신들The Freud/Jung Letters: The Correspondence between Sigmund Freud and C. G. Jung》에서 훌륭하게 시도한 바 있다. 프로이트와 융Carl Gustav Jung, 1875~1961이 주고받은 모든 범위의 서신들은 그들 중 한 사람이 쓴 서신들만 접했더라면 얼마나 많은 것을 놓칠 수 있었는지 깨닫게 해주었다. 또한 필요한 곳에 놓여있는 편집자의 방대한 주석들은 이 책을 완전히 다르게 만들었다.

융은 1912년 12월 7일, 프로이트에게 이렇게 쓰고 있다. "저는 알프레드 아들러Alfred Adler, 1870~1937의 책에 관한 서평을 기획하고 있습니다. 저는 그 책의 깊숙한 곳까지 내려가는 데 성공했으며, 거기서 높이 들어 올릴 가치가 있는 어떤 반가운 것을 발견했습니다. 이 사람은 정말 약간 미친 사람입니다." 이 언급은 융이 1912년 가을에 집필한 자신의 책 중 한 권의 서문에 들어있는 다음의 언급을 읽기 전까지는 그다지 큰 흥미를 불러일으키지 않는다. 융은 자신이 "이 강의들에 대한 준비를 마친 다음에야" 아들러의 책에 관심을 기울이게 되었으며, "그와 자신이 다양한 부분에서 동일한 결론을 내리고 있다는 것을 깨닫게" 됐다고 말했다.

융은 "이미 알려진 대로 이 서평을 출판하지 않았"지만, "그 책과 아들러의 이론들에 대해 대체로 (…) 1913년 9월까지는 그다지 부정적이지 않은 태도를 가지고 있었다."

중요한 것이 사소한 것들에 의해 수장되지 않기 위해서는 당연히 주석에도 안목이 필요하다. 이 안목에는 서신 작가들의 삶과 저작들에 대한 철저한 지식이 요구된다. 가령 프로이트와 융의 경우에는 무척이나 어려운 요구이다. 그리고 편집자가 한쪽으로 쏠리지 않고 기록들을 선택할 수 있도록 해주는 적절한 객관성도 요구된다. 맥과이어는 이 두 가지에서 모두 소수의 편집자들만이 가능한 탁월한 기준을 만들었다. 이런 작업이 단 한 명의 용감한 사람만으로도 잘 완성될 수 있다. 앞서 보았던 많은 사례들에서 이를 시도하지 않았다는 것은 어떤 변명으로도 이해받지 못할 것이다.

프로이트와 융의 다른 서간집들은 《프로이트 융 서간집》과 다르게 다루어져 왔다. 융의 서신들에 대한 선집은 두 권의 책으로 출판된 적이 있었다. 이 선집의 1권은 1906년에서 1950년까지의 서신들을 포함하고 있는 것으로 거의 600페이지에 달했으며, 두 번째 권은 좀 더 두꺼운 분량으로 융의 마지막 10년간(1951년에서 1961년까지)을 담고 있었다. 융은 1875년에 태어났는데 1906년 이전의 편지들은 제외되었으며, 1930년 이전 것들도 몇 가지만이 포함됐다.

이 선집은 엄청난 사랑의 수고labor of love를 표현한 것으로, 필요한 페이지에 실려 있는 주석들도 마찬가지다. 설사 누군가 융에 관해 굉장한 관심이 있더라도, 융이 1930년 이후에 썼던 서신들에서 더 많은 것을 발췌하고 그가 받은 서신들은 덜 출판하는 편이 자신이나 독자에게 훨씬 더 유용했다고 느낄 것 같지는 않다. 물론, 이것들 중에는 반드시 포함해야만 하는 특수한 서신들도 있다. 하지만 그것들이 일단 편집자의 관심을 받아 다음 판본에는 추가할 수 있기를 희망할 뿐이다.

융의 서신집 2권의 1쇄가 막 발행되었을 무렵, 자필원고 autographs를 거래하는 가장 큰 독일 회사인 마르부르크의 슈타가르트J. A. Stargardt사社가 융이 독일의 심리치료사인 볼프강 크라네펠트Wolfgang Kranefeldt에게 써 보낸 27통의 서신들과 메모들을 포함한 카탈로그를 하나 보내왔다. 이 회사는 흔히 사용되는 학문적 방식으로 목록 하나하나를 설명해 놓았는데, 그중에서 적어도 서신 한 편은 다음 판본에 포함될 만한 것으로 여겨졌다. 그것은 1934년 2월 9일에 융이 독일에 있는 크라네펠트에게 쓴 것으로, 대략적인 내용은 다음과 같다. '아리안족의 어리석음에 대해서는 도무지 어떻게 해볼 도리가 없다. 그러나 프로이트와 아들러의 견해에 대해서는 독일 정부의 관심을 요청할 만한데, 여전히 공개적으로 전파되고 있는 이들의 견해는 특히 유대적이고 입증될 수 있을 만큼 zersetzend하기 때문이다.' 만일 융의 가족들이 이 편지의 출판을 허락한다면, 편집자 각주는 틀림없이 'zersetzend'가 나치가 끊임없이 유대인과 연관 지었던 단어였음을 지적할 것이다. 이 단어와 정확하게 일치하는 영어 표현은 없지만, 대략 '비통합적disintegrative'이라는 의미와 가깝다. 융은 계속해서, 만일 독일 정부가 이런 유대적 복음들의 확산을 반긴다면 더 이상 어떻게 해 볼 도리가 없지만, 독일 정부가 반기지 않을 가능성도 있다고 말했다.

프로이트의 유언집행자들은 처음으로 1887년에서 1902년 사이에 프로이트가 플리스Wilhelm Fliess, 1858~1928에게 보낸 서신들을 출간했으며, 이 책의 목적이 《정신분석의 기원The Origins of Psychoanalysis》을 조명하기 위함이라고 제목에서 밝혔다. 프로이트에 대한 관심을 과학적 관심이라 할 수 있는 것에 종속시킨 것이다. 또한 플리스가 썼던 서신들은 더 이상 남아있지 않으며, 프로이트라면 아마도 자신의 편지들이 출판되는 것을 바라지 않았을 것이다.

이 책의 뒤를 이어 1873년에서 그가 사망한 1939년까지의 서신들을 모은 아름다운 선집도 발간됐다. 이 책을 통해 프로이트는 적어도 독일어로는 전 시대를 통틀어 가장 아름다운 편지를 쓰는 사람 중 하나임이 입증됐다. 그 이후로 《프로이트 융 서간집》과 비슷한 스타일의 다양한 선집들이 나타났는데, 이것들은 오스카 피스터Oskar Pfister나 칼 아브라함Karl Abraham, 아르놀트 츠바이크Arnold Zweig, 루 안드레아스 살로메Lou Andreas-Salomé처럼 특별히 주목할 만한 누군가와 프로이트의 서신교환을 담아냈다. 어떤 책이든 과장됨 없이 한 인간 전체를 보여주고 있어서,

이 책들은 모두 제 값어치를 한다.

이런 방식으로 1916년에는 바젤 대학의 교회사 교수이면서도 무신론자이고, 니체의 충실한 지지자였던 프란츠 오버베크Franz Overbeck와 니체의 서신들이 출판됐다. 당시 출판사는 몇 가지 문장들을 생략했다고 밝혔지만, 그 이유는 설명하지 않았다. 이후로 니체를 싫어하면서도 그에 관한 여섯 편의 저술을 내놓았고, 출간 저서마다 미출간 자료들을 포함시켜서 독자들의 사랑을 받아왔던 한 사람이 1963년, 자신의 마지막 책에 이 생략된 구절들을 포함시켰다. 이 서신들은 하나도 빠짐없이 기왕이면 다시 번역해서 보급판으로 재출간한다면 상당히 의미 있는 일이 될 거라고 여겨진다. 왜냐하면 그것은 지금까지 영어로 출간된 어떤 서간집들보다 니체에 관해 더 많이 이해할 수 있도록 해주기 때문이다.

비평 전집kritische Gesamtausgabe은 독일에서 가장 많이 사용하는 표현이지만 용어상으로는 모순적인 의미를 담고 있다. '전체total'를 담은 판본은 비판적일 수 없기 때문이다. 비판적이라는 것은 선별의 의미를 포함한다. 이 문제는 앞서 언급했던 다음의 구절에서 잘 지적하고 있다. "선집은 어쩔 수 없이 주관적인 해석의 위험에 빠질 수 있다." 우리가 비평적이 되기를 선택한다면, 물론 이 '위험'은 피할 수 없다. 한술 더 떠서, 니체 또한 어떤 경우든 이런 위험은 피할 수 없다고 생각했을 것이다. 그럼에도 니체의 서신들은 워낙 특이하기 때문에 '비평 전집'이 귀중한 보고

treasure trove가 될 것이라는 것 또한 진실이다. 그렇더라도 여전히 이런 사례는 아주 드문 예외로 취급되어야지 따라해야 할 모범으로 여겨서는 안 된다.

강연노트

작가가 직접 종이에다 작성한 강연노트라면 아무런 문제도 발생하지 않는다. 하지만 그가 적지 않고 누군가가 필기를 한 것이라면, 일반적으로 이것이 출판되리라고는 생각하지 않는다. 또한 그 필기에 살을 붙여 마치 작가의 주요 저작들 중 하나인 것처럼 제시한다는 것은 거의 상상하기조차 힘들다. 그럼에도 헤겔에게는 이보다 더 심각한 일들이 자행됐다.

헤겔은 오직 네 권의 저서만을 출판했으며, 그중 마지막 두 권은 각 단락마다 연속된 숫자들이 붙여진 평균 1페이지 미만 분량의 간단한 강의 개요들이었다. 헤겔은 각각 《엔치클로페디아 Encyclopedia》와 《법철학 Philosophy of Right》 두 권은 자신의 강의와 연계해서 사용할 수 있는 것으로, 학생들을 위해서 만들었다는 것을 분명하게 언급했다. 두 권은, 빨리 읽으면 전체적인 개관을 알 수 있지만 구체적인 사항들에 대해서는 이해가 쉽지 않다. 생애 마지막 10년 동안 그는 매우 영향력 있는 교수였지만 다른 책들은 더 이상 출판하지 않았다. 다만 죽기 4년 전에 이미 10년 전

서평의 정치학, 번역과 편집의 윤리학

에 내놓았던, 자신의 철학 체계라고 할 수 있는, 《엔치클로페디아》를 완전히 수정해서 두 번째 판본을 출판했다. 그리고 사망바로 전년에는 또 다시 상당 부분을 개정한 세 번째 판본을 출판했다.

헤겔의 강의는 따라가기가 힘들다. 그는 강의 내내 자주 길고 복잡한 문장들을 사용했고, 목소리가 크거나 명확하지도 않다. 헤겔은 상당히 인기 있는 강의였던 철학사를 비롯해서 그의 주요 과목들을 반복해서 개설했으나, 동일한 내용을 두 번 강의하는 일은 없었다. 그는 구체적인 문장들은 말할 것도 없고 전체적인 구조에 대해서도 만족스러워 하지 않았기 때문에 강의 전체를 수시로 재구성했다.

헤겔이 사망한 후, 그의 제자들은 그의 강의들을 포함해 그의 저작 전체를 출판하기로 결심했다. 강의 계획서를 바탕으로 그가 강의에서 언급했던 정곡을 찌르는 언급들 대부분이 숫자가 붙여진 마지막 세 번째 판본에 '덧붙여'졌으며, 이것은 그가 사망하기 바로 전에 출간됐다. 하지만 실제로 헤겔이 10년 동안 강의에서 사용한 것은 첫 번째 판본이었으며, 그 다음에 사망 전인 3년 동안 사용한 것은 두 번째 판본이었다. 편집자들은 출판하기로 선택한 문장들의 적당한 위치를 찾아야 했고, 수년에 걸쳐 여러 사람들이 받아 적은 강의 노트에 의존해야 했다. 이 노트들의 문장 형태나 연결성 등을 맞추는 것은 당연히 편집자들에게 달려 있었다.

《엔치클로페디아》의 첫 번째 판본은 여유 있게 글자들이 채워진 300페이지 정도의 책 한 권이었으며, 세 번째 판본은 이것의 두 배 가량 됐다. 하지만 노트들이 덧붙여진 《엔치클로페디아》는, 매우 헌신적인 몇몇 헤겔 연구자들을 제외하고는 거의 누구도 처음부터 마지막까지 읽으려고 할 것 같지 않은 세 권으로 이루어진 인상적인 작품이 됐다. 지난 세기에 영국과 미국에서 헤겔주의가 성행했음에도 이 작품의 두 번째 판본은 영어로 번역조차 되지 않았다. 헤겔 사후 140년이 지난 후에야 마침내 두 권이 영어 번역본으로 동시에 출간되었는데, 번역자가 자료들에 대해 너무 상세하고 많은 논평들을 첨가했기에 그중 한 권은 세 권 분량으로 구성되었다. 우리에게는 아직까지도 헤겔이 자신의 체계를 한 권으로 출판한 저서의 번역본이 없다. 그리고 만일 앞의 2권처럼 헤겔의 저작이 번역된다면, 단 한 권으로 쓰여진 책이 영어본으로는 열한 권 또는 열두 권이 될지도 모른다. 이런 점에서 지금은 저서들을 읽었던 시대에서 편집본들을 참조하는 시대로 이동하고 있으며, 그 와중에 저자들은 완성하는 데만 몇 세대가 필요한 거대한 기념비적 작업들 아래 파묻히고 있다고 볼 수 있다.

헤겔 전집의 첫 번째 판본도 심지어 전적으로 제자들의 강의 노트들로만 구성된 '저서' 네 권을 포함한다. 이것들을 합치면 헤겔이 출판했던 네 권의 저서보다 두 배나 많은 분량이 된다. 하지만 초기의 편집자들은 이 거장의 작품을 읽기 어렵게 만들려고 노력했으며, 많은 사람들이 이 자료에 의존하도록 만드는 데 성공했다. 이는 자료들이 헤겔의 책들보다 쉽게 구할 수 있기 때문이었다.

헤겔에 대한 '비판' 선집을 제작하려는 첫 번째 시도는 학자들뿐만 아니라 학생들도 사용할 수 있도록 기획되었으며 지금도 여전히 저렴한 책들을 내놓고 있다. 게오르그 라손Georg Lasson, 1862~1932은 여기에 뛰어난 서문과 대단히 유용한 각주들을 제공했다. 그리고 제2차 세계대전이 끝나고 한 세대 후에는 요하네스 호프마이스터Johannes Hoffmeister가 라손의 훌륭한 편집본들을 개정하고 추가하면서 여전히 이러한 전통을 지키며 작업을 하고 있다.

이것은 비평 전집이라는 개념이 완전히 정착되기 이전의 일들이다. 예전에는 이와 같은 출판의 목적이 무엇인지 스스로에게 물음을 던질 수 있었으며, 헤겔과 그의 제자들 그리고 교수들에 대한 일차적인 책임을 분명하게 의식하고 있었다. 하지만 지금은 독일뿐만 아니라 다른 나라들에서도 공공성을 위한 기념비를 세우기 위해서는 정부와 재단들이 영세 산업minor industry을 지원해야 한다고 설득당하고 있다.

다시 한 번, 헤겔은 아주 특수한 사례로 언급될 수 있다. 마르크스에 대한 관심이 세계적으로 일어난 것에 부분적으로 힘입어 헤겔에 대한 관심도 증가했으며, 이용될 필요가 있는 새로운 헤겔에 관한 자료들이 실린 것이라면 어떤 책이든, 가령 누구도 처음부터 끝까지 읽을 것 같지 않은 책이더라도, 많은 나라의 학자들이 참조하려고 하였다. 그리하여 1970년에서 1975년 사이에 출판된 헤겔에 관한 서적들은 1,000권 이상이다. 하지만 이것들 중 거의 대부분은 당연히 사변적이었다. 이사야 벌린Isaiah Berlin, 1909~1997의 헤겔에 대한 평가를 빌리자면, "대담하고도 심원하며 광대한, 또 때로는 격렬하게 요동치는 사상가"인 헤겔에 대한 이해를 점점 더 어렵게 만들어 버렸던 것이다.

이러한 논의의 핵심은 그레고리 블라스토스Gregory Vlastos, 1907~1991의 예를 통해 잘 언급되고 있다. 블라스토스는 또 다른 선두적인 고대 그리스 연구가인 W. K. C. 거스리Guthrie가 굉장히 과감하게 자신의《그리스 철학사A History of Greek Philosophy》중 두 권을 플라톤에게 할애한 시도에 대해 잘못을 지적하는 서평을 썼다. 블라스토스는 런던판〈타임지 문학 서평Times Literary Supplement〉1975년 12월 12일자에서 이 작업은 "정말 엄청난 것이기 때문에 가장 용감한 학자를 제외하고는 모두 겁에 질려 도망을 칠 만한 것"이라고 말했다. 왜 그럴까?

> 초기 그리스 철학이 단편들만 남아있는데 반해, 플라톤의 작품들 모두는 살아남았으며 심지어 그 이상이다. 대략 스물여덟 편의 위작이 그의 작품 목록을 부풀려주었기 때문이고, 그중 몇 가지는 지금도 몇몇 학자들에 의해 진본으로 여겨지고 있다. 이러한 저작들corpus을 모두 완전하게 습득하는 것은 그 자체로 일생을 바치는 작업이 될 것이다. 하지만

역사가의 입장에서 이는 단지 첫 번째 항목으로 여겨지는 것일 뿐이다.

만일 문제가 이것뿐이라면 우리는 그래도 어쨌든 블라스토스가 진본이 아니라고 여겼던 자료들까지 포함해서 플라톤의 저작들을 적당한 분량의 책 한 권으로 만들 수 있지 않겠냐고 질문을 제기할 수도 있을 것이다. 또한 만일 플라톤을 완전히 익히는 것이 일생을 필요로 한다면, 과연 어떤 학자가 루터나 칸트, 괴테, 프로이트나 융과 같은 훨씬 더 많은 작품들oeuvre을 남긴 작가의 수십 권에 이르는 작품들을 감히 다루려 하겠느냐고 물을 수도 있다.

그리고 역사가의 두 번째 항목이라고 할 수 있는, 플라톤에게 영향을 준 사람들을 조사하는 것과 관련해서는 상황이 좀 더 호의적이다. 왜냐하면 너무 적은 자료들만이 남아있기 때문이다. 하지만 거스리의 플라톤 제1권에 대한 블라스토스의 비판의 요점은 "현대 비평가들의 산더미 같은 논평들과 이 논평들에 대한 논평들"이라는 표현이다. 이 책에는 논문들을 포함해서 2,000 개가 넘는 2차 문헌들의 제목이 열거되어 있다.

이는 1950년에서 57년까지의 기간에 한정된 것이다. (…) 하지만 이런 막대한 양만으로는 교육산업의 방대하게 축적된 제품들을 흡수하는 일의 어려움을 거의 보여줄 수 없다. 이 막대한 양보다 훨씬 위협적인 것은 기술skills과 절차의 다양성이다. (…) 단 하나의 두뇌가 모든 암호들을 해독해가면서 이 모든 것들을 완전히 익힌다는 것이 과연 가능한 일인가? 내 눈으로 직접 보기 전까지는 믿을 수 없는 일일 것이다. 이 책에서도 나는 그런 것은 볼 수 없었다.

이 언급은 저자가 선두적인 인문학자로 널리 알려져 있지 않았다면 그토록 신랄한 것으로 여겨지지 않았을 것이다. 중요 인물의 업적을 두 권의 책으로 다루려는 사람이라면 지금 같은 상황에서 좀 더 세심하게 약간의 세부적인 것들을 다루기 위해 스스로를 가두기보다는, 앞으로 두 배는 더 용감해져야 한다. 그리고 방대한 비판선집을 다루는 편집자들뿐만 아니라 세부적인 것에 관한 글을 쓰기 위해 매우 특수화된 기술과 절차을 사용하는 사람들이, 어떻게 전반적인 평가를 훼방하는 '산더미'를 쌓는데 공헌을 하고 있는지도 명확해져야 한다.

이것은 정말 위대한 사상가들을 다룰 때만 처하는 당혹스러움이 아니다. 실존주의 문학이 놀라운 속도로 성장하고 있는 반면, 여기에 기여한 사람들은 키에르케고르가 생각했던 인물이 바로 하이데거와 비슷한 사람이었다는 것에 주목하는 기미조차 없었다. 한 예로, 1974년인 하이데거의 85세 생일에 즈음하여 그의 '작품들'이 70권으로 발간될 것이라는 공표가 있었다. 이 기획이 완성되려면 수십 년이 걸릴 것이라고 예상됐다. 그렇다면 예측 가능한 미래에는 하이데거의 엄청난 가식을 비판하는 어떤 비평도 이 사람을 평가하기에는 너무 이르다는 주장과 맞닥뜨릴 수밖에 없을 것이다. 그리고 몇몇 학자들은 하이데거의 저술들을 편집하는데 일생을 바치지만, "가장 용감한 학자를 제외하고는 누구라도 겁에 질려" 도망을 쳐버릴 것이다. 그리고 만일 이 작업이 완성된다면, 학술계는 70권의 '작품들' 외에도 논문과 논문들에 대한 논평을 산더미처럼 대하게 될 것이다. 이런데도 과연 어떤 비평가가 하이데거가 중요하게 틀렸거나 잘못 인도한다고 느끼면서도 이를 증명하기 위해 모든 작품을 소화하는데 자신의 일생을 소비하겠는가?

게다가 비평선집의 편집자들이 우리에게 제공하는 것은, 설사 그들의 의도가 최선이었다 하더라도 빈번하게 오해의 소지가 있다. 초안과 노트는 대개 수정한 흔적들로 가득하다. 많은 부분들이 줄을 그어 지워져 있어서 어떤 것은 읽을 수 있지만 어떤 것은 그렇지 않다. 행간이나 여백, 종이의 상단이나 하단에 많은 것들이 적혀있기도 하다. 이런 것들 중 어떤 단어나 약호는 확실하게 해독하지 못할 수도 있다. 이 모든 것들을 충실하게 지적한다면, 그 텍스트는 읽기 어려운 것이 되어버린다. 또한 전체가 아닌 일부분만을 지적한다면, 그 텍스트를 잘못 이해할 수도 있다. 이런 종류의 자료를 출판한 책은 어떻게든 불충분할 수밖에 없으며, 원고의 유동적인 성격을 독자에게 전해주지도 못한다. 전형적으로 이런 책들은 무엇이 쓰여 있는지 거의 집중할 수가 없을 만큼 페이지를 어렵게 만드는 엄청난 세심함을 과시한다. 그렇지만 이것을 원본이나 복제본과 비교하면, 인쇄된 텍스트는 가장 흥미로운 정보 중 몇 가지가 생략되어 있기도 하다.

비판선집들에 이런 복제본 전체를 섞어 넣으면 책을 더 비싸게 만들 것이다. 미국 현대 언어학회가 후원하는 비평선집들을 비판하는 사람들은 작가의 초고들을 '쓰레기garbage'라고 부른다. 대다수는 아니지만 몇몇 경우들에서는 수정된 흔적들로 가득한 초고나 원고들을 연구하는 것이 가치가 있을 때도 있다. 가장 좋은 방법은 그것을 필요로 하는 학자들이 사용할 수 있도록 복사본을 만드는 것이다. 우리의 과학기술은 책을 한물간 쓸모없는 것으로 만들지 않았으며, 책은 여전히 많은 가치가 있다. 그렇더라도 우리는 심각하게 과학기술로 쓸모없는 '비평전집'만을 만들고 있는 것은 아닌지 물어야 한다.

어떤 판본이든 그것에 대한 중심 질문은 그것의 목적과 관련되어 있다. 바라는 것이 무엇인가? 무엇이 드러나기를 희망하고 기대하는가? 우리의 관심은 혹시 무분별한 골동품수집가 같은 것은 아닌가? 혹은 작가가 출판하지 않았거나 다른 사람들에게 보여주려는 의도가 전혀 없었던 것을 읽으면서 특별한 스릴을 느끼는 사람들은 아닌가? 정부와 재단이 왜 이런 관음증 환자들을 먹여 살려야 하는가?

근본적으로 이런 방대한 판본들이 갖고 있는 상피증象皮症, elephantiasis[3]과 인문학에서 행해지는 또 다른 특징인 현미경주의

---

3 코끼리의 피부처럼 두껍고 단단한 피부조직으로 변하는 병.(옮긴이)

microscopism는 동일한 원인과 동일한 결과가 있다. 즉, 이 두 가지가 이끌고 가는 곳은 조잡함과 의미의 상실이다. 그리고 이것들은 모두 작업의 목적이 무엇인지를 묻는데 실패한 것에서 기인한다. 이 실패는 연구의 목적을 묻는 것 자체가 속물근성이며, 진리 탐구는 그 자체로 목적이라는 말로 그럴 듯하게 변명되곤 한다. 만일 이것이 사실이라면, 우리는 19세기의 우표들을 연구하는 연구소에도 기금을 지원하고 그것들의 염료를 화학적으로 분석하는 직책을 만들어주는 편이 나을 것이다. 프로젝트에 기금을 지원하는 사람들뿐만 아니라 학자들과 학생들도 개별적으로 프로젝트들 가운데 선택을 해야 한다. 자신들이 찾으려고 하는 해답의 질문을 마음에 담아두지도 않고 자료나 사실, 정보들을 수집하기만 하는 사람들은 거의 대부분 조잡한 성과를 내놓을 뿐이다. 목적도 없이 연구하는 사람들은 이 연구가 무의미하다는 느낌을 키워내는 데만 기여할 뿐이다.

우리가 편집하거나 번역하는 것—또는 서평하는 것—은 작가의 어떤 작품이기 때문에, 다음과 같은 것을 물으면서 시작해야 한다. 왜 다른 작가가 아니라 이 작가인가? 왜 다른 작품이 아니라 이 작품인가? 이 작품의 핵심은 무엇인가? 출판할 가치가 있는 점이 무엇인가? 누구의 이익을 위한 것인가Cui bono?

직업 필자나 직업 번역가의 대답은 간단하다. '나 자신을 위해서! 나는 그것으로 돈을 벌고 있으니까.' 그리고 출판사라면 아마도 이렇게 말할 것이고 실제로 종종 이렇게 말하기도 한다. '그 책이 돈을 벌게 해주기를 희망한다고.' 하지만 학자는 단순하게 '진리가 이끄는 대로 따라갈 뿐이다'라고 변명할 수 없다. 왜냐하면 저 프로젝트가 아닌 이 프로젝트를 선택한 이유가 분명히 존재하기 때문이다. 그리고 심리학자들 중에도 그렇게 말하는 심리학자는 거의 없다고 말할 것이다. 서평가는 말할 것도 없고 번역자나 편집자는 진리를 따르고 화약고 같은 주제들을 탐구하는 것과는 아주 먼, 자기 자신을 누군가의 작품 속에 안전하게 묻어 버림으로써, 모험가보다는 단조로운 일꾼처럼 안전하게 일을 하는 사람이 되려고 한다.

번역을 하거나 편집을 하는 분명한 이유는 특별히 아름답거나 중요하다고 여겨지는 것―간과할 수 없는 어떤 핵심적인 것을 말하는 작품―을 다른 사람들이 이용할 수 있도록 만들기 위해서다. 그것은 새로운 정보나 새로운 견해, 기존 관점에 대한 통렬한 비판, 또는 어떤 사람이나 사조, 새롭게 한 시대를 조명하는 책이나 단편 또는 일련의 서신이 될 수도 있다. (서평가 역시 자신이 하고 있는 것이 이와 같은지 물어야 할 것이다.) 그리고 기존의 번역물이나 편집물에 심각한 오류가 있다면, 이와 동일한 이유에서 또는 저자에 대한 재해석을 용이하게 하기 위해 다시 번역을 하거나 편집을 해야 한다. 어떤 경우이든 편집자나 번역자는 이 기획의 목적이 무엇인지를 독자들에게 밝힐 수 있어야 한다. 그리고 서평가는 이런 목적을 논하고 그것의 결과를 평가해야 한다.

앞장에서 나는 좋은 해석자는 사고방식mentality―정신적 인격

geistige Persönlichkeit—의 어떤 간극을 지닐 필요가 있다고 언급한 바 있다. 작가의 사후 자료들과 서신들이 얼마만큼의 가치를 지니는지는 이런 맥락에서 명확해 질 수 있다. 어찌되었든, 내가 밝히려고 한 것은 번역물들과 '전체' 판본total editions이 작가를 모호하게 만든다는 것이다. 번역물들이 전형적으로 지나치게 신뢰도가 떨어진다면, '전체' 판본은 광신적이면서도 어긋난 충실함 때문에 작가를 질식시키는 경향을 띠게 된다. 이런 '저작물'들은 점차 분량이 너무 늘어나고 복잡해지기 때문에 작가라면 전혀 마음에 들어 하지 않을 것 같은, 작가의 정신에 대해서는 조금도 관심이 없는 극소수의 단조로운 일꾼들 외에는 누구도 이 전집 corpus을 소화하지 못할 것이다. 그리고 전집들 중 몇 권에만 시간을 할애할 수 있는 사람들은 작가의 저작들과 훨씬 더 많은 비-저작물들에 시간을 나눠 써야 한다. 그래서 결국 작가가 자신의 인생을 바쳤던 저작들은 출판을 전혀 고려하지 않았던 자료들과 함께 관심을 받기 위해 경쟁하게 된다. 이런 경향은 사변적인 현미경주의가 확장되는 추세와도 동일하다. 점점 더 많은 사람들이 나무를 보느라 숲을 볼 수 있는 안목을 잃어가고 있다. 너무 많은 사람들이 작가가 직접 말할 수 있도록 자신의 피blood를 나누어주기보다는 송장이 된 작가들에 의지해서 살아가고 있다.

호메로스는 죽은 자가 살아있는 자의 피를 마신 다음에야 말할 수 있다는 것을 이미 알고 있었으며, 오디세우스는 양의 피로 위험을 모면할 수 있었다. 오늘날은 양도 더 이상 통하지 않을 것이며 인간의 땀방울도 통하지 않을 것이다. 경청 할만한 가치가 있는 죽은 자들 가운데 어느 누구도 땀방울로는 설득당하지 않을 것이며, 더군다나 주관성의 위험 때문에 몸을 사리는 학자들은 자신의 가장 깊은 곳에 있는 생각과 인품personality을 드러내고 싶어 하지 않을 것이다. 과거의 작가들과 작곡가들, 예술가들은 정열적인 사람들이었으며, 사랑도 하고 증오도 하는 사람들이었다. 이들이 아니고서는 어떤 인문학과들도 존재하지 못했을 것이다.

그래서 과거의 저자들이 말할 수 있게 하려는 사람이라면 적어도 어떤 점들에서는 과거의 저자들과 마음이 통해야만 한다. 이것은 단순히 '내 생각에는' 또는 더욱 심하게는 '내가 생각하고 싶은 바는' 이라고 말하는 방종self-indulgence과 나태한 주관성을 배제한 교감이다. 우리는 자신의 가장 친숙한 환상과 희망들을 희생물로 삼아 우리 자신의 피를 죽은 자들에게 기꺼이 바쳐야 한다.

4장

고등교육과 종교의 위상

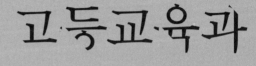
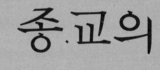

The Place of Religion in Higher Education

• •

종교 교육의 현실

|

인도와 이스라엘, 아랍과 유럽에서는 종교가 고등교육의 중심이
자 고등교육의 모든 것이며 궁극적인 것이던 시절이 있었다. 중
세 유럽에만 해도 대학에서 가르치는 스콜라 학자들은 모두 수도
승이었다. 그리고 성직자가 아니면서 처음으로 프린스턴 대학의
총장이 된 사람은 20세기 초의 우드로 윌슨Woodrow Wilson,
1856~1924이었다. 윌슨의 시대가 한참이 지난 후에도 많은 미국
대학에서는 의무적으로 매일 참석해야 하는 예배미사가 남아있
었으며, 제2차 세계대전 이후에도 일요일 예배의 의무 출석이 여
전히 많은 대학들에서 폐지되지 않았었다. 흥미로운 예로 1947년
6월, 프린스턴 대학에는 새 대학 도서관의 주춧돌이 놓였는데, 그
전에 먼저 이 새로운 건물이 근처의 예배당보다 높게 지어지지 않
도록 하기 위해 어마어마한 깊이의 구덩이를 파야만 했다. 당시

에는 예배당이 캠퍼스에서 가장 높은 건물이어야 한다고 여겨졌기 때문이다. 하지만 의무 예배가 폐지된 후로 예배당은 거의 대부분의 시간을 고딕 건축양식처럼 구시대적인 크기를 지닌 텅 빈 껍데기로 보내야 했다. 심지어 의무 출석이 강제되던 시절에도 학부생들은 근처에 있는 인타임 극장Theatre Intime에서 정서적인 경험을 하기가 훨씬 쉬웠으며, 200명 정도를 수용할 수 있는 이 극장에서는 때때로 훌륭한 공연들이 상연되곤 했다.

종교는 그리스어와 라틴어와 함께 자취를 감췄다. 소수의 학생들은 여전히 종교를 연구하지만, 유신론자를 포함한 대다수의 학생들은 거의 대부분 이것들에 대해 알지 못한다. 한때는 대학에 들어가기 위해서 미리 라틴어와 성서를 배워야 했고, 이런 지식이 필수적인 기초나 더 깊은 연구를 위한 부가적인 차원을 제공해 준다고 여겨지곤 했다. 하지만 오늘날 학생들은 라틴어도 그리스어도 배우지 않는다. 그리고 신약 성경 못지않게 구약 성경도 그들에게는 그리스어만큼이나 낯설다. 심지어 일요일 의무 예배가 있던 시절에 10년 이상 주일 학교에 다녔고, 상급 학년의 교과목인 종교철학을 수강했던 학생들조차도 대부분 성서가 어떤 언어로 쓰여진 것인지, 아브라함이 누구인지 알지 못했다. 그리고 〈하박국서Habakkuk〉나 〈갈라디아서Galatians〉[1]에 대해서 들

---

1 하바국서는 구약 성서의 서편들 중 하나로, 하바국의 예언을 기록한 것이며, 갈라디아서는 사도 바울이 갈라디아 신자들에게 보낸 서신으로 신약 성서에 포함되어 있다.(옮긴이)

어본 적이 있는지 기억도 하지 못했다. 그들은 성경의 목차조차
도 알지 못했는데, 이런 상황은 주일 학교나 채플에서 배운 것이
무엇인지 궁금증을 갖게 만든다. 그들은 모세가 언제까지 살았는
지에 대한 막연한 개념조차 없었고 부처가 누구냐는 질문에는 다
음과 같은 대답이 돌아왔다. 중국 철학자.

　물론 오늘날도 세계 곳곳에 있는 몇몇 특수한 학교들은 종교를
고등교육의 필수 주제로 삼고 있다. 하지만 이런 학교의 학생들
은 종교에 대해 거의 아무것도 가르치지 않는 현대식 대학을 졸
업한 학생들에 비하면 엄청나게 적다. 표면적으로 이런 현상은
마치 고등교육에서 종교가 몰락한 것이 한두 세대 전에 지나치게
강조했기 때문에 초래한 결과라는 식의 정립定立, a thesis에서 반
정립反定立, an antithesis으로 이동하는 유치하고도 단순한 변증법
적 도식처럼 보인다. 하지만 이 경우는 한두 세대 전에 학생들이
너무 많은 지식을 주입받았고 그래서 더는 이에 대해 원하지 않
기 때문이 아니다. 이러한 반작용은 성서나 교회사에 대한 너무
많은 지식 때문이 아니라, 기본적인 종교적 소양religious literacy
조차 길러내지 못했던 형편없는 교육이 수년 이상 계속되었기 때
문이다. 10년 이상 주일 학교와 설교를 경험하고 난 후에도 학생
들은 다른 교파나 유사한 종교들, 또는 완전히 다른 종교들은 말
할 것도 없고 자신의 교파denomination에 대해서도 여전히 아무
것도 모르고 있다.

　정립과 반정립의 양극단the swing of the pendulum을 살펴보기

위해서는 좀 더 과거로 되돌아가야 할 것이다. 확실히 19세기의 교양인들은 성경에 대해 훨씬 더 잘 알고 있었다. 하지만 그들 역시 모세가 언제까지 살았는지 그리고 부처가 누구인지에 대한 것들은 알지 못했다. 그리고 자신이 속한 교파의 교리가 무엇인지 알고 있다더라고, 그들 중 대다수는 다른 종교는 말할 것도 없고 경쟁 관계에 있는 교파들이나 그것들의 교리의 역사에 대해서도 알지 못했다. 이런 무지는 너무 오랜 시간동안 지속되어 왔다. 그럼에도 황금시대로 되돌아가야 한다는 것은 의문의 여지가 없다. 문제는 이러한 무지를 타개해야 하는지, 만일 그렇다면 어떻게 타개해야 하는지에 관한 것이다.

지식이 무지보다 바람직하다고 가정하더라도, 문제는 어떤 우선순위를 정해야 하는가이다. 3~4년의 대학교육 과정만으로는 모든 지식을 얻을 수 없다. 교육은 대단히 선택적인 것이어야 한다. 그리고 문제는 종교가 여기에서 중요한 위치를 자치해야 하는지, 아니면 중세의 스칸디나비아 문학[2]처럼 기껏해야 허용하는 정도인지를 결정하는 것이다.

종교는 중요한 주제가 아니라는 생각과 종교가 중심에 위치해야 하고 이를 옹호하는 사람들이 가르쳐야 한다는 견해는 모두 각각의 가치가 있기 때문에 어떤 것이 좀 더 옹호할 만한 주장인지

---

2 스칸디나비아는 덴마크, 아이슬란드, 노르웨이 스웨덴을 포함하는 지역으로, 이 지역의 문학은 중세 때부터 활기를 띠기 시작했다. 초창기 스칸디나비아 문학은 주로 영웅과 신화, 민담을 기반으로 한 서사시들로, 중앙유럽에 비해 종교적인 성향이 다소 약했다.(옮긴이)

는 판가름 하기가 쉽지 않다. 만약 옹호자들이 모두 동일한 종파에 속했다면 후자를 선택할 것이고, 광범위한 종교들을 보여주려는 것이라면 전자를 선택할 것이다.

이런 판단을 내리는 이유는 앞의 2장과 3장에서 구체적으로 언급한 바 있다. 만약 학생들이 자신의 신념과 도덕, 그리고 부모님이나 동년배, 또는 자신이 살고 있는 사회가 지니고 있는 이데올로기와 가치관을 점검해보기를 바란다면, 비교 종교학comparative religion보다 중요한 과목은 아마도 없을 것이다.

신념과 윤리가 가장 탁월하게par excellence 만나는 곳이 바로 종교이다. 동일 종교의 서로 다른 분파나 지파가 아니라면 우리는 다양한 종교들에서 완전히 다른 방식으로 갈라지는 신념과 도덕적 관점들을 찾아볼 수 있다. 이런 점에서 소크라테스적 교사와 변증법적인 독서가는 종교 경전들과 비교 종교학에서보다 인문 교육에 더 적합하다. 또한 그들은 최선의 노력을 기울일 가치가 있는 자료들을 찾기가 힘들 것이다.

과거의 특정 시절에 라틴어와 그리스어로 교육을 시작했던 이유는 그것이 학생들에게 역사적인 관점을 제공해주는 동시에 자신의 문화와 다른 문화와의 차이에 대한 기본 교육을 제공했기 때문이었다. 라틴어를 배우는 것은 로망스어Romance language[3]와

---

3 라틴어에서 파생된 남부 유럽의 언어로 이탈리아어, 프랑스어, 스페인어, 루마니아어가 포함된다.(옮긴이)

식물학을 배우는 데 도움을 줬지만, 그렇다고 이것이 요점은 아니었다. 당시 사람들이 원했던 것은 스페인어와 루마니아어를 완전히 습득한 사람들이나 뛰어난 생물학자가 아니라, 인간적인 문인文人이었다. 이런 생각은 존경스러운 것이었지만 한편으로는 개탄스러울 만큼 편협한 것이기도 했다. 사람들은 훌륭하게 전체를 다루지는 못했지만 그리스어로 호메로스를 읽을 수 있었다. 하지만 히브리어로 구약 성경을 읽지는 못했고, 노자, 공자公子, 불교, 힌두교 같은 것은 완전히 미지의 땅terra incognita이었다. 이런 환경에서 호메로스와 그리스 비극은 어떤 문화 충격도 생산해 낼 수 없었다. 아리스토파네스나 로마 작가들의 작품에서 야한 문장을 읽고 학생들이 간혹 웃음을 터뜨리지 않는 한, 이것들에 대한 일반적인 접근방법은 너무 고상했다. 제2차 세계대전 이후, 번역을 해서 고전을 팔아보려는 출판사의 시도는 근본적으로 다른 것 그리고 친숙하지 않은 것을 강조하기보다는 성性적인 것에 호소할 만큼 비굴해지기 일쑤였다. 그리고 현대적인 판본들은 고대인들이 우리와 그다지 다르지 않은 '평범한 녀석들'임을 보여준다는 점에서 대환영을 받았다. 딱딱함과 고루함에서 벗어나는 게 좋은 것이었고, 이것들은 점점 더 많아지는 성서 번역의 특징이었다. 하지만 목적에 대한 질문은 다시 한 번 무시됐다. 왜 우리가 이런 류의 책들 때문에 괴로워해야 하는가? 잡지와 영화를 비롯해서 최근 도서들은 성적인 것을 점점 더 강조하기 때문에 고전을 좀 더 팔아보려는 시도가 전혀 새로울 것이 없다는 게 당연하다.

그리스와 로마 작가들에 관한 수업과 비교문학의 수업은, 시도되는 일이 거의 없지만, 이 수업들을 하면 적어도 종교 문제를 중간 정도 해결할 수 있다. 하지만 이 수업보다 가장 쉽게 문제를 해결할 수 있는 것이 비교 종교학이다. 이 과목은 그리스어와 라틴어의 고전 필수과목을 대체하기에도 알맞다. 더 나아가 우리는 비교 종교에 관한 지식이 수학이나 독서 기술, 글쓰기, 논리적 서술 등에 재능이 있는 학생들과 더불어 모든 대학생들에게 필수적인 과목으로 요구해야 하는 것은 아닌지를 심각하게 고려해야 한다. 좀 더 야심찬 학교들은 학생들에게 최소한 한 가지 정도의 외국어를 습득하고, 그 외국어를 사용할 수 있는 나라에서 한 학기 정도를 체류하도록 요구할 수 있을 것이다. 오늘날 학생들은 엄청난 양의 반복에 노출되어 있으며, 그래서 카뮈나 비트겐슈타인 같이 유행하는 인물들을 수많은 과목에서 반복적으로 배우고 있다. 하지만 이런 학습의 목표와 목적에 대해 물어보는 사람은 아무도 없다.

비교 종교학을 가르치는 세 가지 방식

비교 종교학이라는 필수과목이 두 학기 동안 연속수업으로 진행돼야 하는지, 아니면 한 학기 수업이면 되는지에 대한 논쟁은 지나치게 멀리까지 나간 것이다. 어떤 과목이 중요하다면, 그것에 대한 공부는 두 학기 이상 실시하는 것이 바람직하다. 하지만 이런 정도까지 오면 전문화가 시작되는 것이기 때문에 바람직한 문화 충격과는 거리가 멀다. 따라서 선택과목으로 가르치는 것이 올바르다.

그렇다면 간략하게 한 학기 동안에 무엇을 가르칠 수 있으며, 두 학기 동안에는 무엇을 가르칠 수 있는지 살펴보도록 하자. 만일 학생들이 성경과 친숙하다고 가정한다면, 《동양의 경전들The Sacred Books of the East》에 주목하는 것도 좋을 것이다. 이 책은 막스 뮐러Max Müller, 1823~1900가 19세기에 편집한 것으로 영어 번역본에는 소제목을 각각 붙여 50권의 시리즈로 제작했다. 하지만 대부분의 학생들은 성서에 대해 모르고 있으며, 동양철학에 열광하는 대다수 교수들조차도 성서에 대해서는 잘 알지 못하기 때문에, 비교 종교학 과목에는 성서를 포함시키는 것이 반드시 필요하다. 성서는 대학에서 전반적으로 가르치고 있는 다른 과목들을 이해하는 데도 중요하기 때문에 한 학기든 두 학기든 강의의 절반을 할애하는 것도 합당하다. 구약과 신약 성서에 대한 지식은 유럽의 역사와 미국의 역사, 문학, 예술, 음악, 철학을 공부할 때 좀 더 넓은 이해를 더해주기 때문이다.

한 학기 수업을 10주정도만으로 진행해야 한다면, 3주는 구약 성경에, 2주는 구약보다 짧은 신약에, 그리고 1주는 코란에 할애하는 것이 현명하다. 물론 이 작품들 전체를 읽기에는 시간이 충분하지 않을 것이다. 그리고 마지막 4주는 《법구경Dhammapada》과 《바가바드 기타》, 《노자》, 《도덕경》을 읽을 수 있다. 이렇게 선정된 주제들 중 몇 가지는 추가 자료를 통해 증편될 수도 있다.

성경과 코란에서 몇 가지 부분들을 선택해야 할 때는 반드시 한 편의 내용 전체를 담고 있는 편들books과 수라Suras[4]를 선택해야 한다. 특히 주목할 만한 문장들을 보충할 수 있다. 구약 성경을 읽는 3주 동안, 처음에는 〈창세기〉와 〈신명기〉를 읽고, 여기에 〈출애굽기〉 1장과 〈레위기〉 19장을 보충할 수 있다. 다음에는 〈미가〉, 〈이사야〉, 〈예레미야〉를 읽고, 마지막으로는 〈요나〉와 〈욥기〉 그리고 전도서들을 읽을 수 있다. 신약 성경을 읽을 때에는 최소한 두 가지 복음서는 읽어야 하며, 예수의 산상수훈이 담긴 〈마태복음〉과 〈요한복음〉이 좋은 선택으로 보인다. 그리고 둘째 주에는 〈사도행전〉, 〈로마서〉, 〈고린도전서〉를 추천할 만하다.

잘 가르치기만 한다면, 학생들 중 많은 수는 인도나 중국의 경전들을 접할 때처럼 성서를 읽으면서도 상당한 문화 충격을 경험할 수 있을 것이다. 엄청나게 많은 쓸모없는 자료들을 읽었으면서도 정작 여기에 언급된 책들은 한 권도 읽지 않은 학생들이 명문 대학을 졸업할 수 있다는 것은 정말이지 기이한 일이다.

비교 종교학 수업을 두 학기에 걸쳐 진행할 수 있다면, 한 학기

---

4 코란은 내용에 따라 분량이 다른 114개의 '수라Sura'로 되어 있다. 수라는 계단이라는 뜻으로 장 章으로 번역하기도 한다. 수라는 다시 '아야트Ayat'로 구성된다.(옮긴이)

는 성서에 할애하는 것이 이치에 맞을 것이다. 다시 한 번 10주의 수업을 구상해 본다면, 다음의 제안들이 최소한의 실현 가능한 계획이 될 수 있을 것이다. 1주차는 〈창세기〉, 2주차는 〈출애굽기〉와 〈신명기〉, 그리고 여기에 〈레위기〉와 〈민수기〉의 몇 구절들을 보태서 진행할 수 있을 것이다. 3주차에는 〈사무엘〉 상하권과 〈열왕기〉 상권 정도면 쉽게 읽을 수 있을 것이고, 그 다음 2주간은 예언서들에 할당할 수 있을 것이다. 바벨론 포로시기 이전의 위대한 네 명의 예언자들인 〈아모스〉, 〈호세아〉, 〈미가〉, 〈이사야〉를 4주 동안, 〈예레미야〉와 〈이사야〉 40~66장, 그리고 〈에스겔〉을 5주에 읽을 수 있을 것이다. 마지막 한 주는 〈요나〉, 〈욥기〉 그리고 〈시편〉의 일부와 전도서들로 채울 수 있을 것이다.

신약을 읽는 데는 최소 4주를 배정할 수 있다. 〈마가복음〉은 우리가 가지고 있는 복음서들 중에 가장 오래된 것이기 때문에 〈마가복음〉과 〈마태복음〉으로 시작하는 것이 좋다고 여겨진다. 2주까지는 동일한 저자가 쓴 〈누가복음〉과 〈사도행전〉을 학생들에게 읽힐 수 있다. 다음으로는 사도 바울이 로마교회에 보낸 서신과 〈요한복음〉을 선택할 수 있다. 바울의 서신들은 실제로 신약에서 가장 오래된 부분이지만 복음서들은 이보다 앞서 일어났다고 여겨지는 사건들을 다루고 있고, 〈사도행전〉은 복음서가 끝나는 시점부터 바울의 사역까지의 이야기를 다루고 있다. 그래서 흔히 바울이 〈사도행전〉의 주인공이라고 말한다. 네 편의 복음서 모두 바울의 영향을 보여준다는 주장에는 논쟁의 여지가 있다.

하지만 〈요한복음〉만큼은 바울의 영향을 부인할 수 없는 것처럼 여겨진다. 마지막으로, 수업 10주차에는 〈고린도전서〉 I과 〈야고보서〉, 그리고 〈요한계시록〉을 읽을 수 있을 것이다.

학기가 진행되는 동안 학생들에게 자연스럽게 다양한 방식으로 성경 전체를 읽도록 권유할 수 있을 것이다. 하지만 모든 편들에 동일한 비중을 두는 것은 현실적으로 가능하지 않다. 때문에 여기서 제시된 예들은 특히 어떤 편들이 학생들에게 생각의 폭과 다양한 내용들을 제공할 수 있는지를 보여주기 위해 작성된 것이다. 학생들이 반드시 성경을 읽어야 한다고 말하는 것은 논쟁의 여지가 있기는 하지만, 이런 논쟁은 좀 더 구체적으로 제안한 것들보다 훨씬 덜 유익하다.

번역에 대해서는 아직도 해야 할 말이 남아있다. 킹 제임스 성경 King James Bible의 훌륭한 장점은 누구나 인정하는 바이다. 하지만 이 성경은 '교회들에서 읽히기로 지정된' 것이기 때문에 의도적으로 저자들과 그들의 문체상의 차이를 평이하게 만들었다. 물론 이런 결과가 밋밋한 느낌을 주는 것은 아니다. 오히려 그 반대로 전체적인 어조가 모든 곳에서 일관되게 고양되어 있어서, 그로 인해 문체에 무감각해지는 효과가 있다. 독자들은 여기에서 인상적인 느낌을 받지만 성경이 말하고 있는 것을 듣지는 못한다. 그리고 번역가들 스스로도 어떻게 각 편들을 말해야 하는지에 대해서는 크게 신경 쓰지 않는다. 그래서 영어로 성경을 공부하는 사람들은 로마 가톨릭의 공인 성경인 두에이 판Douay

Version을 포함한 여러 다른 판본들과 비교하면서 킹 제임스 판의 몇 가지 예들을 살펴보아야 한다. 그리고 교사들은 능력이 된다면, 원본 상의 스타일과도 비교해야 한다.

모든 것을 현대적이고 구어체적으로 만들기 위해 텍스트를 균질화시키는 현대적인 판본들은, 교사가 고대 텍스트에서 특징적인 것을 깨닫게 해주기 위해 몇 가지 비교를 시도하지 않는 한 우리의 목적과 맞지 않는다. 방대한 주석이 달린 학문적인 판본들 중에서 앵커 판Anchor Bible은 50권 이상이나 되는데 거의 모든 권들이 서로 다른 학자들에 의해 번역 편집되었기 때문에 특별한 위치를 차지한다. 이 판본은 1964년에 첫 권을 출판한 이후로 지금까지 10년 이상 출간되었고 거의 마무리 단계에 있지만, 우리가 논하는 수업에 사용하기에는 분명히 적합하지 않다. 물론 이 판본 역시 강의용으로 기획된 것은 아니지만 교사들에게는 가끔 큰 도움이 될 수 있을 것이다.

대체적으로, 영어로 진행되는 수업에서 사용할 수 있는 가장 좋은 판본은 개정표준 판본Revised Standard Version이다. 이 판본은 가독성이 있어서 〈사사기〉나 〈사무엘〉또는 〈열왕기〉의 아무 곳부터 읽기 시작하더라도 마지막까지 계속해서 읽게 한다. 또한 이 판본의 번역자들은 킹 제임스 판본의 아름다움을 지키면서도 동시에 문체상의 차이를 전달하기 위해 시는 시로, 산문은 산문으로 기재하려고 노력했다. 마지막으로 이들은 학자적인 양심 또한 지니고 있으며, 간간히 달아놓은 주석들은 중요한 점을 지적하고 있다. 학식이 뛰어난 학자라면 다양한 판본들과 논쟁이 되는 구절들 그리고 더 나아가 원문과의 비교에까지 관심을 갖게 할 수 있을 것이다. 이 판본 정도라면 학생들을 위한 텍스트로 무리가 없을 것이다. 그럼에도 성경을 인용할 때 나는 내가 번역한 것들을 따르는 편이다.

영어로 쓴 책에 다른 언어로 된 비슷한 논평들과 번역들을 싣는 것은 거추장스럽기만 할 뿐, 어떤 목적에도 기여하지 못한다. 하지만 만약 이 작은 책을 다른 언어들로 발간해야 한다면, 마지막 세 문단 정도에는 성서를 이런 언어들로 번역하는 것에 대한 짧은 논평을 실어주는 게 적절할 것 같다. 왜냐하면 성서의 독자들은 얼마나 많은 성서 판본들이 존재하며, 어떤 것이 채택되느냐에 따라 얼마나 많은 것들이 달라지는지를 항상 망각하는 경향이 있기 때문이다.

10주간 동양 종교를 가르칠 수 있다면,《리그베다Rigveda》와《우파니샤드Upanishads》, 그리고《마누법전the Laws of Manu》,《바가바드 기타》에 각각 한 주씩을 배당해 강의를 시작할 수 있다. 4주차에는《법구경》과 부처의 다른 주요 설교내용들을 다룰 수 있다. 이런 자료들 중 몇 가지를 생략이나 발췌 없이 온전히 학생들에게 읽히는 것은 내용의 어조나 템포를 느낄 수 있도록 해주기 때문에 중요하다. 그 다음,《법구경》보다 이후에 쓰여졌으며, 부처의 도전에 대한 응답으로 볼 수 있는《바가바드 기타》를 읽을 수 있다. 다음으로, 학생들은 대승불교Mahayana에 관한 약간의 지식을 얻을 수 있다. 이를 위해서는 《법화경法華經, Saddharmapundarika Sutra》이 좋은 선택으로 여겨진다. 정리하면, 지금까지 인도 종교에 6주를 배정했는데 이는 앞선 수업에서 구약에 6주를 배정했던 것과 비슷하다.

그 다음 3주간은 공자의 언행을 담은 논어와 관련 자료들을 다루고, 장자莊子의 책에서 몇몇 부분을 보충하면서 노자의 《도덕경》을 다루고, 마지막으로 노자와 장자의 나라에서 불교가 어떻게 변화되었는지를 보여주기 위해 선Zen, 禪과 관련한 텍스트들을 다룰 수 있다. 마지막 주에는 코란의 수라들을 몇 가지 다룰 수 있을 것이다.

현대의 학자들은 이런 수업이 지나치게 피상적인 것이 될 수 있기 때문에 한 가지 종교나 한 가지 텍스트를 깊이 있게 공부하는 것이 훨씬 낫다고 느낄지도 모른다. 어떤 텍스트를 오랫동안 세심하게 공부하는 것이 바람직하다는 것은 두말할 나위가 없다. 하지만 한 텍스트를 오랫동안 읽는 것은 어떤 상상의 나래를 펼치더라도 여기서 상술한 한 학기나 두 학기의 수업 내용을 대체할 수 없다. 제대로 가르치기만 한다면, 학생들이 이와 같은 독서들을 통해 얻을 수 있는 것은 한 권의 책을 면밀하게 공부할 때 얻을 수 있는 이점과는 완전히 다르기 때문이다.

이것을 보여주는 가장 분명한 예는 옥스퍼드 대학교의 '위대한 인물들greats' 프로그램이다. 이 프로그램을 통해 여러 세대 동안 옥스퍼드의 학부생들은 플라톤의 《국가》와 아리스토텔레스의 《니코마코스 윤리학》을 모두 그리스어 원서로 접해왔다. 이 책들은 어떤 기준을 적용하더라도 모두 위대한 작품들이며 자세히 공부할 가치가 있는 것들이다. 하지만 이것들을 읽는 방식을 통해서 문화 충격을 경험할 수 있는 학생들은 거의 없을 것이다. 게다가 한 학기 내내 여기에 열거된 책들을 공부하더라도 문화 충격을 경험하지는 못할 것이다. 왜냐하면 공부가 점점 더 현미경적인 방식이 되면 될수록 학생들이 자신의 삶을 재점검하고 문화 충격을 경험하는 일은 더 어려워지기 때문이다.

물론 그렇다고 여기에 제시된 강의계획들이 자신의 삶을 성찰하는 계기를 넓혀 준다고 보장할 수는 없다. 그것은 수업을 가르치는 방식에도 크게 의존하기 때문이다. 하지만 모든 학생들에게 이런 과목들이 필요한 이유가 만일 자신의 신념과 도덕을 되돌아보게 하고, 가장 중요한 질문들에 대해 그들이 비판적으로 사고하게 만들어주기 때문이라면, 이런 목표가 대다수에서 성취될 수 있으리라는 것은 그렇게 지나친 기대가 아닐 것이다.

심화 강의: <창세기>

필수 과목 다음으로 계속해서 좀 더 깊이 있게 텍스트들을 공부하고 싶어 하는 학생들이 관심을 갖을 만한 몇 가지 선택 과목들을 제안해 보고자 한다. 다시 말하지만, 유행에 민감한 삼류 시들, 소설들, 철학들이 엄청난 관심 속에서 면밀히 검토되는데 반해, 모든 시대를 통틀어 가장 심오한 텍스트들이 거의 눈길조차 받지 못한다는 것은 기이한 일이다. 악화가 양화를 구축한다bad currency drives out good는 것은 흔한 이야기지만, 적어도 여기에는 훌륭한 작품들을 훌륭하게 가르쳐 학생들이 그보다 못한 작품들을 판별하고 기준을 세울 수 있는 가능성이 존재해야 한다. 이런 기준을 만들어보기 위해, 쉽게 비교가 가능한 한 가지 텍스트를 골라보는 것이 최선일 것이다.

이를 위한 가장 좋은 선택이 나는 〈창세기〉라고 생각한다. 게다가 〈창세기〉는 내가 알고 있는 책 중에 가장 위대하고 아름답고 심오하며 영향력 있는 책이다. 물론 여기서 논의되는 짧은 언급만으로는 그것의 풍부함을 전달하지 못할 것이다. 하지만 고등교육 중 종교의 위치를 논하는 자리에서, 한 학기 동안 성서에 대해 연구하는 방법들 몇 가지를 짧게라도 제시하는 것을 그만두어서는 안 된다. 내가 제시하려는 접근법은 〈창세기〉가 아닌 다른 성경들에도 적용할 수 있다. 어떤 교사들은 한 학기 동안 좀 더 많은 영역을 포괄하고, 좀 더 다양한 책들을 가르치는 것을 선호할 수도 있다. 여기서 가장 중요한 것은 "신앙을 갖지 않은 남녀 학생들에게 어떻게 성서를 가르칠 수 있는가?"라는 질문이다.

가장 먼저 교사들은 학생들에게 〈창세기〉의 독특한 스타일과 특히 어떤 것도 능가할 수 없는 그것의 숭고하면서도 간결한 표현을 전달하도록 노력해야 한다. 〈창세기〉가 쓰여지기 이전과 이후 에는 모두 장엄함majesty을 반드시 화려하게 표현해야 한다고 생각했다. 그래서 이 시기에는 호화롭고도 광범위한 수사학이 필요했다. 킹 제임스 성경은 비록 원문에서 어느 정도 제한을 받긴 했지만 이런 경우에 해당된다고 할 수 있다. 반면 히브리어로 쓰여진 〈창세기〉는 전혀 다른 취향과 감수성을 보여준다. 그것은 풍성하지도 훌륭하지도 않다. 오히려 예루살렘의 주변 풍경과 시나이 사막의 소박한 아름다움을 지니고 있다. 여기에는 거친 바위들과 오래된 올리브 나무들이 드문드문 흩어져 있으며, 마치 모든 과도한 것들이 오래전에 이미 제거되어 버린 것처럼 군데군데 구멍이 뚫려있다. 실제로, 암석들이 풍경 속에 흩어져 있는 것이라기보다 푸른 나무들이 암석으로 뒤덮인 땅을 감추기에 너무 드문 상황이라고 표현하는 게 맞을 것이다. 이곳보다 투명한 빛과 깨끗한 공기를 느낄 수 있는 곳은 없을 것이다. 그리고 〈창세기〉만큼 단순하고 간결한 웅장함을 지닌 산문은 어디에도 없을 것이다.

의도적으로 반복되는 부처의 설교들은 〈창세기〉와 완전히 다른 느낌이 있다. 그리고 호메로스의 《일리아드》에서 나타나는 긴 서술들의 서사적인 즐거움이나, 노자의 금언적이면서도 장난기 어리고 기발한 모순어법들과도 완전히 다르다. 불교의 《법구경》과 소포클레스의 작품들은 〈창세기〉의 스타일과 극단적인 대조를 이루지 않는다. 하지만 이것 역시 서로 다르기 때문에 〈창세기〉를 장기적으로 연구해 이런 차이들을 살펴보고, 그것들을 작품 내용과 연결시켜보는 것도 무척 가치가 있으리라고 여겨진다.

계속해서 스타일에 대해 말하자면, 교사들은 특히 수많은 구절들 속에 들어있는 셀 수 없을 만큼 놀라운 표현들을 끌어낼 수 있도록 시도해야 한다. 물론 이런 작업은 가령 신新 영어판 성경 New English Bible 으로는 진행할 수가 없다. 오히려 이 판본은 수많은 부적절한 표현들을 지적하는 것으로 사용될 수 있다. 게다가 이 판본은 도처에서 킹 제임스 성경의 번역을 따르고 있기 때문에 더욱더 언급할 필요가 있다. 그렇기 때문에 이 판본은 킹 제임스 판본과 비교해볼 수도 있다. 앞서 나온 번역본에 많은 단점들이 있음에도 어떻게 스타일과 리듬 그리고 아름다움을 간직하고 있으며, 현대적인 번역물은 왜 그렇지 못한지를 살펴보는 것도 흥미롭다.

동일한 문장들에 대한 몇 가지 번역물들을 나란히 살펴보는 것도 매우 유익하다. 이것은 번역자가 해결해야 할 문제들이 무엇이며, 번역자들이 서로 얼마나 다른지를 학생들에게 보여주는 한 가지 방법일 수 있다. 또한 계속 번역물에 의존해야 하는 모든 사람들에게 중요한 교훈이 될 수 있다. 뿐만 아니라 비판의 여지가 존재함에도 대부분의 학생들이 전혀 깨닫지 못했던 영역에 대해 비로소 비판적인 사고를 시작할 수 있는 첫 출발이 될 수 있다. 또한 위대한 산문과 형편없는 산문의 차이와 스타일에 대해 학습할 수 있는 방법이기도 하다.

원문의 즐거움을 발견하기 위해서는 당연히 그것을 직접 읽는 것이 큰 도움이 된다. 이렇게 할 수 있는 사람은 과거 율법학자들의 주석과 해석이 매혹적인 사례를 제공하는 귀중한 보고임을 알게 될 것이다. 비신앙자들은 율법학자의 해석들 중 상당부분에서 아무런 느낌도 받을 수 없을 것이다. 그렇지만 성서해석적인 독서가들이 친근한 텍스트를 어떻게 다루는지 살펴보는 것만으로도 무엇인가 얻을만한 것이 있다. 가령, 어떤 구절에 대한 서로 다른 해석들을 비교해 보는 것은 서로 다른 번역 표현들을 비교해 보는 것만큼이나 흥미롭다. 그리고 때때로 이런 해석들은 한번 주목하면 결코 잊을 수 없는 표현들에 대한 관심을 불러일으킬 수도 있다. 히브리어는 모르지만 독일어를 읽을 수 있는 사람들은 베를린의 정통파 랍비인 벤노 야곱Benno Jacob의 〈창세기〉 번역본과 주석에서 풍부한 예시를 찾아볼 수 있을 것이다. 그는 2,000년 동안 축척된 연구서들을 살펴보면서 1934년에 1,000페이지가 넘는 연구서를 내놓았다. 영어로 된 연구서로는 랍비 에릭 로웬탈Eric I. Lowenthal이 주석을 단 《창세기의 요셉 서사》가 있다. 이 책은 앞의 것보다 훨씬 짧은 것으로 로웬탈은 벤노 야곱과 다른 선임자들에게 상당히 많은 부분을 의지하고 있다.

〈창세기〉의 스타일은 세상의 다른 어떤 것보다 숭고하지만 정확히 바로 이 점 때문에 현대 독자들을 가로막는 경향이 있어서 특히 강조할만한 가치가 있다. 킹 제임스 판본은 장엄함을 위해서 〈창세기〉의 스타일을 원래와 동떨어지면서도 수사학적이고 교회적인 방식으로 바꿨다. 그로 인해 〈창세기〉가 지닌 누구도 능가할 수 없는 직접성과 단순성을 우리 시야에서 가려버리고 말았다. 하지만 〈창세기〉에 대한 가장 훌륭한 접근방법은 무엇보다 먼저 글쓰기에 대한 감각을 개발하는 것이다.

〈창세기〉는 50개의 짧은 장들로 이루어져 있으며, 정확한 길이는 판본들에 따라 다르겠지만 대략 60페이지 가량이다. 〈창세기〉는 40개도 채 되지 않는 문장으로 세상의 창조를 이야기하는 것에서 시작해 낙원과 아담과 이브의 추방에 대해 간략하게 말한다. 그리고 카인과 아벨의 끝없는 이야기를 전하는 데에는 채 20개도 안 되는 문장들을 쓴다. 〈창세기〉의 다음 주요 논의에서는 노아와 홍수를 다루며, 11장에서는 단 9절만으로 잊혀지지 않는 바벨탑의 이야기를 다룬다. 겨우 열 페이지 정도로 이토록 풍부하게 인간의 상상력을 발휘할 수 있는 곳이 어디 있겠는가?

책의 나머지 부분은 아브라함과 그의 아들 이삭, 그리고 이삭의 아들 야곱과 그의 열두 아들들, 그중에서도 특히 요셉을 다루고 있다. 〈창세기〉는 요셉의 죽음으로 끝이 난다. 아마 이토록 일찍 순수한 서술의 힘과 일관되고 간결한 암시로 한 가족의 일대기를 다루는 이야기는 어디에도 없을 것이다. 〈사무엘서〉와 〈열왕기〉 1권의 2장 끝부분에 있는 사울과 다윗의 후대인들 이야기 정도가 〈창세기〉에 필적할 만큼 사람을 잡아끄는 매력이 있을 것이다. 하지만 이 이야기는 〈창세기〉와 동일한 암시suggestion의 신화적 힘을 지니지는 못했다. 그리스인들은 이와 같은 것을 전혀 창조하지 않았다. 그리고 유대인들도 물론 호메로스의 서사시 같은 것을 전혀 창조하지 않았다. 여기서 다루는 것은 유일무이한 것이다.

야곱은 아킬레우스나 오디세우스처럼 차근차근 자신의 공적을 쌓아가는 인물 유형과는 본질적으로 거리가 먼, 청년기에서 장년기로 그리고 노년기로 꾸준히 성숙해 가는 세계문학사 상의 첫 번째 개인이다. 신과의 대결 이후 그의 이름은 이스라엘Israel로 바뀌었으며, 그는 그의 이름에서 유래한 왕국인, B.C. 722년에 아시리아인들에 의해 몰락하고 만 이스라엘 북쪽 왕국의 시조 영웅이다. 그의 출생은 25장에서 다루고, 그의 죽음은 49장의 마지막 절에서 다루는데, 이런 점에서 〈창세기〉의 절반 가량은 야곱을 다루고 있다고 할 수 있다.

〈창세기〉를 가르치기 위해서는 당연히 번역본들과 해석본들을 비교해야 하지만 이와 함께 작품의 연대를 추정하고 그것의 원본을 설명하는 학문적 자료들도 비교해야 한다. 1,800년 까지만 해도 일반적으로 토라Torah와 오경Pentateuch은 모세가 신에게 계시를 받은 내용이라고 믿어 왔다. 19세기에는 이 책이 어떤 천재적인 사람에 의해 집필된 것이라는 생각조차 지나치게 예전의 종교적인 관점과 너무 유사하다고 느꼈으며, 그래서 학자들은 아주 진지하게 그것이 조잡한 편집물이라고 주장했다. 그에 따라 학자들은 모든 문장들에서 신을 엘로힘Elohim이라고 부르는 한 가지 기원E과 신을 야훼YHWH라고 부르는 또 다른 기원적 작가J로 분류하기 시작했다. 그 후에 누군가가 사제로 추정되는 저자P를 또 '발견'했다. 그리고 점점 더 많은 독일 학생들이 자신의 박사 학위 취득과 관련해 지식에 작은 기여를 할 필요가 있었기에 E1 과 E2, J1, P1, P2를 덧붙였다. 그리고 그들은 어떤 한 절이나 반 절이, 가령 E1에 배정되어야 하는지 아니면 P2에 배정되어야 하 는지 등을 놓고 논쟁을 벌였다. 19세기 후반부터 아주 최근까지 도 이런 종류의 논쟁은 사실 모세의 오경을 논의할 때 학문적인 품위를 나타내는 전제조건이었다. 이런 논쟁을 주창하는 사람들 에 따르면 결국, 그것은 가위와 풀 이론scissors-and-paste theory이 다. 이 이론은 전례 없는 이 책이 어떤 멍청한 편집자가 서로 다 른 출처들에서 조각들과 부분들을 오려낸 다음 하나로 합쳐 풀로 붙여 모아놓은 것이라고 가정한다. 논쟁을 하는 사람들은 이 이 론이 그동안 의혹을 사왔던 불필요한 반복과 모순점들을 설명해 준다고 생각했다. 하지만 자신이 가진 출처에서 부분들을 잘라내 고 각각에서 상당 부분을 배제할 만큼 불손한 어떤 편집자가 우 리에게 그토록 많은 모순점들과 불필요한 반복들을 남겨주었다 는 것은, 곧 이상할 정도로 무능하다는 것을 보여주는 일이라고 한 번도 언급하지 않았다. 게다가 〈창세기〉가 정말로 무능한 사 람의 작품처럼 보이는지에 대해서는 누구도 물어본 적이 없다. 사변적인 현미경주의자들이 자신을 이처럼 거창한 바보로 만들 었던 적은 아마 이전의 어떤 세대에도 없었을 것이다.

〈창세기〉의 저자가 하나 이상의 구전 전통에서 이야기를 따왔 을 것이라는 점은 위와 다른 문제이다. 때때로 그는 한 가지 이상의 구전들을 놓고 제자리를 찾으려고 노력했을 것이며, 이것을 능숙한 기술로 모아야 했을 것이다. 우스운 것은 위의 학자들이 마치 모든 절들이 하나 이상의 또 다른 문헌 출처들에 배당될 수 있다는 식으로 오래된 모세의 Mosaic 이론을 모자이크 mosaic 이론으로 대체하려고 시도했다는 점이다.

오래된 모세의 이론과 대립하는 또 하나의 과잉반응은 몇몇 학자들이 〈창세기〉가 모방꾼의 작품이었음을 고대 이집트와 메소포타미아의 찬가들과 전설들이 증명한다고 주장한 것이다. 이것은 널리 받아들여지기도 했다. 이러한 사례들은 지적인 유행이 얼마나 기괴해질 수 있는지, 그리고 가끔씩은 이런 학자들이 몇 세대를 걸쳐 대학가를 지배하는 것을 막을 수 없음을 보여준다. 게다가 이 경우, 아주 빈번하게 그들은 의심스러운 이중 잣대를 적용한다. 초기에는 성경이 다른 어떤 책과도 완전히 다른 것으로 취급되었다. 하지만 지금은 또 다시 완전히 다른 기준들로 재단되고 있다. 과연 누가 감히 소포클레스를 모방꾼이라고 부를 수 있을 것인가? 그의 작품 《안티고네》의 플롯에 들어있는 모순점들을 두고 최소한 세 명의 저자들이 개입한 희곡이라고 말할 수 있겠는가? 사실, 〈창세기〉의 주제들을 그것보다 앞서 등장한 비슷한 내용의 설화들과 비교하는 것은 소포클레스의 플롯을 동일한 신화 내용을 다루는 이전의 다양한 변형설화들과 비교하는 것만큼이나 흥미로운 지점을 제공한다. 어떤 작품의 고유한 진가를 발견하는 데 이것보다 더 좋은 방법은 없을 것이다.

종교와 인접 학문들

독서의 기술을 언급하면서 나는 몇 권의 텍스트에서 철학적 차원 philosophical dimension 이라는 개념을 소개한 바 있다. 〈창세기〉에 담겨있는 세계와 인간의 창조에 대한 짧은 언급은 분명히 철학적 차원이라고 할 수 있다. 원문의 스타일과 시적인 감각을 조금이라도 달련한 독자라면 당연히 그에 대한 보답을 받을 수 있겠지만, 그렇다 하더라도 이런 시구詩句들이 의미하는 것에 대해서는 여전히 많은 부분을 놓치게 된다. 그래서 매우 도식적이긴 하지만 수업에서 구체적으로 다루어 볼 수 있는 몇 가지 주제들을 제안해보고자 한다.

성서적인 해석의 아름다움을 음미해본 사람이라면, 아마 성서를 제임스 프리차드James Pritchard가 편집한《구약 성경과 관련된 고대 근동의 텍스트들Ancient Near Eastern Texts Relating to the Old Testament》에서 찾아볼 수 있는 것과 같이 더 오래된 판본들과 비교할 수 있을 것이다. 그리고 다음과 같은 질문들을 던져볼 수 있을 것이다. 스타일, 내용, 그리고 함축하는 의미에 있어서 성서와 판본들의 차이는 무엇인가? 세계의 개념과 인간의 위상은 어떻게 따르며, 신의 특징과 신과 인간의 관계상의 특징은 어떻게 다른가?

다음으로 근동Near East 이외의 지역에서 발견되는 비슷하거나 필적할 만한 판본들을 다룰 수 있다. 가령 우리는 〈창세기〉에 등장하는 세계와 인간의 창조를 리그베다와 플라톤의《티마이오스 Timaeus》의 창조 내용과 대조해볼 수 있다. 이를 통해 고대 인도인들은 태초의 인간primeval man이 지닌 각각의 서로 다른 부분들에서 인간이 만들어졌다고 여겼기 때문에 거기에 기반해 카스트 제도cast system를 고안했음을 알게 될 것이다. 또한 어떤 인간의 피 속에는 황금이, 어떤 인간의 피 속에는 은이, 그리고 또 어떤 인간에게는 저급한 금속이 들어있다는 플라톤의 신화를《국가》에서 확인할 수 있다.

그 다음으로 성서의 신화적인 영향력에 대해 공부할 수 있다. 모든 인간은 단 한 쌍의 부부에서 시작된 후손이라는 개념은 모든 인간들이 서로 형제라는 개념으로 이어진다. 그리고 인간은 신의 형상을 본떠 만들어졌으며, 신이 자신의 영spirit을 인간에게 불어넣었다는 이야기는 왕이나 사제가 아니더라도 모든 인간이 여타의 동물들보다 신을 훨씬 더 많이 닮았다는 개념을 이끌어낸다. 또한 이것은 우리의 감각이 제공하는 풍부한 증거들과 정면으로 대치되면서, 인간은 자연 속에 존재하는 하나의 단순한 얼룩이 아니라 그것과는 본질적으로 단절된 훨씬 더 중요한 의미를 띠게 된다. 반면 이런 자만심은 인도보다 서구에서 훨씬 더 멀리 확장되었고, 그로 인해 사실 거의 주목받지는 못했지만 뒤러 Albrecht Dürer, 1471~1528 이전의 서양 예술사에서는 놀랍게도 단한 점의 풍경화도 찾을 수 없다. 아주 이른 시기의 남부 프랑스와 북부 스페인의 동굴 벽화들에서 우리는 동물들에 대한 놀라운 감각을 만날 수 있다. 설사 그것이 사냥을 성공시키려는 사냥꾼들의 관심에서 촉발된 것이라고 할지라도 말이다. 하지만 우리는 이와 비교될 수 있을 만한 자연에 대한 감각을 어떤 예술에서도 찾을 수 없다. 충격적일 만큼 놀라운 인류힉적 관점을 우리에게 물려준 것은 비단 〈창세기〉만은 아니다. 〈창세기〉의 독창적인 점은 모든 인간들이 서로 형제이며 또한 인간이 신적인 존엄성을 지녔음을 함축하는 데 있다.

장식적인 과일 정물화처럼, 로마의 회화들 속에 등장하는 약간의 자연풍경이 이런 주장들과 대립하지 않는 것처럼 레오나르도 다빈치Leonardo da Vinci, 1452~1519의 초상화에 배경으로 등장하는 자그마한 나무와 산 역시 이런 주장을 반박하지 않는다. 왜냐하면 이탈리아의 르네상스 시기에 풍경화는 기껏해야 인물들 뒤편을 장식하는 부수적인 배경이었고, 누구도 기억하지 못하는 사람들을 그린 것이라고 해도 회화에서 가장 중요하게 여긴 것은 바로 인물이었기 때문이다. 그러나 사실 다빈치는 자신과 동시대인인 뒤러처럼 자연의 형태와 풍경에 관심이 있었으며, 약 1,500년 경에는 뛰어난 기술을 발휘해 이것들을 스케치하는 데 성공하기도 했다. 하지만 인간이 극도로 축소되거나 전혀 등장하지 않는 광대한 자연 세계라는 개념은 레오나르도에게 생소한 것이었으며, 이는 시스티나 성당의 천장에 천지창조를 그려 넣었던 미켈란젤로Michelangelo Buonarroti, 1475~1564 역시 마찬가지였다.

고대 중국에는 창조 신화가 존재하지 않으며, 프리츠 모트Fritz Mote는《중국의 지적 토대Intellectual Foundations of China》에서 이것이 중국의 가장 특징적인 면모라고 주장했다. 어찌 되었든, 중국의 풍경화에서 우리가 처음으로 마주치는 것은 다음과 같은 것이다. 기원 후 1,000년 경에 그려진 송나라 시대의 족자그림은 자연을 엄청나게 크게 묘사하며, 그에 반해 사람은 때때로 어디에 있는지 한참을 찾아야 할 정도로 작게 그렸다. 이런 방식의 작품들에서 우리는 〈창세기〉에 비견할 만한 검소함economy을 발견할 수 있다. 하지만 중국과 이스라엘의 여백미와 단순함은 전혀 다른 감수성을 전해준다.

그렇다면 이제는 〈창세기〉의 1, 2장과 서구의 과학적인 세계관을 비교해 보도록 하자. 16세기의 위대한 플랑드르 화가인 피터 브뤼겔Pieter Bruegel the Elder, 1525~1569이 단호하게 풍경을 단순한 배경이 아닌 주제로 삼고, 그 안에 인간을 위치시킨 것은 코페르니쿠스 이후의 시대에서부터다. 이보다 조금 앞서 뒤러가 수채화로 순수 풍경화를 그린 적이 있으며, 그 이후에는 렘브란트와 루이스달Jacob van Ruysdael, 1625~1682이 유화로 좀 더 큰 규모인 풍경화를 그린 적이 있다. 하지만 대체로 서양 미술에서 인간은 중요한 비중을 차지했기에, 서양 미술은 근대 과학보다는 〈창세기〉에 더 가까운 세계관을 지니고 있었다. 비록 근대 과학이 서구에서 발전하기는 했지만, 많은 점에서 〈창세기〉보다는 다양한 세계들에 관한 불교적인 성찰에 가깝다고 할 수 있다.

이런 점에서 마지막으로, 〈창세기〉의 천지창조를 20세기 서구의 혼란스러운 상식들과 비교할 필요가 있다. 이런 상식들은 〈창세기〉와 근대 과학에 상당히 많은 부분을 빚지고 있지만 그럼에도 일관적이지 못하고 뒤죽박죽이다. 다음 장에서 살펴볼 선악과善惡果와 낙원에서의 추방, 그리고 카인과 아벨을 다루기 전에 먼저 이런 몇 가지를 구분할 수 있어야 한다.

아케다

선악과와 낙원에서의 추방, 그리고 카인과 아벨에 대한 이야기들은 모두 비슷한 연장선상에서 연구할 수 있다. 어떤 경우에는 성서와 동일한 주제를 다루는 후대의 문학작품과 비교함으로써 추가적인 관점을 얻을 수도 있다. 때로는 학생들에게 이와 같은 주제들에서 영감을 받은 회화작품들을 보여주고, 단순한 묘사가 아닌 특정한 관점의 해석이나 판본, 또는 발전과정으로 다룬다면 상당히 큰 도움을 줄 수 있다. 가끔은 음악 작품도 이와 같은 방식으로 논의할 수 있다.

마지막으로 한 가지 예를 더 들면서 〈창세기〉에 대한 논의를 마치도록 하겠다. 아케다Akedah는 〈창세기〉 22장의 19절에서 언급되는 이야기에 등장하는 히브리 이름이다. '적음 속에 많음이 있다multum in parvo'는 라틴어 속담처럼 절제된 표현이라고 할 수 있다. 몇 줄의 짧은 문장으로 잊을 수 없는 이야기가 전달되고 있어서 간결한 표현 속에 들어있는 놀라운 아름다움을 느낄 수 있다.

그 이야기는 독립적인 것으로 볼 수 있지만 앞의 내용을 배경으로 읽어야 하는 것으로 여겨지기도 한다. 〈창세기〉의 12장 시작부분이 이와 관련이 있다. 여기서 신은 아브라함에게 고향을 떠나 "내가 너에게 보여줄 땅으로 가라, 거기서 내가 너로 하여금 위대한 나라를 만들리라"고 명한다. 신의 이 언약은 여러 가지 방식으로 반복되는데, 아마 아브라함이 신에게 다음과 같이 질문하는 15장이 가장 가슴이 뭉클한 부분일 것이다. "저에게 무엇을 주려하시니까, 저는 자식이 없으므로 제 가문의 상속자는 다메섹의 엘리에셀Eliezer of Damascus이 아닙니까?" 신은 엘레에셀이 그의 상속자가 아니라 그의 몸에서 나온 자손이 그리 될 것이라고 말한다. "하늘을 우러러 뭇별을 셀 수 있나 보라. 그리고 그에게 이르시기를, 네 자손이 이와 같으리라." 그러나 아브라함과 아내인 사라 사이에는 여전히 자식이 없었기 때문에, 사라는 아브라함에게 자신의 몸종인 하갈과 자손을 보라고 설득한다. 여기서 하갈과 그녀의 아들인 이스마엘의 이야기는 다른 이야기들 속에 배치되어 등장한다. 어쨌든 신은, 사라도 아들을 낳을 것이며 "너는 그의 이름을 이삭이라 칭하라. 내가 그와 함께 내 언약을 세우리니, 그의 후손에게 영원한 언약이 될 것이라"고 확신시킨다. 18장에서도 신이 아브라함에게 소돔과 고모라의 사람들이 죄악에 물들었기 때문에 이 도시들을 파괴하려는 이유를 말하는 내용에 앞서, 다시 사라가 아들을 낳을 것이라는 언약이 반복된다. 아브라함은 선한 사람을 악한 사람과 함께 파괴해서는 안 된다면서 신을 설득해 만일 50명의 순결한 사람들이 그 안에 있다면 소돔을 멸망시키지 않겠다는 약속을 받아낸다. "그리고 아브라함이 답하며 말하기를, 제가 비록 먼지와 재 같은 존재이지만 감히 주께 말씀드리겠습니다. 만약 선인 50명 중에서 5명이 부족하다면 어찌하시겠습니까? 5명 때문에 그 도시를 파괴하시겠습니까?" 이러한 논쟁은 소돔에 선한 사람 10명이 존재한다면 파괴하지 않겠다고 신이 승인할 때까지 계속된다. 이 이야기 역시 아케다와 관련된 것으로, 〈창세기〉의 아브라함이 상당한 영향력을 끼쳤던 키에르케고르의 《공포와 전율Fear and Trembling》이 〈창세기〉 22장에 나오는 아브라함과 얼마나 다른지를 보여준다.

아케다에 관한 것은 키에르케고르가 주목하고 있는 22장보다 앞선 장들에도 많이 나온다. 이 장들은 모두 22장에 주목하기 하기 위해 지나가면서 언급할 만한 것들이 아니라 각각 주목할 만하다. 〈창세기〉만을 가지고 한 학기를 진행하려는 교사라면 치명적인 오해를 불러일으킬 수 있기 때문에 특정한 한 장을 전체 내용의 핵심으로 삼지 않을 것이다. 하지만 우리가 다루는 맥락에서는 전체 배경을 완전히 이해하는 데 한 가지 점을 더 살펴보면

충분하다. 21장에서 사라는 아브라함이 하갈과 이스마엘을 쫓아
내는 데 성공하고, 쫓아낸 '자신의 아들 때문에' 아브라함은 대
단히 슬퍼한다. 그러자 "신이 아브라함에게 이르기를, 그 아이와
여종으로 인해 슬퍼하지 말라. 사라가 너에게 말한 것을 모두 들
으라. 너의 이름을 지닐 후손은 이삭뿐이기 때문이니라. 하지만
여종의 아들도 네 자손이니, 그 또한 내가 한 민족을 이루게 하리
라." 이 모든 것이 이제 22장의 가슴 저린 시작부분을 더욱 고조
시킨다.

"이 사건 이후에, 신이 아브라함을 시험하기 위해 '아브라함
아' 하고 부르자, 그가 '제가 여기 있나이다'라고 대답했다. 신이
말했다. 네가 사랑하는 아들, 네 유일한 아들 이삭을 데리고 모리
아 땅으로 가라. 그리고 내가 일러줄 산으로 가서 그를 번제burnt
offering, holocauste로 올리라. 아브라함은 다음 날 아침 일찍 일어
나 나귀에 안장을 지우고, 자신과 함께 갈 두 명의 젊은이와 그의
아들 이삭을 준비시켰다. 그리고 번제에 사용할 나무를 쪼개고
실은 다음, 신이 그에게 지시했던 곳으로 떠났다. 사흘째 되는 날
아브라함이 눈을 들어보니 멀리 그곳이 보였다. 아브라함이 젊은
이들에게 말했다. 너희는 나귀와 함께 여기 머물러 있거라. 나와
이 아이가 저기 가서 경배를 드린 다음, 다시 너희에게 돌아올 것
이다. 아브라함은 번제에 쓸 나무를 들어 그의 아들 이삭에게 지
게하고 자신은 손에 부싯돌과 칼을 들었다. 그리고 두 사람은 함
께 그곳으로 걸었다."

여기서 아브라함의 감정은 단 한 마디로 말해지지 않는다. 또한 그럴 필요가 없기도 하다. 왜냐하면 감정이 있는 독자라면 아브라함이 앞선 장들과 관계된 '이 사건 이후에' 어떻게 느꼈을지 '알고' 있을 것이기 때문이다. 간결함이 긴장을 만들어내면서 여기 소개된 주제들은 〈창세기〉의 나머지 부분들 전체에 반향을 주고 있다. 그리고 다윗의 이야기들과 복음서들에서도 다루어지면서 다른 방식이긴 하지만 유대교적인 경험과 기독교적인 경험의 핵심이 됐다.

이것은 요셉과 벤야민에 대한 야곱의 감정에서 극에 다랐던, 아버지들의 이야기에서 중심을 차지하는 아들에 대한 아버지의 사랑이다. 〈사무엘서〉 2권에서 우리는 다시 한 번 이 주제를 만날 수 있다. 자신에게 맞서 들고 일어난 반역자 아들에 대한 다윗의 울부짖음은 대부분의 학생들은 여러 세대동안 알지 못한 채 지내왔지만 잊을 수 없는 것으로 남아있다. "내 아들 압살롬, 내 아들, 내 아들 압살롬아, 너 대신 내가 죽었더라면 좋았을 것을! 내 아들, 내 아들, 압살롬아."(〈사무엘서〉, 18장 33)

야곱과 다윗은 히브리 성경에서 가장 길게 다루는 가장 다정한 사람들이다. 이 두 사람은 자식들을 무척 사랑했기 때문에 깊은 슬픔을 겪는다. 고대 인도나 그리스 또는 중국 문학에서는 이와 비교할 만한 것을 찾을 수 없다. 〈창세기〉와 아브라함의 이야기에 나오는 이런 아버지의 사랑은 고유한 유대적인 주제이다. 다윗의 감수성은 아마 아브라함과 이삭 그리고 야곱의 이야기들을 통하면서 형성됐을 것이다. 유대 아버지들의 감정은 몇 세기에 걸쳐 가며 다윗과 아버지들의 이야기에서 틀림없이 깊은 영향을 받았을 것이다. 인생은 반복해서 문학을 모방한다. 〈창세기〉의 어느 장에서도 이와 비견할 만한 딸에 대한 감정을 발견할수 없다. 심지어 34장에 나오는 야곱의 딸 디나Dinah 의 이야기에서도 마찬가지다. 사사기 11장에서 입다Jephthah 가 자신의 딸을 번제로 바치는 이야기는 아케다에 가까운 것으로 비교해 볼필요가 있다.

〈요한복음〉에 나오는 "신께서 세상을 이처럼 사랑하사 자신의유일한 독생자를 주셨으니"(3장 16절)라는 기독교적 사고는 분명히 〈창세기〉 22장에 귀를 기울였던 것이다. 탄탈루스Tantalus 가신들에게 그들이 일상적으로 먹던 것과 다른점을 말할 수 있는지알아보기 위해 자신의 자식들을 죽이고 그 고기를 신들에게 제공한 그리스 신화와 비교해보자. 여기에는 아버지의 입장에서 어떤희생을 감내했을 것이라는 생각이 전혀 떠오르지 않는다. 그리고라이오스가 이제 막 태어난 자신의 아들 오이디푸스를 죽게 내다버리라고 명령했을 때도, 여기에는 마치 모든 애정을 망각해 버린 것처럼 아버지로서의 어떤 고통이 내포되어 있다고 여겨지지않는다. 자신의 외아들을 주는 것보다 더 위대한 희생은 없다는관념은 〈창세기〉에서 유래한 것으로 다윗의 울부짖음을 통해 널리 알려졌다. 자신이 희생될 나무 짐을 지고 가는 이삭의 이미지는 심지어 예수가 자신이 매달릴 십자가를 지고 갔다고 전하는 복음서들에 다시 등장한다. 그러나 〈창세기〉는 누군가의 아들을 희생시키는 것이 지고의 헌신을 나타내는 표현으로 요구되거나 받아들여져서는 안 된다는 이야기로 끝난다.

첫 번째로 태어난 자식을 희생시키는 것은 그 지역의 고대적인 관습이었으며 이것은 자신의 자식들에게만 한정되지도 않았다. 그리고 사실, 〈창세기〉에서 이 고대적 제의는 재해석된다. 처음으로 태어난 아들을 희생하는 것이 "네가 사랑하는 아들, 네 유일한 아들 이삭"의 희생으로 바뀐 것이다. 그리고 전체적인 강조점은 처음 태어났다는 점이 아니라 아버지의 깊은 사랑에 놓인다. 그 다음 신은 희생을 금지하고 대신 아브라함에게 숫양 한 마리를 바치도록 명령한다.

이 이야기만 따로 떼어 놓으면, 우리는 여전히 이 특별한 경우에만 희생제의가 금지된 것이 아니냐고 추측할 것이다. 하지만 모세와 예언자들은 이 풍습을 혐오스러운 이방인들의 의식으로 규정했다. 그런데도 신약 성경에서 이런 제의가 구원을 위한 필수불가결한 조건으로 되살아난 것은 주목할 만한 일이다. 가령, 신이 인간에 대한 자신의 사랑을 보여주는 것을 믿지 않는 자는 그 누구도 구원될 수 없다. 이 사랑은 "누구든지 그를 믿기만 하면 멸망하지 않고 영원한 생명을 얻을"(〈요한복음〉 3장 16절) 수 있는 유일한 독생자인 신의 희생이다.

또한 〈이사야Isaiah〉에서 "우리의 비애를 떠안고 우리의 슬픔을 지고 가는" 자가 "멸시받고 거절당하"는 것을, 나중에 광범위하게 영향을 준 부분에서 읽을 때면, 그리고 신약에서 언급하는 "그는 마치 도살장으로 가는 양처럼 끌려갔다"는 구절에 이르면, 아버지 곁에서 걸어가는 이삭을 떠올릴 수 있을 것이다. 하지만 〈이사야〉에서는 이삭이 입을 열지 않았다는 표현을 같은 절에서 두 번이나 언급하지만 〈창세기〉의 저자는 이삭이 아브라함과 걸으면서 대화를 나누게 한다.

《민족 심리학Völkerpsychologie》이라는 성경의 서사와 관련한 통찰력 있는 19세기의 연구서에서 슈타인탈Heymann Steinthal, 1823~1899과 모리츠 라자루스Moritz Lazarus, 1824~1903는 모든 시대의 위대한 작가들이 각자 아브라함과 이삭의 대화에서 어떤 지점을 중단시키고 그 지점에 어울릴만한 내용을 창작해서 겨루는 것을 상상한다면 유익할 것이라고 언급한 적이 있었다. 슈타인탈은 어쩌면 어느 누구도 〈창세기〉를 능가하지는 못할 것이라고 주장했다. 여기에 한 마디 덧붙인다면, 설사 에우리피데스가 《아울리스의 이피게니아Iphigenia in Aulis》에서 비슷한 주제를 다루더라도 분명히 〈창세기〉를 능가하지는 못했을 것이다. 〈창세기〉의 갈등해소를 최고의 경지로 만든 것은 바로 그것을 감상주의에서 벗어나게 해 주는 간결함 때문이다.

"그리고 두 사람은 모두 그곳으로 걸었다. 이삭이 자기 아버지 아브라함에게 말했다. 아버지. 그러자 아브라함이 말했다. 여기 있다, 내 아들아. 그가 말했다. 여기 불과 나무가 있습니다. 그런데 번제를 드릴

양은 어디 있습니까? 아브라함이 대답했다. 신께서 친히 번제를 위한 양을 보여주실 것이다, 아들아. 두 사람은 계속해서 함께 걸었다.”

세계문학 작품들에 나오는 대화들 중에 이 구절들이 전하는 파토스pathos나 경제성에 비길만한 것은 얼마 되지 않는다. 위에서 거의 모든 단어들에는 어마어마한 무게감이 있다. 그러면서도 거창하거나 화려한 단어는 전혀 없다.

“그리고 신께서 알려주신 곳에 그들이 도착하자, 아브라함은 그곳에 단을 쌓고 나무를 늘어놓고, 자신의 아들 이삭을 묶고는 그를 나무 위의 단 위에 올려놓았다. 아브라함이 칼을 잡고 자신의 아들을 죽이기 위해 손을 들었다. 그러자 여호와의 천사가 하늘에서 그를 부르며 말했다. 아브라함아! 아브라함아! 그가 대답했다. 제가 여기 있나이다. 그가 답했다. 아이에게 손대지 말거라, 그 아이에게 아무 짓도 하지 말거라.”

아케다는 결박binding을 의미하며, 아브라함의 위 이야기는 히브리어에서 이 용어로 명명되고 있다. 여기서 그 다음 이야기를 계속해서 언급할 필요는 없을 것이다. 나는 단지 〈창세기〉에 관한 수업에서 다뤄 볼 만한 몇 가지 아이디어를 제공하려고 했을 뿐이다. 또한 유대 전통에 따르면 아케다의 장소는 후에 솔로몬 왕이 첫 번째 신전을 짓게 되는 바위였으며, 아직도 예루살렘의 바위 돔 안으로 들어가면 이 바위를 볼 수 있다는 점을 지적할 수 있을 것이다.

그리고 이 지점부터는 아주 쉽게 예루살렘이라는 장소가 유대교인들과 기독교인들 그리고 이슬람교인들에게 갖는 의미를 토론하는 것으로 연결할 수 있다. 특히 이 성소와 관련된 각각의 경전들의 특정 텍스트들에 관심을 기울일 수도 있을 것이다. 왜냐하면 경전은 그 정의에서부터 단순한 문학이 아니라 종교를 지탱하는 권위적인 요소이기 때문이다. 그래서 우리가 경전을 가르칠 때 특정한 텍스트나 개인의 해석에 대한 권위를 배제한다 하더라도, 그것이 여러 세대의 신자들에게 미친 영향과 의미의 차원까지 무시해서는 안 된다.

이와 동시에 교사들은 독서가가 공감하지도 않고 그다지 친숙하지도 않는 종교적인 어떤 유물처럼 텍스트를 읽게 해서는 안 된다. 모든 텍스트들을 그렇게 다룰 수는 없더라도, 때로는 한 텍스트가 지금now은 무신론자인 독서가에게 어떤 경험을 자극할 수 있는지 보려주려고 노력해야 한다. 현대의 독서가들이 얼마나 이 문제에 사로잡혀 왔는지를 보여줌으로써 이런 자극은 문화 충격을 방해하는 것이 아니라 오히려 텍스트에 대한 도전을 고양시켜 줄 수 있을 것이다.

나는 내가 쓴 짧은 시들에서 다양한 방식으로 아케다라는 주제를 반복적으로 다루어 왔다. 그래서 만일 〈창세기〉에 관한 강의를 맡게 된다면, 나는 주저하지 않고 이슬람 국가에서 아케다를 접했던 것을 포함해, 한 명의 독자가 어떻게 계속해서 동일한 주제로 되돌아가고, 그것을 다양한 문맥 속에서 경험하고 있는지를 보여주기 위해서 이 시들을 낭독할 것이다. 물론 다른 텍스트들에 대한 보충적인 관점을 제공하기 위해 이 시들과 함께 다양한 사람들이 쓴 다른 시들을 함께 살펴보는 것도 빼놓을 수 없는 일이다.

또한 이스라엘의 벳 알파Bet Alpha 회당에 있는 고대 유대인들의 아케다에 관한 모자이크와 이후 기독교의 모자이크들을 비교해 보는 것도 교육적인 가치가 있다. 이 이야기는 중세 히브리 성경들과 기도서들에 삽화로 그려져 있으며, 초기 기독교인들은 이것을 그림으로 그리거나 유리나 상아로 세공하기도 했다. 이 주제를 다뤘던 중요한 이탈리아 예술가들에는 기베르티Ghiberti, 도나텔로Donatello, 안드레아 델 사르토Andrea del Sarto, 소도마Sodoma, 티티안Titian, 카라바지오Caravaggio, 구아르디Guardi, 티에폴로Tiepolo가 있다. 특히 기베르티Lorenzo Ghiberti, 1378~1455가 피렌체 세례당의 청동문 양쪽에 장식한 부조는 세계적으로 유명하다. 첫 번째로 완성된 문은 신약의 장면들을 묘사하며, 두 번째 문은 구약의 주제들을 나타내는데, 이것이 바로 잘 알려진 〈천국의 문the Gates of Paradise〉이다. 잘 알려져 있지는 않지만 이 청동문과 관련해서는 원래 일곱 명의 예술가들이 아케다에 대한 주제로 경합을 벌였었다. 이중 기베르티가 승리를 해서 일을 맡았으며, 차등을 한 부르넬레스키Filippo Brunelleschi, 1377~1446는 후에 피렌체의 바르젤로Bargello에 있는 피렌체 대성당의 돔을 건축했다. 그리고 렘브란트는 이 이야기를 에칭과 유명한 회화에서 다뤘으며, 우리 시대에서는 이고르 스트라빈스키가 히브리 텍스트를 토대로 한 바리톤과 챔버 오케스트라를 위한 발라드인 아케다 이자크Akedat Yizhak를 작곡했다.

어떤 학자는 아마도 이 지점 쯤에서 다음과 같은 질문을 던질 것이다. 과연 이런 종류의 수업을 계획했던 만큼 훌륭히 진행할 수 있을 것인가? 어쩌면 질문자는 종교와 이것들은 별개이며, 다른 학과들에서나 제대로 다룰 수 있는 작업들을 너무 많이 포함했다고 느낄지도 모른다. 하지만 사실 종교는 별개의 학문이 아니며, 문학이나 예술, 음악, 철학, 역사를 다루는 다른 전공과목들과 함께 연구해야 한다. 고등교육에서 종교의 위치는 학과 간 단절의 인위성을 우리에게 상기시키는 데 있지 않다.

혹자는 아마 논리정연하게 지난 시대에는 종교가 사람들의 삶에, 특히 예술, 문학, 철학, 음악, 그리고 놀랍게도 그들의 역사에 깊숙이 녹아들어 있었으나, 학문의 진보가 과학뿐만 아니라 종교와 다른 과목들의 경계를 나누는 데 기여해왔다고 반응할 지도 모른다. 그리고 더 나아가 진보를 이루기 위해서는 우리가 어느 정도 능력을 갖춰온 한 가지 분과학문에 계속해서 매진해야 한다고 말할지도 모른다. 그 외의 것들은 아마추어적이고 학생들에게 나쁜 선례만을 주는 것이라고 하면서 말이다.

이러한 주장에는 절반의 진실이 들어있다. 그리고 이중에서

· 275 ·
고등교육과 종교의 위상

옳은 것이 무엇인지 알아내는 것은 중요하다. 하지만 이런 주장을 〈창세기〉를 가르치는 데 적용한다면, 과연 우리에게는 무엇이 남게 되는가? 또는 불교를 가르치려 한다면? 불교는 문학일 뿐만 아니라 캄보디아에 있는 앙코르 톰Angkor Thom의 건축물이고 인도네시아의 자바 섬에 있는 보로보두르Borobodur사원이기도 하다. 그리고 태국의 청동 조각상이면서 일본의 목각상이고, 미얀마의 수도 양곤에 있는 쉐다곤 파고다Shwe Dagon pagoda의 웅장한 테라스에서 사람들이 반짝거리는 불상들에다 물을 붓는 의식이며, 만달레이Mandalay의 수상학手相學, palmistry이다. 또한 불교는 선禪, Zen이며 검도劍道의 정수이고, 아쇼카Ashoka 왕이자 아잔타Ajanta 석굴이다. 종교가 단순히 신학이라는 생각은 인간을 배제한 것이다. 종교는 신학자들에게만 맡겨둘 수 없는 훨씬 더 중요한 것이다.

유행을 따라서, 혹은 시험을 준비하기 위해 종교 텍스트를 여러 번 읽는 것은 쉬운 일이다. 하지만 이런 방식으로 성경을 알게 되면 그것의 의미를 느끼기에는 역부족이다. 종교의 진정한 의미를 이해하기 위해서는 다른 문화권에서 쓰여진 텍스트들과 비교를 해봐야 하며, 최소한 그것이 예술과 문학에 준 영향을 추적해야 한다. 가령 〈창세기〉를 예로 든다면, 구약 성경의 후반부에서 시작해 이후 복음서들과 미켈란젤로의 해석을 살펴보아야 한다. 이 모든 것을 공부하기란 결코 쉽지 않으며 잘못된 방향으로 나아갈 가능성도 상당히 많다. 하지만 대부분의 교육이 형편없으며, 이 과목도 제대로 가르칠 수 없을 것이라는 사실이 종교를 전혀 가르치지 말아야 하는 충분한 이유는 결코 되지 않는다.

종교는 고등교육의 수준에서는 상당히 비중 있게 교육해야 하며, 그것을 잘 할 수 있는 방법은 학제 간 연구에서다. 이것은 고등교육과 관련해서 상당한 시간의 논의를 필요로 하는 일반적인 문제를 제기한다. 학제 간 연구라는 접근법은 위험성이 있다. 하지만 사랑을 포함해서 인생에서 가치 있는 모든 것들은 이런 위험성을 지니고 있다.

5장

비전은 가르칠 수 있는가

Vision can be Taught, But,……

VISION CAN BE TAUGHT, BUT,……

· ·

맹목blindness은 배울 수 있으며 심지어 여러 세기 동안 그것을 가르쳐 왔다. 교육의 상당 부분은 항상 주입식이었다. 학생들은 무엇을 믿을지 교육받았고, 불필요한 사실이나 대안, 심지어는 자신의 신념까지 무시하도록 권고를 받아왔다. 경건함이란 자신이 들은 것을 믿으면서 맹목이라는 어둠 속에 머물러 있는 것이었다. 반면 한걸음 뒤로 물러나 자신이 믿고 있는 것이 어떤 것인지를 관찰하기 위해 바깥으로 나가고 혼자 힘으로 알아보는 것은 불경한 일이었다. 퉁명스러움을 즐겼던 마르틴 루터는 천국의 문에 들어서기 위해서는 이성의 눈을 빼내버려야 한다고 주장했다. 독단적인 다른 사람들도 루터처럼 그렇게 공개적으로 맹목의 덕을 강조한 적은 없으며, 오히려 신앙의 시녀라는 점에서 이성의 중요성을 강조했다. 이런 점에서 본다면 마르크스는 루터보다 로마 가톨릭에 좀 더 가깝다고 할 수 있다.

이런 사례들은 종교에만 적용될 수 있는 것이 아니라 수백만의 사람들이 종교의 대체물로 수용하는 이데올로기에도 적용될 수 있다. 또한 어느 정도는 대부분의 사변주의에도 적용될 수 있다. 특정 학파의 공론公論은 종교적이거나 정치적인 믿음의 위상을 차지한다. 이 지점에서 우리는 루터의 격언과 완전히 멀어진다. 왜냐하면 전형적인 현대의 사변가는 루터와 달리 지나치게 맹목적이어서 자신이 하는 일이 무엇인지 알지 못하기 때문이다. 사변가는 자신이 어떤 문제도 제기할 수 없고, 검토조차 거절하는 신성불가침의 신념을 가지고 있다는 것을 알지 못한다. 종종 '우리'라고 말할 때조차도 그들은 자신이 호소하는 합의를 구성하는 신념을 전혀 의심하지 않는다. 또한 대개 그들은 자신이 학파에 속해있다는 것을 부정하려 하며, 자신이 근거로 삼고 있는 합의가 특정한 한 학파를 구분하는 것이라는 견해를 전혀 받아들이지 않는다. 그리고 만일 이것을 그들에게 피력하면, 화를 내고나서 곧바로 잊어버린다. 그들은 자신의 신념과 자신의 지위 그리고 자신의 조건을 볼 수가 없다. 그들에게 맹목적이라고 지적하면서 그것에 관해 말하는 것은 매우 난처한 일이 되어버리고 만다.

단점에 대해 그토록 민감하면서도 어떻게 자신이 하나의 학파에 속해있다는 것을 알지 못하는 것일까? 이것은 너무 이상한 일이어서 학계 전반이 이런 사례들로 가득하지 않았다면 아마 누구도 이런 상황을 쉽게 믿으려고 하지 않을 것이다. 전형적인 현대의 사변가들은 자신이 속한 학파의 사상을 이성적인 사람들이라면 믿고 인정할 만한 것과 동일시한다. 때문에 역으로 분야에 속한 많은 사람들은 비이성적이거나 교육을 잘못 받았거나 또는 모든 사람들이 수준 이하의 사람들이라고 알고 있는 그런 분과의 구성원이라고 할 수 있다.

그들의 이런 재주는 약물drug 없이는 이끌어낼 수 없는 것이다. 진정제와 진통제, 그리고 자극제로도 사용되는 사변가의 만병통치약은 바로 고도의 전문화hyperspecialization이다. 다량으로 섭취하면, 이 약물은 바로 눈을 멀게 만드는 메틸알코올wood alcohol과 동일한 효과가 있다. 맹목은 또한 좀 더 낮은 수준에서 훨씬 더 분명한 방식으로 교육된다. 상상력과 아이디어가 풍부한 아이들은 학교에 들어가면 비-창조적이고 반-창조적인 훈육자들에게 억압을 당한다. 이런 모든 문제는 훈육과 전문화, 심지어 학교들을 제거해버리고 비전을 가르칠 수 있다면 아주 간단히 해결될지도 모른다. 하지만 이런 '치유책'은 해결책을 찾는 지금의 상황보다 좀 더 심각한 상황을 초래할 수 있다.

이런 비교를 쉽게 할 수 있는 이유는 엉터리 방법이 사람들의 눈을 멀게 만들고 더 나아가 노예상태나 혼란상태에 빠뜨리기 때문이다. 우리는 학교제도는 말할 것도 없거니와 전문화 없이는 살아갈 수 없다. 비전은 어느 정도까지는 교육할 수 있지만, 목표에 대한 생각이나 훈육을 두려워하는 사람들에 의해서는 결코 불가능하다.

우리는 먼저 훈육에 대해 살펴본 다음, 고등교육의 한 종류이면서 인문학의 중요성을 강조하는 자유교양 과목들liberal arts을 살펴볼 것이다. 그 다음에는 찻잔의 시대와 그 뒤를 이은 전문화의 시대 동안 교사들과 학생들이 오랫동안 목표에 대해 생각하는 것을 거부해 온 이유를 살펴보겠다. 마지막으로 인문학을 가르쳐야 하는 네 가지의 이유와 그것들 중 하나가 비전을 교육하기 위해서라는 것에 대해 논의할 것이다.

대다수 사람들은 훈육을 싫어하고 증오하며 자유롭게 행동하고 싶어 한다. 하지만 그들이 즐겨 참여하거나 관람하는 게임에는 어겨서는 안 되는 복잡한 규칙이 있다. 아주 작은 위반을 해도 반드시 벌칙이 부과되기 때문에 승패에서 질 수 있으며, 심지어 다시는 게임을 할 수 없게 되는 경우도 있다. 규칙이 게임을 규정하기 때문에 게임에서 얻을 수 있는 만족은 엄격한 규율에 의존한다고 할 수 있다. 이런 점에서 훈육과 놀이가 기본적으로 대체 가능하다는 일반적인 생각은 성립될 수 없다.

놀이가 재미있다는 사실은 훈육 또한 즐거운 것이 될 수 있음을 증명해준다. 구조도 없고 아무 일이나 일어날 수 있는 상황이 지속되면 위태롭다고 느낀다. 이런 위태로움은 두 가지로 구체화할 수 있는데, 하나는 의미가 상실되었을 때 느끼는 위협감이고, 또 하나는 목적이 상실되었을 때 느끼는 위협감이다. 모든 게임에는 하나의 목적이 있으며, 일반적으로 그것은 승리한다. 만일 이런 승리가 너무 쉽게 얻을 수 있는 것이라면, 그 게임은 곧바로 무미건조하고 지겨운 것이 되어버린다. 한마디로 더 이상 재미가 없어지는 것이다.

어린이들이 놀이를 통해 어떤 것을 배울 수 있다는 생각은 이치에 맞다. 하지만 놀이가 훈육 없이도 가능하다는 생각은 어리석다. 훈육이 없을 때 인간이 마주하는 것은 절망뿐이다. 이 말이 비전이 절망을 양산하며 맹목만이 우리를 구원해 줄 수 있다는 뜻이 아니다. 오히려 그 반대다. 1장에서 통찰가들이 얼마나 훈육을 필요로 하는지를 살펴본 것처럼 머지않아 다시 이 주제로 돌아올 것이다. 훈육이 단지 우리가 다른 사람들과 함께 살아가기 위해 지불해야 할 대가라는 생각은 틀리다. 만일 인간 존재가 미쳐버리기를 원하지 않는다면, 고독한 감금상태보다 더 훈육을 필요로 하는 곳은 없다. 그렇다고 필수적인 훈육은 반드시 외부에서 부과해야 하며, 이러저러한 특정한 규칙을 수반해야한다는 이야기는 아니다. 게임의 규칙은 대다수의 경우 명백하게 인위적인 것이지만 그럼에도 우리가 그것들을 폐지한다고 더 낫게 만들 수 있는 것은 아니다. 게임은 규칙이 존재한다는 것에서 성립하며, 어떤 게임의 규칙을 바꾸자는 제안은 만일 예전의 규칙이 인위적이기 때문이라는 뻔한 구실 이외의 것에 근거를 두지 않는다면 이치에 맞지 않다.

만일 교육이 이와 다르다면, 이것은 교육이 단순한 게임이 아니기 때문이다. 교육의 목적은 단지 즐길 수 있는 방식으로 시간을 보내려는 데 있지 않다. 또한 교육의 목표는 단순히 경쟁에서 이기는 것도 아니다. 하지만 심지어 고등교육 분야와 노벨상을 수여하는 특화된 연구 분야들에서도 이런 게임 같은 요소는 존재했다. 그리고 왓슨의 《이중 나선》이 이 문제와 관련해 관심을 불러일으키기 전까지 대부분의 사람들은 이를 깨닫지 못했다. 암호를 풀거나 어려운 문제를 해결하는 것에는 즐거움이 있다. 하지만 만약 그것이 전부라면, 퍼즐이나 체스를 할 때처럼 아주 엄격한 규칙들이 필요할 것이고, 규칙들이 인위적이라는 학생들의 항의는 전혀 주목을 받지 못할 것이다. 비록 아주 적은 사람들만이 이에 대해 명확히 파악하고 있긴 하지만, 교육과정에 처음 들어서는 초등학교 일학년부터 가장 선두적인 전문연구 교육에 이르기까지의 모든 과정은 언제나 목표를 지향한다는 가정에 기반한다. 만약 이런 가정에 근거한 필수사항들을 비판한다면, 이는 올바르다.

교육과정의 첫 번째 목표 중 핵심은 읽고 쓰는 능력과 더하고 빼고 나누고 곱하는 능력을 키우는 것이다. 이런 기술은 사실 모든 사람들이 8살에서 10살 정도까지는 습득해야 하는 것들이다. 그러나 대부분의 사람들은 과연 모든 사람들이 자신의 모국어를 정확하게 문법적으로 쓰고 철자법을 알아야 하는지에 대해서 깊은 회의를 가지고 있다. 이런 질문들은 물론 제기할만한 가치가 있다. 그러나 이 질문이 동시에 모든 사람들이 학교에 가야하고 심지어는 대학에도 가야한다고 주장하는 것이라면 치명적인 것이 되어버린다. 이것을 주장하는 사람들은 학생들이 기본적인 기술을 배워야 하는 것에 문제를 제기하거나 부정하면서, 학생들에게 학교의 의미를 박탈하고 분노와 절망 속에서 성장하게 한다.

학교에는 수많은 규율이 있을 수밖에 없다. 각각의 교실에 한 명의 교사와 많은 아이들을 함께 지낼 때 규율이 없다면 혼란과 불만만을 초래할 뿐이다. 그리고 규율과 질서는 잘 지켜지는데 반해 교육에서는 얻을 만한 것이 아무 것도 없다면 교사들은 물론이고 아이들 역시 재빨리 이런 게임 전체가 무의미하다고 느낄 것이다. 이런 상황에서 학교를 도울 수 있는 것은 승리의 가능성들뿐이다. 무지에 대한 승리는 단지 수사학적인 표현에 불과하며, 구체적인 경험과는 동떨어져 있다. 반면 한 단어, 한 문장, 한 페이지, 한 이야기, 한 권의 책 전체를 읽을 수 있는 것은 승리일수 있다. 또한 글을 쓸 수 있거나 편지를 보낼 수 있거나, 여러 가지 문제를 풀어내거나 사람들이 외국어를 말할 때 알아들을 수 있는 것 역시 하나씩 승리다. 물론 전화가 상용화된 오늘날에는 멀리 떨어져 있는 사람에게 편지를 써서 안부를 전하는 것이 그다지 대단한 일도 아니며, 심지어 글을 쓰는 기술도 퇴화되고 있다. 하지만 학교는 학습을 통해서만 구할 수 있으며, 학습은 규율과 갈라 설 수 없고 승리의 감격과도 분리될 수 없다.

교육이 우리가 원하는 사회를 만든다

모든 사람들이 읽고 쓰는 것을 배워야 하고 기본적인 기술들을 익혀야 한다는 것에 의문을 제기하는 사람은 먼저 글을 읽고 쓸 줄 아는 사회와 그렇지 못한 사회가 어떤 결과를 낳고 있는지 살펴보아야 한다. 역사적으로 거의 모든 사회는 이 같은 두 종류의 사회로 나뉘어져 왔으며, 아직도 많은 사회를 이렇게 나눌 수 있다. 이중 문맹은 나쁜 것이며 모든 사회 구성원들이 글을 읽고 쓸 줄 알아야 한다는 생각은 시나이 지역에서 출현했다.

이스라엘 민족이 시나이 산에 도착하자마자, "모세는 신을 만나려고 산으로 올라갔고, 주께서 그를 불러 말씀하셨다. 너는 야곱의 후손인 이스라엘 백성에게 이렇게 말하여라 (…) 너희는 나에게 제사장의 나라가 될 것이다."(《출애굽기》, 19장 3-6) 이 이야기는 〈출애굽기〉 20장에 등장하는 것으로 모세가 십계명을 받게 된 사연보다 앞선다. 당시만 해도 글을 읽고 쓸 줄 아는 사람은 제사장들을 제외하면 소수였다. 인도에서는 브라만Brahmins 계층만이 성담聖譚을 알고 있었고, B.C. 3세기 이전에는 이들조차 글자를 쓰고 읽을 수 있는 기술을 소유했다는 증거가 없다. 우리에게는 아리안 족의 침략으로 기원전 16세기에 멸망한 인더스 계곡 문명에서 사용했던 문자 기록이 있다. 그 이후의 것은 알렉산더 대왕이 점령에 나선 이후, 문명인 아쇼카 시대에서 출토된 것으로 13세기에 이르는 이 두 시기의 간극 사이에는 어떤 것도 전해지지 않는다. 또한 여러 권으로 된 《베다》와 《우파니샤드》 경전이나 초기 불교 문헌에도 글을 쓰는 일이나 글쓰기 도구와 관련한 언급은 전혀 찾아볼 수 없다. 수세기 동안 이 문헌들은 구전으로 전승되어 왔다고 추정되는데, 부처의 설교 내용이나 힌두교의 비전秘傳, esoteric적인 전통을 이해한다면 가능함직한 일이다. 반면, 히브리 성경에서는 끊임없이 글을 쓰는 일이 언급되며, 실제로 유대인들은 3,000년 동안이나 거의 모든 사람들이 글을 읽고 쓸 줄 알았다. 기독교 세계는 제사장의 나라가 되라는 명령을 멀리해 왔고, 제사장의 나라는 유대인들에게만 해당되는 것으로 여겨왔다. 기독교가 이것을 받아들인 것은 루터부터로, 루터는 로마 성직자들에 대항해 전쟁을 치르면서 모든 사람들이 제사장이 될 수 있는 소명을 받았다고 주장했다.

루터가 태어나기 30년 전에 독일에서 발명한 인쇄술은 결정적인 전환점이 됐다. 인쇄술은 루터가 자신의 새로운 독일어 역譯 성경을 모든 독일의 프로테스탄트 가정에 보급할 수 있도록 해주었으며, 로마 가톨릭이나 정교회에서는 한 번도 벌어진 적이 없었던 일, 즉 식자층이 프로테스탄트 세계에서 확산될 수 있도록 해주었다. 루터는 민주주의자는 아니었지만, 프랑스와 영국을 포함한 북부유럽에서 식자층의 급속한 확산으로 계몽주의와 민주주의 이론의 전개를 촉진시켰다. 글을 읽고 쓸 줄 아는 능력과 교육의 힘, 그리고 시민권과 참정권 사이에는 역사적이라고만 할 수 없는 밀접한 연관성이 분명히 존재한다.

모든 사람들에게 기본적인 교육을 제공해야 하는 것은 대부분 사회적인 이유 때문이다. 이 이유들은 우리가 어떤 사회를 원하는지에 따라 달라진다. 어떤 집단이 버림받는 집단outcaste의 수준을 전혀 넘어설 수 없는 계급 사회를 유지하기를 원한다면 문맹퇴치를 반대하는 충분한 이유가 있겠지만 말이다. 소수층만 특권적인 지위와 거의 독점적인 권력을 지니기를 바라는 사람들 또한 대중 교육을 반대할 것이다. 하지만 소수층 역시 그런 정책이 결국에는 기술적인 낙후와 궁핍 그리고 다른 반갑지 않은 결과를 초래할 수 있기 때문에, 또 다시 사회적인 이유에서 다수의 교육받은 인재들이 필요하다는 것을 깨달을 수도 있다. 어떤 형상과 방식이든 인간존재는 모두 신의 이미지를 본떠 만들어졌다고 믿는 사람들은 아마 사회적 유용성을 언급하지 않더라도 교육의 보편화를 기꺼이 옹호할 것이다. 반면, 소위 자연권natural right 이론으로 불리는 것은 좋은 의도이기는 하나 신을 언급하지 않고 교육의 보편화를 주장하기 때문에 타당성이 떨어진다.

그러나 거의 모든 시민들이 식자층이라 하더라도 히틀러가 보여준 것처럼 사회를 폭압에서 지켜내기에 충분한 것은 아니다. 하지만 식자층과 문맹층이라는 두 종류의 집단이 한 사회에 공존하면서 발생하는 결과는 분명하다. 게다가 이러한 구분이 세습에 의해, 피부색의 차이로 발생하는 것이라면 그 결과는 두 배로 치명적이다. 피부색이나 종교에 따른 집단 간의 차별을 제거하려면 먼저 차별받는 집단의 사람들이 나머지 인구의 대다수보다 문맹률이 높거나 숙련도가 떨어지지 않도록 해야 한다.

모든 사람은 결국 스스로 자기 자신을 가르쳐야 한다. 하지만 학생들 대부분은 먼저 어떻게 그렇게 하는지를 배워야 한다. 부모님이나 선배의 도움이 없을 때, 교사 없이 이를 터득할 수 있는 사람은 의지가 강하고 자제력self-discipline이 강한 사람들뿐일 것이다. 게다가 모든 사람들이 개인교사를 둘 수 있을 만큼 교사가 충분한 것도 아니다. 그렇기 때문에 학교는 스스로 학습할 수 있는 자제력을 비롯해 기본적인 기술을 가르쳐야 할 필요가 있다. 또한 학생들에게 발견과 승리의 기쁨, 배움의 즐거움을 깨닫도록 해줘야 하고 훈육과 숙련의 즐거움 사이의 긴밀한 연관성을 알게 해줘야 한다.

아주 어린 나이에 다양한 분야에서 많은 것을 배우는 것은 매우 귀중한 가치가 있다. 18세가 되어서야 겨우 글자를 끄적거리기 시작한 사람이 위대한 작곡가나 훌륭한 바이올리니스트, 피아니스트, 또는 위대한 체스가나 수학자, 좋은 학자가 될 가능성은 전혀 없다. 오늘날 대다수의 학자들은 청소년기에 더 많은 외국어를 배우지 못했기 때문에 그다지 좋은 학자가 아니다. 더 나아가 어떤 경우에는 육체뿐만 아니라 정신도 어릴 때부터 훈육을 받아야 한다.

아이들에게 그들이 그린 그림이 아주 훌륭하다고 말해주고, 부모들이 아이들의 그림을 다빈치의 작품처럼 큰 기쁨을 느끼면서 좋아하는 것은 매우 고무적인 일이다. 하지만 아이들이 어떤 점에서 자신이 발전하지 않았다고 느끼거나, 가끔씩이라도 성공을 맛보지 못한다면 그들은 곧 자신의 작업에서 큰 만족감을 느끼지 못할 것이다. 레오나르도의 스승인 베로키오Andrea del Verrocchio, 1435~1488는 이탈리아의 위대한 조각상 중 하나인 〈바르톨로메오

콜레오니 장군 기마상〉(1482~1488)을 조각한 사람이다. 그는 어떤 작품이든 다른 것만큼이나 훌륭한 면이 있다고 느끼는 그런 '진보적인' 교사는 아니었다. 레오나르도와 미켈란젤로는 절망을 전혀 겪어보지 못했던 사람이 아니었다. 하지만 그들은 자신의 창작품에 엄청난 자부심을 가지고 있었으며 매우 열심히 작업을 했고, 자신의 작품에서 위안을 얻었다. 이들의 자기 훈련은 수년간의 엄격한 훈육을 통해 얻어진 것이었다. 그 결과 두 사람은 모두 다양한 학문 분야에서 최고가 됐다. 한 분야에 정통한 사람이 두세 가지의 다른 분야에서도 장인이 되는 것은 훈육을 받지 못한 사람이 한 분야에 정통하기 위해 배우는 것보다 훨씬 쉬운 일이다.

목표 설정과 자기 훈육

일단 목표가 구체화되면, 규칙이나 필요조건들은 역효과를 낳거나 제 기능을 못할 수도 있기 때문에 언제든지 변경할 수 있어야 한다. 목표 자체에 의문이 들 수도 있지만, 그 이외의 모든 비판과 옹호는 모두 이 목표에 비춰 제기해야 한다. 자기 훈육은 특히 중요한 1차 목표인데, 이는 최종 목적이라는 의미에서가 아니라 다른 목적을 성취하기 위해 반드시 필요하기 때문이다. 목적 중에는 그 자체가 목적이라고 할 수 있는 것들이 몇 가지 있다. 자

기 훈육은 그중 하나로, 이것 없이는 어떤 종류의 숙련이나 자율
성 또는 만족감을 선사해주는 창조성도 성취할 수 없다. 물론 자
기 훈육만으로 충분한 것은 아니지만, 그것이 결여된 사람은 노
예상태나 절망감 속으로 빠져들고 만다.

자기 훈육을 배우는 유일한 방법은 무엇보다 다른 사람들에게
배우는 훈육을 통해서다. 외부에서 부과된 훈육이 자기 훈육을
가르치는 데 성공만 한다면, 일단 목적은 성취한 셈이다. 하지만
이때는 덜 가혹한 방법으로, 비용이 덜 드는 방식으로 동일한 목
적을 성취할 수 있지 않은지 물음을 제기해보는 것이 타당하다.
훈육이 지나치게 가혹하면 자신감을 심어주는 대신 오히려 창조
성과 독립성을 말살시켜버리기 때문에 오히려 역효과를 낳거나
정신에 대한 죄악이 될 수 있다.

몇몇 언어들에서는 '훈육'이 학분 분과discipline를 뜻하기도 한
것은 우연이 아니다. 이 단어의 두 가지 의미는 배움을 의미하는
라틴어에서 유래한 것이다. 배움은 다양한 방법의 훈육을 포함한
다. 이런 방법 중 하나로 겨우 몇 분간 어떤 일에 몰두하다가 또
몇 분간은 다른 일을 시도하고, 그런 다음 또 다시 다른 일에 관
심을 가지는 식의 서로 다른 방향들로 헤매고 다녀서는 안 된다
는 게 있다. 한 가지 일에 집중해야 하고, 의욕을 잃어버린 것 같
더라도 계속 인내심을 가져야 한다. 이것은 읽기와 쓰기, 산술算術
같은 기초적인 기술들을 배울 때에도 그리고 자전거 타는 법이나
자동차를 운전하는 법을 배울 때에도 마찬가지이다.

한 가지를 제대로 배우고 나면 수많은 기본 기술을 능숙하게 익힐 수 있다는 사례는 구체적으로 언급할 가치가 있다. 어떤 것에 익숙해지면 그 다음에는 자신이 하는 일에 자부심을 갖게 되고,, 이것은 건설적인 자기-비판과 겸손에 필요한 적당한 자신감을 제공한다. 자립심self-support은 그 자체로 중요한 것이 아니라, 독립심과 자율성의 조건이 된다는 점에서 중요하다. 그래서 만약 매우 능숙하게 잘하는 어떤 일이 전혀 자립의 수단이 될 것 같지 않은 예감이 든다면, 진지하게 다른 직업을 고려해 볼 만하다. 어떤 곳이든 확고한 기반이 있다면, 첫 번째 사랑을 키워나갈 수 있는 희망이 여전히 있다. 학문에서는 일부일처제가 미덕이 아니다. 그리고 실패할 수밖에 없는 운명인 직업을 선택하는 것은 그 이유가 무엇이든 어리석은 짓이며 누구에게도 도움이 되지 않는다.

교육은 모든 수준에서 목표 지향적이어야 한다. 초등교육의 목표는 자기 훈련을 포함해 기본적인 기술들을 습득하는 것이다. 다른 기본 기술로는 능숙하게 읽고 명확하게 쓰기, 약간의 수학과 초보적인 지리학, 역사적인 지식과 기본적인 과학 그리고 외국어를 습득하는 게 있다. 이것들은 모두 친숙한 것이지만 그렇다고 충분한 것은 아니다. 중등교육에서 학생들은 응급처치 같은 의학에 대해서도 조금 배워야 하고, 자동차가 보편화된 요즘 사회에서는 올바른 운전법에 대해서도 배워야 한다.

대학원 교육의 목표는 대학의 목표보다 쉽게 정식화될 수 있다. 사회는 필요한 것이 무엇인지 의견을 제시해야 하고, 의사나 변호사, 교사와 기술자, 화학자와 물리학자뿐만 아니라 비행기 조종사와 농부들, 약사들, 전기 기술자들 등이 충분히 나올 수 있도록 모든 노력을 기울여야 한다. 이것은 엄격한 통제에 대해 논의하려는 것이 아니다. 다만 한 나라에서 몇 해 동안 철학분야에서만 직장도 갖지 못하는 2,000명의 박사를 배출해 낸다는 것은 심각한 문제라는 것을 지적하기 위함이다. 전에 없이 많은 대학생들이 배출되고, 의학 공부를 위한 최고의 시설들이 있음에도 한 해 동안 배출한 의사의 수가 너무 적어 대부분의 병원들이 아시아 국가들에서 그들 또한 절실히 필요로 하는 의사들을 수입해야 한다. 이것은 비극적인 일이다. 이런 여건이라면 의과대학들은 미국의사협회가 반기든 그렇지 않든 더 많은 학생들을 받아야한다. 반면 인문학 대학원은 더 적은 학생들을 받아야 한다. 젊은이들에게 우리가 처해있는 어려움을 알려야 하고 다양한 분야들의 취업 전망들에 대해서도 솔직하게 말해야 한다. 이와 같은 정보는 대학에 입학하기 전이라도 관심이 있는 학생들에게 모두에게 제공되어야 한다.

물론 모든 목표가 직업과 관련된 것이어서는 안 된다. 대학교육은 대학원을 준비하는 학생들을 위해서 우선적으로 설계하는 것이 아니라, 학생들이 여가 시간을 준비할 수 있도록 설계해야한다는 주장도 일리가 있다. 그렇더라도 대학교육에서 목표를 제거해야 한다고까지 말할 수는 없다. 나는 도입부에서 인문학의 주요 목표들로 꼽을 만한 것들을 간략하게 언급한 바 있다. 이 주제로 돌아가도록 하자.

인문학은 무엇을 목표로 삼아야 하는가

자유교양 대학liberal arts college[1]은 이례적인 하나의 축복이다. 인문학 교육은 명확한 목표가 없지만 그럼에도 많은 사람들은 그와 같은 교양 대학이 모든 사람들에게 아주 중요하다고 주장한다. 여기에는 교양 수업을 듣는 몇 해가 인생의 가장 좋은 시절이라고 할 수 있기 때문에 그것이 소수만을 위한 특권이 되어서는 안 된다는 막연한 의미가 있다.

어떤 점에서 훌륭한 교양 대학은 냉혹한 세계 속에 들어있는 하나의 축복받은 섬이라고 할 수 있다. 이를 보여주는 가장 좋은 사례는 1939년에 교양 대학을 다녔던 내 경험을 떠올려보는 것으로 충분할 것이다. 나는 나치 독일을 떠나서 폭풍우 치는 대서양을 건넜고, 내가 이전까지와는 전혀 다른 세상에 와 있음을 갑작스럽게 알게 됐다. 굉장히 풍부한 구체적인 방향들 속에서 나는 자유를 접할 수 있었다. 학생들은 자신의 지적 관심을 추구할 수 있었고, 교수들 역시 자신이 선호하는 관점에 따라 비판을 할 수 있

---

1 전공을 담당하는 단과 대학과 달리 교양 수업 전반을 담당하는 학부대학.(옮긴이)

었다. 이 모든 것들의 목적이 무엇이냐고 묻는 것은 천박한 일이
었다. 정말 아름다운 것이었다. 그리고 사실, 나 역시 분명한 목
표가 있었다. 나는 대학원에 입학하고 싶었지만 학부 학위가 없
이는 들어갈 수가 없었다. 그래서 나의 목표는 최대한 빨리 학위
를 따는 것이었다. 당시 나에게 필수교양 과목들은 어리석은 것
들로 여겨졌다. 히틀러만 아니었다면 나는 김나지움이라 불리는
독일의 중등학교를 1938년 봄에 졸업했을 것이고, 대학에 들어간
다음 3년 안에 박사 학위를 딸 수 있었을 것이다. 하지만 실제로
1941년, 대학원에 진학하기 전까지 학부 학위를 얻기 위해 2년
반이나 보내야 했다.

1939년 3월에는 전쟁이 발발할 것처럼 보였고, 그 해 9월에는
결국 제2차 세계대전이 벌어졌다. 미국은 내가 졸업을 하고 6개
월이 지난 후에도 전쟁에 참가하지 않았다. 당시 내가 놀랐던 것
은 학교의 독립성이었다. 어떤 점에서 학교는 마치 지구가 아닌
달에 속한 것처럼 여겨졌다. 물론 몇몇 정치학 강의들은 인기가
있었고, 그중에서도 특히 유창한 간섭주의자들interventionists[2]의
강의는 인기가 높았다. 하지만 교수들 사이에서도 꽤 다양한 시
각들이 존재했었고, 외국에서 온 저명한 학자들과 정치학자들이
참석한 학술 행사에서도 이를 볼 수 있었다. 이중 가장 유명하고

---

2 자국의 이익을 목적으로 하거나 국제적인 대의적 이념의 실천을 위해 타국의 정치와 외교, 경제
　문제 등에 적극적으로 개입할 것을 주장하는 사람들.(옮긴이)

존경받는 교수들 대부분은 인문학부 소속이었다. 나의 동급생들 몇 명이 죽어갔던 전쟁은 3,000마일 이상이나 떨어진 곳의 일이었다. 심지어 일본은 훨씬 더 먼 곳에 있었다. 그 당시에는 대서양을 횡단하는 여객기가 없었고, 그래서 미국의 교양 대학은 유럽이나 아시아 같은 세계에 속하지 않는 것 같았다. 이런 전쟁들의 목적을 묻는 것도 유행하는 일이 아니었다.

한때는 이런 교양 대학의 존재 이유가 소년들을 신사로 바꿔주는 것, 즉 어떻게 찻잔을 들고, 예의바르게 행동하고, 여가에는 어떻게 교양 있는 대화를 나누는지 가르쳐주는 데 있었다. 당시의 전반적인 견해는 전문화의 방향이 아니었다. 당시 사람들은 옥스퍼드에서 어떤 특별한 목적도 없이 라틴어와 그리스어를 배웠으며, 심지어는 특별한 이유도 없이 옥스퍼드식 악센트로 말하는 법을 배우기도 했다. 당시의 관념은 자신과 비슷한 특권을 갖지 못한 사람들과 다르게 말하고, 외국어들을 배우고 일반인들이 알지 못하는 몇 가지 지식들을 배우는 것이었다. 교양인이 된다는 것은 남다르고 우월해지는 것을 의미했다. 그리고 이런 종류의 교육을 누린 사람들은 경제학을 알지 못하거나 특별히 연관된 기술이 없어도 회사나 나라를 운영하기에 적합하다고 간주됐다. 이들 중 소수의 사람들은 교수가 됐으며, 더 적은 사람들은 학자가 됐다.

미국에서도 이와 유사하게 개신교 목사가 되고 싶은 젊은이들을 위한 기초 교육을 제공해야 한다는 논의가 있었다. 하지만 최고 수준의 일류 대학들에서는 구체적인 목표를 세운 곳이 거의 없었고 학비도 비쌌기 때문에 제2차 세계대전 이전에는 소수의 부유한 사람들만이 들어갈 수 있었다. 게다가 졸업 후에는 대다수 학생들이 계속 전공과 관련한 어떤 일을 하게 될 것이라는 예측마저 거의 없었다. 오히려 그 반대로 대다수의 학생들은 회사로, 대개는 자신의 아버지가 운영하는 회사로 들어갔다. 그러나 이들은 사업에 유용하다고 보는 것을 전혀 배우지 않았다. 물론, 그들 중 몇 명은 의과대학이나 법률전문대학에 진학했지만 일반 교육을 가장 먼저 제공해야 한다는 생각은 변함이 없었다. 유용성이라는 개념 자체가 그들에게는 속물적인 것처럼 여겨졌던 것이다.

이 시절에는 소크라테스적 교사가 존경받을 만하다고 여겨졌으며, 성찰하지 않는 삶은 가치 있는 삶이 아니라는 느슨한 대화가 성행했다. 그러나 사실 소크라테스처럼 불손하다는 비난을 감수하면서까지 자신의 주장을 고수하는 교수들은 거의 없었다. 대부분의 사람들은 고상했으며, 자신이 속한 사회의 신념이라든가 도덕에 대해 문제를 제기해야 한다는 생각도 없었다. 이 시절에 학교를 다녔던 사람들이 그 시절을 이상화하는 것은 당연한 일이다. 조롱하는 것보다 어려운 일은 없기 때문이다. 찻잔의 시대에는 '출판이냐 도태냐!'와 같은 슬로건이 없었다. 젊은 학자들은 공손한 예의를 갖출 것이라고 예상했고, 때로는 티타임에서 그 사람의 행동이 승진에 결정적인 영향을 준다고 얘기되기도 했다.

하지만 이런 찻잔의 시대는 제2차 세계대전과 함께 막을 내렸다. 사실, 이런 분위기의 변화는 급작스럽게 일어난 것이 아니다. 아이젠하워 시절까지만 해도 미국대학들의 분위기는 여전히 아주 고상했다. 아이젠 하워는 신앙이 있기만 하다면 자신은 그 사람이 어떤 종교를 가지고 있건 전혀 상관하지 않는다고 말하기도 했다. 학생들은 '주관적 진리'를 말한다는 점에서 키에르케고르를 존경했고, 어떤 것이 '너한테 진실'인 것처럼, '나한테는 이것이 진실이야'라고 말하기를 좋아했다. 진정한 소크라테스적 에토스를 알고 있는 교수들 또한 거의 없었다.

전문화 시대

찻잔의 시대를 급작스럽게 대체한 것은 전문화 시대age of specialization였다. 찻잔의 시대에 대해 말하는 것은 불손한 것이 될 수도 있지만, 전문화 시대를 비판적으로 보는 사람이라면 분명히 그것보다 앞선 시기의 한계를 파악하는 것이 중요하다. 어찌되었든 이러한 변화는 분명히 더 나은 것이었기 때문이다. 솔직히 왜 전문화가 필요하며, 전문적 지식이 부족한 것들이 왜 아마추어적이라고 비난받을 만한지에 대한 이유들을 찾아내는 것은 쉬운 일이다. 하지만 새로운 시대는 논쟁이나 증명들에 기반해 도래한 것이 아니다. 변화는 그것이 유발하게 된 하나의 역사적 발전이기 때문이다.

전문화 시대가 도래하게 된 몇 가지 원인들은 1장에서 이미 언급한 바 있다. 그것의 주요한 원인은 제2차 세계대전 이후 대학 인구의 급속한 팽창 때문이었다. 부유함은 더 이상 대학에 들어가기 위한 필수요건이 되지 못했다. 미국에서는 참전 군인이라면 대학에 들어갈 수 있는 자격을 줬고, 점점 참전 군인이 아닌 사람들을 위한 장학금도 많이 생겼다. 전례 없는 숫자의 학생들이 입학원서를 냈으며 전례 없는 숫자의 학생들이 입학허가를 받았고, 많은 대학들이 새롭게 신설됐다. 또한 다른 나라에서처럼 대부분의 학교들은 경쟁력 있는 시험을 통해 학생들을 선발하려고 했으며, 그와 함께 교육제도 전반은 급속도로 변했다. 무더기로 새로운 교사들이 필요했으며, 교수채용과 진급 승진에는 이전의 그 어느 때보다 많은 사람들이 포함됐다. 모든 교육단계마다 많은 학생들을 신속하게 평가하기 위한 양적 평가방법이 필요해졌다. 그에 따라 시험 성적과 출판물이 전에 없이 중요해졌다.

그전까지만 해도 영국과 미국의 일류 대학에 입학할 수 있었던 학생들은 여러 면에서 대학과 상당히 유사한 학교에서 대개 비싼 학비를 내고 입학을 준비한 경우였다. 하지만 그런 고급 학교에 다니지 않는 학생들에게도 동등한 기회를 줘야 한다고 생각했고, 그에 따라 시험이 학생들의 능력을 객관적으로 평가할 수 있는 제도로 도입됐다. 시험의 단점이 어떤 것이든 간에, 그것을 만든 의도는 온당하고 인간적인 것이었다. 어떤 지원자들은 고급 사립

학교 출신에, 입학처장과 안면이 있는 교장의 적극적인 추천을 받은 사람들이었던 반면, 어떤 지원자들은 이름도 없는 학교 출신이었다. 학교 성적표 역시 교사의 평가기준을 알지 못한다면 신뢰할만한 단서를 제공하지 못했다. 그리고 만약 면접만으로 지원자들을 가려낸다면, 면접관의 선입견이 선발의 공정성을 망칠 수도 있기 때문에 짧은 대화 몇 마디만으로 모든 것을 판가름하는 것은 그다지 좋은 생각일 수 없었다. 시험을 도입한 이유는 면접과 추천서 외에도 좀 더 객관적인 평가를 내리기 위함이었다.

하지만 논술형 시험에는 두 가지 중대한 문제점이 있었다. 우선 수천 개의 답안지를 읽으려면 너무 많은 시간을 허비해야 했고, 채점자들마다 아주 다르게 답안을 평가할 수도 있었다. 그래서 객관식 시험을 개발하기로 결정했다. 그럼에도 인문학에서는 그런 시험제도가 상당한 문제점을 안고 있었다. 특정한 정보들은 이런 방식으로 시험을 보는 게 가능했다. 하지만 문제들이 좀 더 미묘해지면, 이런 종류의 시험은 공론을 따르는 사변가들에게는 유리한 반면, 통찰가나 소크라테스적 유형의 사람들에게는 불리할 수밖에 없다.

이런 종류의 시험이 그것을 치르는 학생들의 연령대에서는 결정적인 영향력을 미치지 않는다고 가정하더라도, 시험을 통해 사회가 요구하는 것이 사변가 유형이라는 것을 눈치채게 한다는 점에서는 여전히 중요한 문제점이 있다. 자신만의 견해가 있는 학생들, 또는 간단히 말해 독창성을 지닌 학생들에게는 그런 시험이 호의적이지 않다. 그리고 일반적인 여론에 문제를 제기하기를 좋아하고 비판적인 안목을 가진 소크라테스적인 성향의 학생들이 네 가지 답변 중 오직 한 가지 답만이 옳다고 여기는 시험을 통해서 배우는 것은, 자신의 이런 태도가 이롭지 못하다는 점이다. 훨씬 더 심각한 것은 많은 학생들이 좋은 대학에 들어가기 위해 입학하고 싶어하는 좋은 고등학교라는 곳의 교사들이 자신의 학생들에게 바로 이런 시험을 준비시키기 시작했다는 점이다. 그런 시험에 익숙해질 수 없는 학생들은 상당한 불이익을 받을 수밖에 없었다. 그리고 이런 시험에 대비하도록 고안된 교육을 받는 학생들은 소크라테스적인 인물이나 독창적인 인물이 되는 훈련을 받을 수 없었다.

동일한 시기에 대학원은 이전에는 받아본 적이 없는 중요성을 부여받게 됐다. 새로운 교사들이 대규모로 필요해지면서 대학원은 정원을 두세 배로 늘렸으며, 대학원 과정이 없었던 학과나 대학들도 급하게 과정들을 만들기 시작했다. 행정부와 다양한 방면의 정부 부처들이 이를 위한 비용을 만들었으며, 이런 기금들에서 '몫'을 할당받기 위해서라도 대학들은 대학원 과정을 신설하거나 증편해야 했다. 대학원 과정이 사업성도 없고 차별성도 없는 상징이 되지 않기 위해, 그리고 대학원 학생들을 끌어 모으기 위해, 대학들은 연구를 하고 학술저널에 논문을 발표하는 것을 하나의 귀감으로 만들었다. 그리고 교사를 모집할 때 그런 일들을 할 수 있는 사람을 원했다. 이와 동시에 학부과정의 커리큘럼은 점점 더 대학원 진학에 필요한 준비과정으로 여겨지게 됐다.

스푸트니크호Sputnik[3]는 교육계에 변화를 초래한 핵심적인 요소임이 증명됐다. 자연과학의 위상은 오랜 시간동안 상당히 대단했다. 학식 있는 사람들은 한 세기동안 이루어진 엄청난 진보에 대해서 전부터 인식하고 있었다. 이러한 진보는 실제로 가속화되었고, 그로 인해 19세기에는 실증주의positivism가 중요시되었으며 20세기 초반에는 널리 확산됐다. 실증주의의 핵심 믿음은, 간단히 말해 인문학을 포함한 모든 학문적 분과들이 자연과학의 모범을 따라 진보적이 되는 것이었다. 그렇지만 영어권 국가들에서 학부 대학의 교육은 충격적일 만큼 찻잔의 시대 수준에 머물러 있었다. 예를 들어 철학에서 실증주의는 소위 일상 언어 철학 또는 옥스퍼드 철학으로 불렸다. 이것들은 모두 철학의 혁명이라는 허풍과 '아마추어'에 대한 비난 같은 것들, 나른한 오후에 안락의자에 앉아 생각할 만한 것들, 즉 찻잔 철학이라 할 만한 것이었다. 다시 말해 어떤 것에 관한 구체적인 전문 지식도 없는 아마추어들이 '아주 이상한' 것처럼 들리는 이야기를 할 수 있다는 것에 자부심을 느끼는 유쾌한 놀이었다. 여기에서 중요한 것은 무엇이 '우리'(존경받는 상류층)이고 무엇이 '우리가 아닌'지를 아는 것이었다. 이런 철학은 얼마나 영리하고 얼마나 게임을 잘하는가에 따라 교사들뿐만 아니라 학생들 사이에 분명한 선을 그었다.

---

3 1957년 10월에 발사된 세계 최초의 러시아 우주선.

하지만 만약 누군가가 어떤 유명한 논문의 요점이 무엇이냐고 묻는다면, 그런 사람들은 "제 생각에 그건 상당히 분명해 보입니다만" 등과 같은 언급으로 자신의 자리를 회피하려 하거나 브릿지 게임의 요점이 무엇인지, 찻잔을 우아하게 들고 훌륭한 예의를 갖춰야 하는 것 등의 요점이 무엇인지를 묻는 사람으로 취급하려고 했다.

스푸트니크호가 한꺼번에 모든 찻잔들을 깨뜨린 것은 아니다. 하지만 미국정부는 러시아 공산당이 갑작스럽게 미국과 '자유세계'를 앞질렀다는 것에 대해 경각심을 갖게 되면서, 미국이 세계 제일이라는 것을 보장해 줄 수 있는 단기 집중 프로그램이 필요하다고 생각했다. 여기에는 우주에 관한 프로그램뿐만 아니라 고등교육을 향상시킬 수 있는 엄청난 규모의 경비지출 또한 포함되어 있었다. 핵심 의도는 과학자들과 공학자들을 지원하는 것이었지만, 과학자들에게만 차별적인 급료를 지급해 대학 내에 노골적인 카스트 제도를 도입하는 것은 실현불가능했다. 이로 인해 모든 분야의 교수들이 혜택을 받았지만 정말 존중받는 것은 과학 분야라는 것을 그들은 알고 있었다. 이런 상황은 과학에 대한 흠모를 가속화시켰고 비과학적인 모든 것을 업신여기도록 부추기는 데 큰 영향력을 미쳤다. 또한 그에 따라 전문화는 또 다른 커다란 추진력을 부여받게 됐다.

국립과학재단National Science Foundation 을 설립하고, 교수들에게 연구 지원비를 제공하기로 한 국방부의 결정은 미국에서 이

비전은 가르칠 수 있는가

러한 경향을 더욱 가속화시켰다. 더 많은 보수와 명성을 얻게 된 과학자들뿐만 아니라 인문학 교수들, 특히 철학 교수들 역시 과학적인 것처럼 보이는 프로젝트를 제출하면 국립과학재단이나 국방부에서 지원금을 받을 수 있다는 것을 곧이어 알게 됐다. 그 결과 인문학은 똑똑하고 진취적인 많은 젊은 학자들을 잃고 말았다.

그러나 만일 어떤 사람이 대학원 과정이 없는 대학에서 학부생들을 가르치는 것에 만족하고 명성이나 지원금 또는 휴가 일수에 신경을 쓰지 않는다면 소크라테스적 유형이 되는 것도 그때까지는 가능했다. 인문학을 연구하는 사람들이 개인비서나 연봉의 9분의 2에 해당하는 정기적인 여름방학 급여까지 바란다는 것은 꿈도 꿀 수 없었다.

지나치게 광범위한 전공을 연구한 사람은 중대한 기여를 할 수 없다는 점에서 사임을 해야 했다. 18세기 프랑스 문학이라든가 르네상스 예술 같은 것은 존경받기에 너무 광범위했다. 니체는 1880년대에 이미 이런 것을 인식하고 있었고, 《차라투스트라는 이렇게 말했다》의 마지막 장에서 자신의 전문분야가 거머리의 두뇌이기 때문에 거머리 전체는 엄청나게 광대한 영역이라고 소리치는 양심적인 학자를 조롱했다.

전문화 시대의 인문학

전문화 시대를 조롱거리로 만들고 인문학에서 우스꽝스러운 예들을 찾아내는 것은 그러한 시스템의 타당성을 설명하고 변호하는 것만큼이나 쉬운 일이다. 이 두 가지를 동시에 보여줄 수 있는 방법은 그러한 체제의 결과물이라고 할 수 있는 박사 학위 논문을 언급하는 것으로 충분할 것이다. 인문학 박사 학위 논문의 제목 중에서 괴상한 것들만을 뽑아 종이 한 장을 채우는 것은 아주 쉬운 일이다. 이런 예들은 전혀 부당한 것이 아니다. 왜냐하면 이런 논문들은 학문에 기여한다고 여겨지며, 학생들은 논문을 씀으로써 학자와 교육자로 탈바꿈하기 때문이다. 그리고 대체로 자신의 학위 논문과 비슷한 성격의 소논문들을 몇 편 더 써내는 사람을 두고, 우리는 학문의 발전에 기여한다고 말한다.

어떤 학생이 칸트 이후의 독일 철학에 관해서 두 권 분량은 됨직한 주제를 들고 찾아와 당신에게 지도를 요청한다고 가정해보자. 그런 경우라면 당신은 아마 한 권 분량이면 충분하다고 말하는 대신 좀 더 좁은 주제를 선택하라라고 권할 것이다. 왜 그럴까? 여기에는 몇 가지 이유가 있다. 그런 기획안은 포커스가 부족하거나, 설사 포커스가 명확하다 하더라도 상당히 오랜 시간을 연구에 매달려야 하기 때문이다. 논문은 가능한 한 빨리 대학원 과정을 끝마치고 독립적이 되기 위해서 1년 안에 통과해야 하는 하나의 필수과정이다. 논문은 자신이 생각하는 것을 명료하게 글로 쓸 수 있다는 것을 보여주는 하나의 방식이다. 학생들은 논문을 통해 어떻게 연구를 하고, 어떻게 자료들을 정리하고 구성하는지 배워나간다. 또한 학생들은 문헌뿐만 아니라, 자신이 거부한 관점들을 비판적으로 다루는 능력 또한 보여줄 수 있어야 한다. 정리하자면, 논문은 특정한 기본 기술들에 대한 한 가지 테스트라고 할 수 있으며 이와 같은 테스트는 젊었을 때 마쳐야 한다. 일단 테스트를 통과하면 그 다음부터는 더 이상 지도교수의 동의를 구할 필요가 없는 학자라는 좀 더 자율적인 지위를 가질 수 있다. 이런 이유로 논문에 적합한 주제는 거의 언제나 상대적으로 좁은 것들이어야 했다. 특히 철학에서 어떤 철학자의 이론 하나가 아닌, 철학자 한 명의 사상 전체를 조망한다거나 한 세기 전체를 다루는 것은 거의 불가능하다. 이런 점에서 우리는 거머리의 두뇌와 그다지 멀리 떨어져 있지 않다.

학위 논문이 반드시 하찮은 것이어야 한다는 의견을 따를 필요는 없다. 다루려는 이론이 반드시 순전한 골동품수집가와 같은 관심일 필요도 없다. 대다수가 무시해 왔거나 일반적으로 잘못 이해되고 있는 이론도 올바르게 해석하면 널리 퍼져있는 독단적인 학설에 대한 유용하고 흥미로운 대안이 될 수 있다. 또는 이런 이론을 재해석함으로써 주로 2차 문헌의 주제로 여겨왔던 어떤 철학자를 새롭게 조망할 수도 있다.

당연히 철학사와 관련한 논문이 반드시 한 명의 철학자를 대상으로 해야 하는 것은 아니다. 예전에 나는 한 학생에게 헤겔과 마르크스 그리고 이들의 계승자들이 '소외'라는 용어를 얼마나 다르게 사용하고 있는지, 거기에 나타난 주요한 몰이해들이 무엇이며 서로 어떻게 연관되어 있는지에 대한 논문을 써보라고 권유한 적이 있었다. 박사 학위를 마친 후에도 그 친구는 이 주제에 대해 좀 더 많은 공부를 해야 했으며, 마침내는 그 결과물을 책으로 낼 수 있었다. 지금 그 책은 더 광범위한 독자들을 위해 양장본뿐만 아니라 문고판으로도 출간되고 있다.

또한 인문학 논문이라고 해서 반드시 역사적일 필요는 없다. 논문은 자신의 이론을 검증하기 위한 시도일 수 있으며, 널리 받아들여지고 있는 견해에 대한 비판일 수도 있고, 어떤 하나의 희곡 작품이나 한 가지 예술작품 또는 한 가지 종교 개념에 대한 분석일 수도 있다. 그러나 어떤 경우이든, 학생들은 자신이 주제로 삼는 문헌들에 정통해야 하며 학계에서 받아들여지고 있는 주요한 관점들에 대한 지식을 보여주어야 하고, 주요한 대안적 관점들에 대해서도 비판적으로 다뤄야 한다. 이런 과정을 거쳐야만 비로소 그는 한 명의 전문가가 될 수 있다.

사변가적인 환경에서는 학생들이 진지하게 고려할 수 있는 대안의 범위가 대체로 상당히 좁아질 수밖에 없다. 논문의 지도를 맡은 교수는 학생에게 필요한 리딩 리스트reading list를 제공하거나 최소한 말로라도 읽을 만한 가치가 있는 책들과 그렇지 못한 책들을 제시한다. 대개 이런 방법에서는 지도교수의 의견과 상충되는 것들이 무시될 수밖에 없다. 그리고 학생들 또한 곧잘 그런 종류의 책을 읽느라 시간을 낭비하면 안 된다고 이해해버리고 만다. 자기 자신을 장님으로 만드는 법을 배우고 있는 것이다.

이런 것을 배운 사람은 뒤늦게라도 자신만의 비전을 회복하는게 거의 불가능하다. 그렇다고 전문화가 반드시 해로운 영향만을 주는 것은 아니다. 학생들에게 급진적인 대안을 찾아보게 하거나 자신의 견해와 접근법을 반박하는 것들을 고려해보라고 가르칠수도 있다. 주제와 관련한 문헌들을 대하는 태도 자체가 그 목적을 위한 수단이 되고 있다는 것을 말해 줄 수도 있다. 만일 그렇게만 된다면, 그 학생은 자신의 주제뿐만 아니라 그것과 관련된 문헌들을 상당히 철저하게 알고 있는 전문가가 될 것이다. 하지만 그 학생이 비전을 키워낼 수 있는 이런 습관을 획득했다고 증명해야 하는 장소가 바로 그의 논문이다. 기억할 만한 것이 별로 없다고 할지라도 학위논문은 중요하다. 대체로 박사학위 논문을 읽는 것은 시간낭비가 될 때가 많지만, 그것을 써내려간 시간이 반드시 낭비인 것만은 아니다. 학위 논문이 중요한 이유는 그것이 앞으로 수년 동안 이어질 하나의 패턴을 결정하기 때문이다. 결정적인 악영향이 종종 발생하는 것도 바로 이 시점이다. 하지만 동시에 논문은 대가의 습작품이 될 수도 있다.

여기에서 방향이 갈라진다. 어떤 사람들은 전문화가 반드시 필요한 예비과정indispensable propaedeutic 이라는 것을 깨닫는다. 반면 어떤 사람들은, 너무 작고 사소한 문제여서 같은 배에 타고 있는 아주 소수의 사람들을 제외하고는 어느 누구도 귀기울이려고 하지 않는 것에 정통해지기 위해 점점 더 전문화하는 방향으로 나아간다. 이것이 바로 1950년대 이후에 우리 인문학이 걸어온 방향이다. 그때 이후로 여기에 상처를 내는 것조차 아직 시작하지 않았다.

아주 좁은 전공분야를 연구하는 교수들은 진행 중인 자신의 연구를 학생들에게 가르쳐야 한다고 점점 더 많이 주장하고 있으며, 자신과 관심을 공유하는 동료를 뽑으려고 한다. 그 결과 그들의 학생들은 아주 전문화된 식단만을 먹으며 성장하게 된다. 유수한 대학의 대부분 학과들은 자신과 견줄만한 거머리 두뇌에 대한 전문가 집단은 어디에도 없다는 자부심에 근거해 자신의 탁월함을 주장해왔다. 이와 같은 영역을 공부하고 싶어 하거나 이와 비슷한 접근법을 추구하는 학생들에게 어마어마한 장학금이 주어지는 한, 그리고 교수들이 이런 관심을 가진 학생들에게 연구비를 지원하려 하는 한, 그리고 그러한 극단적인 전문가들에게 높은 보수를 제공하는 직장이 존재하는 한, 비전이나 자율성, 목적의식에 대한 논의는 어떤 설득력도 가질 수 없다. 학문에서도 돈이 위력을 가지기 때문이다.

다른 위기들처럼 경제적인 위기도 만일 그것이 기존의 목표에서 반성을 끌어낼 수 있다면 하나의 축복이 될 수 있다. 연구지원금이나 직장이 갑자기 증발해 버린다고 해서 그것이 반드시 지독한 재앙이 되는 것은 아니다. 누군가는 희생이 크겠지만 그렇다고 전혀 무익한 것은 아니다. 사람들의 눈을 뜨게 하고 궁극적인 목적에 대해 생각하도록 해주기 위해서는 극단적인 상황들이 필요하기도 하다.

대학의 안이한 현실

가장 먼저 자신의 목표에 대해 생각해야 한다. 인간이라는 존재는 이런 반성을 하는 것에 깊은 거부감이 있다. 《죄책감 없는 정의 : 결단공포에서 자율성으로Without Guilt and Justice: From Decidophobia to Autonomy》에서 나는 이런 현상을 자세하게 논의한 적이 있다. 결단공포란 운명적인 결정을 내리는 것에 두려워하는 것을 의미한다. 인생에서 우리 자신의 목표에 대해 진지하게 반성하는 것은 다른 대안들도 고려해보는 것을 포함하며, 동시에 인생을 건 결단을 필요로 한다.

1950년에서 1970년까지 약 20년 동안 엄청나게 많은 학생들이 대학원에 들어갔고 그 후에 이 학생들이 철학이나 역사, 종교, 문학, 예술을 가르쳤다. 하지만 그들은 자신의 목표에 대해 진지하게 생각해 본 적이 없었다. 대학원 공부를 시작하는 것이 인생을 건 하나의 도전임을 거의 느껴보지 못한 것이다. 오히려 반대로, 그들에게 대학원에 다닌다는 것은 몇 년 더 학교에서 머무르는 것을 의미하는 현 상태의 연장으로 이해됐다. 게다가 어느 학교에서 공부를 할지 스스로 선택하지 않는 경우도 많았다. 적어도 대여섯 학교에 지원하면서도 그 학교에 대해 자세히 알지 못했고, 그저 몇몇 교수들이 조언하는 것을 받아들였다. 그리고 여러 학교들이 요구하는 다양한 형식의 서류들을 채워나가면서도 자신의 결정에 대해 전혀 두려움을 느끼지 않았다. 그래서 대다수의 학생들은 한두 학교 이상에서 입학허가가 떨어지면 가장 많은 장학금을 제공하는 학교를 선택했다.

그 당시에는 인문학이 의학이나 다른 유용한 전문지식들과 달리 별 쓸모가 없다는 명백한 사실을 심각하게 고민하는 사람이 거의 없었다. 전문화가 거대한 흐름이던 시절에 이런 사실은 광범위하게 간과됐는데, 그것은 유용하다는 생각 자체가 속물근성인 것처럼 사람들에게 주입되어 왔기 때문이다. 또한 장학금을 받거나 직업을 구하기가 지금보다 상대적으로 용이했기 때문이었다. 가장 많은 돈이나 명성을 제공하는 곳으로 몰려가면서도 유용성에 대해서는 업신여겼다.

1960년대 초반에는 학위를 끝내지 못한 철학과 대학원생들도 전임 강사나 시간 강사 자리를 제안 받는 경우가 많았으며, 퇴직을 앞둔 학과장 교수가 1950년대 중반에 받았던 임금과 거의 비슷한 수준의 임금을 받을 수 있었다. 박사학위가 있는 사람들은 그보다 더 좋은 조건을 받을 수 있었다. 따라서 이들에게는 자신의 목표에 대해 생각할 시간이 없었다. 자신의 목표에 대해 점검해 보는 것을 견딜 수 없었기 때문이다. 막연하게나마 많은 사람들은 자신이 선택한 것이 상당히 화려한 보상을 받고 있으며, 편안하고 즐거운 삶에 영향을 주고 있다는 것을 느꼈다. 그것은 한 마디로 이기적이었고, 그래서 1960년에 그들은 기존 체제와 중산층의 가치관, 그리고 자신이 죄책감을 느끼는 것들에 대해 거부하는 수사학에 매달림으로써 양심을 달래려고 했다. 이런 것들은 모두 이해가 되는 것들이었지만 그렇다 하더라도 그것이 사려 깊다고 할 수는 없었다.

이것은 분명히 그 이전부터 교육에서 뭔가 잘못 진행되고 있다는 것을 의미했다. 그토록 많은 사람들이 인문학을 공부하고, 그 중에서 상당수가 철학을 전공했음에도 자신의 삶과 목표에 대해서는 거의 성찰해보지 않았다는 것은 그들이 받은 교육이 소크라테스적인 유산과는 아주 거리가 멀다는 것을 말해준다. 또한 다른 것들도 잘못되고 있었다. 상상력이 있는 사람이라면 시간 내에 할 수 있는 것이 아닌 자신이 하고 싶어 하는 프로젝트에 대해 좀 더 생각을 한다. 그는 스스로에게 왜 내가 다른 많은 프로젝트들이 아닌 이것을 선택했는지 물을 것이다. 만일 그의 주된 목표가 학교에서 승진을 하는 것이라면 그는 스스로에게 이런 것을 받아들일 수 있을 만큼 솔직하고 사려 깊어야 한다. 하지만 사람들이 계속해서 그렇게 했던 이유는 반추할 능력이나 솔직함뿐만 아니라 상상력도 부족했기 때문이었다. 대부분의 젊은 학자들은 전혀 아이디어로 가득 차 있지 않았다. 훨씬 이전부터 그들은 이미 장님이었다.

교수의 직업 생활은 다소 쾌적한 것이어서 시험지를 채점하거나 실망스러운 교수위원회에 참석하는 것을 제외하면, 그리고 학생들이 논문을 써야 하기 때문에 주제가 필요하다고 찾아오는 것과 같은 울적하고 정기적인 일들은 그다지 많지 않다. 사람들은 학생들이 교수에게 찾아와 수많은 주제 중 어떤 것이 가장 전망이 있는지 물어볼 것이라고 예상하지만, 대부분의 학생들은 한 가지 주제조차도 떠올리지 못한다. 그런 난관에 빠져있는 학생들이 대안적인 목표를 생각해 본다는 것은 기대조차 할 수 없다.

사변적인 맹목과 관련한 사례들 중 1960년대 후반에서 1970년대 중반까지도 학생들이 인문학을 공부하기 위해 대학원으로 계속해서 몰려왔다는 사례보다 더 적절한 것은 없을 것이다. 이 학생들 중에서 앞으로 더 이상 직장을 구할 수 없다는 것을 통찰할 수 있는 눈을 가진 사람은 없었다. 그렇다고 이 학생들이 여러 가지 프로젝트들에 대한 열정적으로 참여한다거나, 금전이나 장래의 보장에 관심을 기울이지 않는 대단한 이상주의자들인 것도 아니었다. 이와 동시에 대학원들은 학생들의 장래에 대해 고민하기를 거부한 채 그들에게 소속감과 약간의 금전을 제공해 주었다. 아주 성공적으로 맹목을 가르쳐왔던 것이다.

물론 당시 대학원으로 향했던 학생들은, 다른 경우였어도 자신에게 허락된 직장은 없으며, 최소한 3~4년 동안 학교에서 지내는 것만큼 쾌적한 직장은 없다고 항의를 할 수도 있을 것이다. 모든 것을 고려해 볼 때, 자신의 장래에 대해 눈을 감아버리는 것보다 편안한 것은 없다.

철학이나 종교, 문학, 음악, 예술, 역사를 공부하는 많은 대학생들을 가르치기 위해서는 어떤 정당성이 필요하다. 서문에서 제시했던 인문학의 주요한 네 가지 목표들에 대해 다시 한 번 떠올려보도록 하자.

첫 번째는 인간 정신의 위대성을 간직한 작품들에 대한 보존과 함양이다. 나는 인문학에서 광범위하게 읽히고 가르치는 방식이 이 성공하지 못한다는 것을 보여주었다. 예술가, 작가, 철학자, 종교적 인물 들이 제시하는 도전은 대개 무시되어 버린다. 대체로 사람들은 창조적인 정신은 완전히 무시해 버리고 대신 한두 작품이 제시하는 기술적인 문제들에 매달린다.

게다가 '엘리트주의elitism'는 무시되며, 중요도가 떨어지는 인물들이나 대중문화에 대한 연구가 인기를 얻는다. 이런 경향에 대해 어떤 옹호론을 들먹인다 하더라도, 그것은 인문학의 첫 번째 목표와 상치되며, 인간성을 박탈하게 하는 영향력이 있다. 여성과 흑인들의 교육과 관련해서는 역할 모델role model의 중요성이 많이 언급되었고, 그런 관점이 대체로 잘 받아들여졌다. 하지만 우리에게도 인간성의 모델이 필요하다.

사려 깊은 사람이라면 목표에 대해 숙고해 보아야 하고, 대안적인 비전들에도 관심을 기울여야 한다는 두 번째 목표 또한 이 책의 중심 주제였다. 그리고 목적에 대해 고려하는 것을 거부함으로써 나타나는 직접적이고 실제적인 결과들에 대해서도 생각해 보았다. 교사들은 교육의 목표와 학생들에 대한 자신의 의무

에 대해 말하는 것을 그만두었다. 그들은 더 이상 왜 자신이 문학
이나 예술, 종교, 철학, 음악, 역사를 가르쳐야하는지 묻는 것에
관심을 두지 않았다. 그들은 왜 어떤 분야는 그토록 많은 강좌들
이 있으면서 다른 분야에는 그렇지 않은지에 대해 질문하는 것을
회피할 수 있는 좋은 이유들이 있었다. 한 번 그런 질문들을 제기
하면 대답을 회피할 수 없기 때문이다. 교수들은 자신만의 관심
을 뒤쫓았다. 학생들의 안녕安寧은 인문학의 목표들과 함께 시야
밖으로 쫓겨났다.

적어도 미국에서 네 가지의 목표 중 그나마 가장 잘 보존되는
것은 비판정신의 함양이다. 그러나 이것과 관련해서도 자축할 만
한 것은 없다. 비판적인 사고가 가장 강조되는 최고의 대학들에
서도 다소 편협한 통설의 테두리 안에서만 비판정신이 번창했는
데, 이는 정말 중요한 대안들에 대한 전망이 부족했기 때문이다.
이제 남은 것은 네 가지 목표 중 가장 문제적인, 비전을 가르치는
것이다.

비전은 가르칠 수 있다

비전은 정말 가르칠 수 있는가? 그 대답은 비전이 무엇을 의미하
는지에 달려있을 것이다. 우선 비전은 맹목과 반대되는 것이라고
말해 볼 수 있을 것이다. 실제로, 맹목을 가르쳐 왔다는 점에서

우리는 학생들에게 그들 스스로 자신의 조건들을 고려하고 대안들을 볼 수 있도록 해 덜 맹목적이 되도록 할 수 있다. 그런 점에서 비전은 가르칠 수 있다.

더 나아가 과거와 현재, 미래의 비전을 구분 짓는 것도 유용할 것이다. 인문학 교사는 학생들의 눈이 과거에 열려 있도록 해야 한다. 대다수의 인문학 저술들은, 골동품 수집과는 다르게 반드시 역사적이어야 한다. 왜냐하면 과거를 바라볼 수 있을 때에만 현재에 대한 어떤 전망을 얻을 수 있기 때문이다. 그리고 그럴 때에만 자신의 조건과 사회에 대해, 그것의 문제점과 현재의 경향에 대해 더 잘 이해할 수 있다.

또한 비교의 기준들을 획득할 때에만 전망을 얻을 수 있다. 때때로 굉장해 보였던 것이 단지 우리와 너무 가까웠기 때문에 그렇게 보였다는 것을 깨닫게 되곤 한다. 과거의 위대한 작품들과 현재의 것을 나란히 놓고 비교해본다면 우리는 그것이 얼마나 기대에 부합되는 것인지 알 수 있다. 몇 가지 분명한 이유들 때문에 많은 사람들은 충격적인 함의들에 저항하는데, 독서에 관한 논의에서 우리는 이런 사람들이 자만심self-importance을 보존하기 위해 사용하는 몇 가지 책략들에 대해 살펴본 적이 있었다. 그들은 무릎을 꿇고 읽는 것이 훨씬 더 적합한 작가들을 깔보면서 가르치려고 든다. 눈이 멀지 않았다면 어떻게 자기 자신과 대학당국, 그리고 연구비를 제공하는 자들에게 자신들이 이 분야에서 혁명을 일으키고 있으며, 지식의 최전선에 있고, 아주 중요한 일들을 한다고 계속해서 설득할 수 있었겠는가? 약간의 역사적 관점과 무엇이 진정으로 위대한 것인지를 아는 사람이라면 누구든지 자신과 아주 가까이 있는 것들이 얼마나 불쌍하고 사소한지를 알아볼 것이다.

미래에 대한 비전은 가르칠 수 없다. 히브리의 예언자들조차도 그런 안목은 가지고 있지 않았다. 그들은 단지 이렇게 말할 수 있을 뿐이었다. 너희들이 계속 이렇게 행하고자 한다면 이런 저런 끔찍한 결과들을 피할 수 없다는 것을 보지 못하였느냐? 그러므로 이제 가던 길을 멈추고 방향을 바꾸어라.

대부분의 미래학자들은 스스로를 과학적이라고 주장하지만 자신의 무지를 인정하길 꺼려한다는 점에서 근본적으로 반-소크라테스적이라고 할 수 있다. 그들은 자신이 알지 못하는 것을 안다고 주장한다. 1925년에서 1975년 사이에 벌어졌던 가장 놀라운 사실들 중 하나는 예언자로 부름을 받았다고 느꼈던 이런 사람들이 거듭해서 자신을 바보로 만들었던 것이다. 1935년이나 1945년에 독일과 일본이 1965년에는 어떻게 될지 누가 과연 예견할 수 있었겠는가? 하지만 사람들은 너무 쉽게 믿어버리기 때문에 곧바로 이런 모든 실패들을 잊어버리며, 눈먼 암탉이 진주를 발견하는 것처럼 좀처럼 일어나지 않을 것 같은 예들에도 쉽게 설득당한다. 그래서 모든 실수는 용서되고 눈먼 암탉은 '예언자'라고 불리게 된다.

인문학의 미래를 예측하려고 하는 것은 부질없는 짓일 것이다.

하지만 현재의 경향들이 함축하고 있는 의미들과 사람들이 성취하고자 하는 목표들에 대해 의문을 제기하면서 그것들을 진지하게 생각해 보는 것은 의미가 있다. 이런 의문들과 함께 또한 우리는, 다음 장에서 더 구체적으로 논의할 것이지만, 어떤 변화가 필요한지에 대해서도 물어야 한다. 대안적인 목적과 관련해서 우리의 미래를 생각해 보는 것은 책임감의 정수이다. 미래를 과학적으로 예측할 수 있다고 주장하면서 우리 자신의 목표들에 대해 고민하기를 회피하는 것은 돌팔이 의사의 처방과 같다. 인문학적 지식은 바로 이런 차이를 이해하는 데 도움을 준다.

비전에는 또 다른 의미가 있다. 통찰가를 특징짓는 그런 종류의 비전도 가르칠 수 있을까? 역사, 철학, 종교, 예술, 음악, 문학을 가르치는 것이 통찰가를 키우는 데 도움이 될까? 혹은 이런 교육을 통해 우리가 희망할 수 있는 최대의 것은 더 많은 소크라테스적 인물들을 배출하는 일일까? 틀림없이 우리는 학생들이 좀 더 비판적으로 생각하도록 가르칠 수 있다. 그리고 이런 것을 가르치지 않는 인문대학들은 실패한 것이다. 반면 이런 것에 성공한 대학들은 인류에 기여를 하게 된다. 그렇다면 독창성이라는 것 또한 가르칠 수 있는 것일까?

1장에서 언급했던 것처럼 통찰가는 자신의 비전을 구체적으로 표현할 수 있는 기술을 습득할 필요가 있다. 또한 그들은 자신의 예감을 검증하고 어떤 것이 연구할 만한 가치가 있는지를 찾아내는 훈련이 필요하다. 독창적인 생각을 거의 하지 못한 사람들은 직관에 어떤 신성불가침적인 것이 들어 있으며 비판적인 성향과 창조적인 성향은 양립불가능하다고 생각한다. 하지만 직관, 예감, 아이디어로 가득 찬 진정으로 창조적인 것은, 찾는 것을 배우는 일이며, 때로는 매우 신속하게 어떤 것을 버려야 하는지를 배우는 일이다.

'진보적인' 교육은 독창성과 창조성의 가치를 사람들에게 설득하는 데는 성공했지만, 아이들을 억누르는 기존의 방식들에 지나치게 과도하게 반응함으로써 실패하고 말았다. '진보적인' 교육자들은 다양한 예감들에 대해 엄격하게 분별해야하는 필요성과 훈육의 가치를 과소평가했다. 아이들은 하나의 예감이 다른 것만큼이나 좋다고 믿도록 이끌려져 왔다. 전문화 시대는 이런 어리석음에 대한 과잉반응이라고 할 수 있다.

통찰가를 키워낼 수 있는 방법은 학생들에게 자신의 견해에서 빠져나와 다른 대안과 반대 의견을 찾아보도록 밀어내는 것이다. 초등학생에게도 다른 대안에 대해 생각해 보고, 그것의 반대 의견은 없는지 살펴보라고 격려할 수 있다. 비전은 자기-비판과 불가분한 관계이며, 자기-비판은 가르칠 수 있다. 어떤 반대 의견도 없이, 다른 대안과의 비교도 없이, 하나의 비전을 구체화시키는 것은 훨씬 쉬운 일이지만 이것은 그만큼 덜 인상적이고, 덜 유용하다. 또한 다른 경쟁적인 비전들에 비하면, 훌륭한 것과는 거리가 멀어 보이는 하나의 비전을 구체화하려는 시도보다 훨씬 덜 중요하다. 이런 주장은 과학의 본질에 관한 것처럼 보일 수도 있다. 그렇다면 이 시점에서 인문학은 정말로 필요한 것이냐고 질문할 수 있다. 과학에서 학생들이 얻어내는 것은 대개 다소 현미경적이다. 그 속에서 학생들이 기대할 수 있는 비전들은 기껏해야 반복된 실험 속에서 검증된 것들뿐이다. 따라서 과학을 통해서는 대안적인 비전을 거의 생각할 수 없다. 그것을 찾아낼 수 있는 것은 오직 인문학에서 뿐이다.

정리하면, 인문학은 인간적인 태도humane attitude과 인류mankind라는 두 가지 점에서 인간에게 진정으로 중요하다. 그런 점에서 인문학은 반드시 제대로 가르쳐야 한다. 물론 그렇게 되더라도 인류가 반드시 끝까지 살아남으리라는 보장은 없다. 하지만 만일 인문학을 제대로 가르치지 못하다면, 인류가 살아남을 가능성은 거의 희박하다.

6장

학제 간 연구의 시대

The Interdisciplinary Age

· ·

지금까지 내가 받았던 교육들 중 최고의 것은 제2차 세계대전 당시 미국의 군사정보학교Military Intelligence School에서 8주간 받았던 교육이다. 그 수업의 목적은 당연히 독일군의 전투 대형이나 항공사진 해독 또는 포로 심문에 관한 것이었다. 모든 것은 목표 지향적이었으며, 아무 의미도 없는 것을 위해 낭비할 시간은 없었다. 당시 육류검사 전문가라고 알려져 있고, 병참 부대에서 계급을 딴 한 대위가 시험에서 부정행위를 한 것으로 의심을 받았다. 정확한 물증이 없었기 때문에 감독관은 다음 시험에서 서로 다른 두 가지 시험지를 만들었고 옆 사람과 서로 다른 시험지를 갖도록 했다. 대위는 옆 사람의 답안지를 배꼈고, 그는 학교에서 퇴출되어 다른 곳으로 전근됐다. 군사정보학교에 그 대위가 남아 있었다면 그는 엄청난 피해를 줬을 것이다.

　포로 심문을 연습한 사람들은 시험에서 떨어진 학생들이었다. 그들은 당연히 지시받은 정보를 순순히 제공하려 하지 않았고,

노련한 질문을 받았을 때에만 그것을 털어놓았다. 기회가 조금만 주어져도 그들은 실수투성이의 심문자와 입장을 바꾸어 질문을 해대기 시작했다. 그것은 힘든 일이었지만, 심문 기술을 익힐 수 있는 더 쉬운 방법은 없었다.

가장 어려웠던 부분은 2일간에 걸친 시험이었다. 나는 바깥 기온이 무척이나 쌀쌀한 1월에 이 시험을 치렀다. 우리는 밤중에 트럭에 태워져 어디론가 실려 갔고, 그 다음에 각자 지도 한 장과 나침판 하나만을 지급받은 채 갑자기 홀로 남겨졌다. 우리는 어둠 속에서 1호 텐트를 찾아야 했다. 만약 50야드라도 비껴나 찾지 못하게 되면 그것으로 끝이었다. 만일 찾게 된다면, 추위를 피해 안으로 들어가자마자 곧바로 다시 2호 텐트를 찾는 시험을 치르기 위해 떠나야 했다. 이런 시험은 2일간 진행됐다. 이 시험에는 다음과 같은 생각이 들어있었다. 만일 자신이 알고 있는 것을 최적의 조건 속에 있는 편안한 방안에서만 끄집어 낼 수 있다면, 정작 그 지식이 필요할 때는 쓰지 못하는 사람이 되어버릴 수 있다는 것이다. 우리들의 최고의 선생님은 시험을 치르는 동안 농담을 건네면서 교실의 중앙 복도를 오르락내리락하며 걸어 다녔다. 그는 정말로 농담을 잘했기 때문에 지독하게 주의를 산만하게 만들었다. 그는 우리가 집중력이 흐트러졌을 때에도 배운 것을 제대로 사용할 수 있는지 알아보기 위해 우리를 시험한 것이다. 그 중위가 농담을 즐겼다는 것은 분명하지만, 그럼에도 그가 우리 교육의 목표에 대해서 잘 알고 있다는 것에 대해서는 전혀 의심의 여지가 없었다.

　인문학 교육은 8주간의 속성 과정도 아니고 목적도 다르며, 위와 같은 교육방식을 적용할 수도 없다. 하지만 훌륭한 교육이 목적에 대한 명확한 이해와 적합한 교육방식을 선택하는 데 달려있다는 점은 동일하다. 우리는 자주 필수 교과목들과 교육 과정들, 시험과 성적에 대한 찬반 논의를 진행해 왔음에도 정작 목표에 대한 논의는 충분하게 해보지 않았다.

　나는 지금까지 상당히 장황하게 인문학의 목표와 그것을 성취하기 위해 필요한 방법들을 다루어 보았다. 하지만 전문화와 학제 간 연구를 적절하게 혼합해서 가르치는 것에 대해서는 조금 더 말할 필요가 있어 보인다.

인문학의 교육 방식

전형적인 인문학 수업들은 강의, 독서, 토론으로 이루어져 있다. 이것은 상당히 모범적인 것으로, 그중 가장 중요한 부분은 독서이다. 이런 점에서 나는 앞에서 독서에 대해 한 장을 할애한 바 있다. 강의와 토론은 보조적인 것이지만, 이것들을 불필요하다고 여긴다면 인문학을 가르치는 대학들 또한 필요가 없을 것이다. 도서관만으로 충분할 테니 말이다. 하지만 먼저 사람들은 스스로 독서하는 방법에 대해 배워야 한다. 그런 점에서 강의와 토론은 사람들에게 이런 기술들을 가르쳐주고 그들이 혼자 읽을 때보다 많은 것을 독서에서 얻어낼 수 있도록 고안해야 한다.

어떤 사람들은 옥스퍼드의 개별지도tutorial 방식이 뛰어난 지도교수를 만날 수 있는 행운만 따른다면 강의수업보다 훌륭할 것이라고 생각한다. 하지만 만약 지도교수가 그저 그런 사람이거나 형편없는 사람일 때는 다른 해결책이 없다. 왜냐하면 학생은 일주일에 한 시간, 또는 격주로 두 시간을 그와 붙어있어야 하고, 학생은 자신이 원하는 수업을 선택할 수 없기 때문이다. 게다가 만약 그 지도교수가 20대에 선발된 것이라면, 대략 40년 가량을 그 자리에 머물러 있게 된다. 이런 자리의 이직율은 아주 낮은 편이다. 또한 학부생들은 2년 동안 서로 다른 성향의 다양한 교수들과 접촉하기보다는 두세 명의 지도교수만을 만나게 된다. 옥스퍼드의 이런 개별지도 시스템은 소수의 특권층을 위해 고안된 것으로 한 명의 지도교수가 두 명의 학생들을 동시에 맡는다 하더라도 엄청난 비용이 발생한다. 게다가 지도교수가 한 주에 최대 18시간으로 짜여진 8주간의 수업을 3학기 동안 가르쳐야 하고, 거의 대부분의 시간을 몇 명의 지지부진한 학생들에게 매여 있어야 한다는 것은 극히 잔인한 일이다. 이런 여건 하에서 지도교수가 다양한 관점들에 생기를 불어넣거나 신념과 도덕을 검토해보라고 권하면서 감정적인 투자를 해주기를 기대하는 것은 바랄 수 없을 것이다. 게다가 누군가가 그에게 자신의 학생들과 이렇게 끝도 없는 시간들을 견딜 수 있게 만들어 줄 수 있는 게임을 제공해 준다면, 지도교수가 그 사람을 얼마나 존경해 마지않을지는 의문의 여지없이 당연한 일이다. 바로 이런 정황들이 1950년대에 미국에서 널리 퍼진 '옥스퍼드 철학'의 기원을 설명하는 데 도움을 준다.

비트겐슈타인은 옥스퍼드에서 공부를 하거나 개별지도를 받은 적도 없었고, 오히려 캠브리지 대학에서 작은 강좌들을 가르치면서 교사 일에 깊이 빠져있었다. 하지만 옥스퍼드에서 그의 철학적 방법은 그가 무척이나 분개할 만한 방식으로 받아들여졌고, 지도교수들을 위한 일종의 게임인 찻잔의 철학이 되어버렸다. 그의 철학이 이런 방식으로 쉽게 전용될 수 있었던 것은 시작점에서부터 근본적으로 비-소크라테스적이었기 때문이었다. 비트겐슈타인은 신념이나 도덕에 대한 탐색, 또는 사회에 대한 비판적 시각으로부터 뒤로 물러섰다. 그 자신의 표현을 따르면, 그의 철학은 모든 것을 그대로 내버려두는 것이었다. 가톨릭 교인은 가톨릭 교인으로, 칼뱅주의자는 칼뱅주의자로 머무를 수 있었다. 그래서 결국 그의 철학은 지도교수들의 요구에 쉽게 부합될 수 있었다. 어쨌든, 개별지도 시스템에는 나름의 단점들이 있었다.

그렇지만 강의수업 역시 매우 문제가 많으며, 대부분의 강가 시간을 허비하는 것일 때도 있다. 만일 강사가 강의내용을 글로 쓰지 않았다면, 그것들은 숙제로 대체될 수 있는 프린트 자료보다 질적으로 열등한 것이 될 확률이 높다. 그리고 만일 강사가 이미 강의내용을 책으로 낸 적이 있다면, 학생들에게 쉽게 읽어보도록 만들 수 있기 때문에 강의에서 굳이 그 내용을 읽어나갈 필요가 없다. 만일 교수가 자신의 자료를 청중들에게 읽어주는 것에 특별히 재능이 있다면, 그의 강의를 녹화해서 학생들이 어디에서든 이용할 수 있게 만들 수 있다. 그리고 만일 교수에게 그런 재능이 없다면, 이것이 훨씬 빈번한 경우라고 할 수 있는데, 그때는 이런 교육방법 전체의 빈약함이 자명해질 뿐이다.

학생들에게 진부한 라이브 강의보다 훌륭한 녹화 강의가 훨씬 더 도움이 되는 것은 아닌지 자문해 보아야 한다. 강의에 소질이 없는 사람이 수십 년 동안이나 강의를 해야 하고 학생들에게 소외감을 느끼게 하는 것이 이치에 맞는 일인가? 형편없는 강사의 비율을 줄이기 위해 무엇인가를 해야만 한다는 것은 적어도 분명해 보인다. 사실상 북아메리카 대륙에만 수천 개의 대학들이 존재하고, 그것들 중 많은 대학이 수백 명의 교수들을 고용하고 있다. 그러나 그중 누구도 교수법에 대해서는 물론이고 자신들이 생계를 벌고 있는 기술에 대해 충고를 받아본 적이 거의 없다. 나는 대부분의 교수들이 강의의 요점이나 목적에 대해 깊은 생각을 가져본 적이 있는지 의심스럽다. 게다가 여기에 또 다른 업무를 추가한다 하더라도 좋아질리 없는 이런 방식으로 무엇을 성취할 수 있는가?

분명한 해답 한 가지는 강의가 흔히 하는 식으로 50분간 중단 없이 이어져서는 안 되고, 토론과 병행해야 한다는 것이다. 하지만 대다수의 학생들은 질문을 하는 동료 학생들에 대해 상당히 짜증을 느낀다. 왜냐하면 이들은 교수의 이야기를 듣고 싶어 하기 때문이다. 이런 문제는 젊은 동료 교수나 대학원 학생들이 주도하는 소그룹의 토론 시간을 따로 만들거나 강의 중간 중간에 짧게 질문을 받으면서 진행하면 해결될 수 있다. 그리고 만약 대형 강의라면 서면으로 대부분의 질문을 받아서 강의 초반이나 후반에 교수에게 건네도록 할 수도 있다.

이제 남은 문제는 교수가 질문에 대답하지 않는 동안 무엇을 시도해야 하는가이다. 그것은 당연히 학생들에게 대체물로 읽도록 요구한 교재나 소논문으로는 할 수 없는 것이어야 한다. 즉, 교수는 학생들이 마주하게 된 새로운 관점에 생기를 불어 넣기 위해 혼신을 다해야 하고, 작가 자신이 말할 수 있도록 자신의 피와 영혼, 생동감을 쏟아 부어야 한다. 학생들은 가능하면 스스로 작가들의 작품을 읽어야 한다. 그러나 이때 불편한 점은 의견이나 주장들이 쉽게 간과되어 버린다는 것이다. 모든 독자는 자신이 좋아하는 것만을 보려하고 불편한 것은 보지 않는 경향이 있다. 거의 대부분의 사람들은 저자 역시 자신과 같은 인간이라는 것에 대해서 생각하지 않는다. 교수는 이 모든 점들을 바로잡기 위해 노력해야 하고, 그들과 그다지 다르지 않은 작가들이 어떻게 그렇게 생각할 수 있었는지 학생들에게 보여주어야 한다. 또한 학생들이 텍스트에 맞서면서 자신의 목소리를 갖도록 해주어야 한다.

이런 도움이 필요하지 않은 저자나 텍스트는 강의 주제로 삼을 필요가 없지만 가끔씩은 그것들에 대한 숙제를 내줄 수 있다. 쉽게 접근할 수 있는 것을 강의 주제로 삼는 것은 어떤 변명을 대더라도 구실이 되지 못한다. 인문학에서는 유행을 타지는 않지만 도전적인 것을 강의하는 것이 훨씬 이치에 맞는다. 대체로 이런 강의는 과거 세대의 위대한 작가들에게 호의적이다. 어떤 교수들은 이런 작가들이 그토록 위대하고 지명도가 있다면 유행을 타지 않는다고 말할 수 없다고 반박할 수도 있을 것이다. 하지만 일반적으로 교수들이 읽히는 방식, 그리고 그대로 내버려두었을 때 대부분의 학생들이 읽게 되는 방식을 따르면, 작품에서 공격적인 부분들은 대부분 간과되어 버리고, 작가들의 도전은 무시되어 버리기 십상이다. 훌륭한 교사라면 학생들이 생생한 문화 충격에 노출될 수 있도록 해 줄 필요가 있다.

교사에게 필요한 자질

훌륭한 교사는 생동감이 있어야 한다. 대부분의 학생들은 열정과 학식이 합쳐진 게 훨씬 더 이상적이라는 것을 알고 있음에도 학식보다는 열정을 더 많이 칭송한다. 열정을 지닌 젊은 강사나 계약직 교수가 종신교수 직위를 얻는 데 실패하고 학교를 떠나면, 학생신문들은 종종 그가 학교 전체에서 가장 훌륭한 교사였음에도 '파면'되고 말았다는 비난 기사를 싣곤 한다. 전문화의 시대에서는 이런 일이 몇 년에 한 번씩 거의 모든 대학들에서 일어났다. 내가 경험했던 사례들 중 기억에 남는 첫 번째 사건은 1940년에 일어난 것이다. 그때 나는 아주 끔찍한 실수가 벌어졌다고 느낀 학생들 중 한 명이었다. 30년도 더 된 옛날 일들을 되돌아 보면, 학생들이 싸워서 사태를 되돌릴 성공률은 거의 제로에 가까웠던 것 같다. 교사 스스로 그만 두거나 다른 학교의 제안을 받아들여 다른 곳에서 커다란 명성을 얻게 되는 교사들을 떠올리는 것도 어려운 일은 아니지만, 이런 경우에는 학생들이 거의 동요를 하지 않았다.

교수들에게 일정한 수준의 안정감을 부여하는, 상업적인 세계에서는 찾아볼 수 없는 그런 종신 재직권permanent tenure을 과연 누군가가 받아야 하는가에 대해서는 논란의 여지가 있다. 이 제도의 존재 이유는 학문의 자유를 보장해주기 위해서다. 교수라면 파면에 대한 두려움 없이 강의실이나 출판물을 통해서 자유롭게 이단적인 견해들을 발전시킬 수 있어야 한다. 또한 그 시대의 신념과 도덕, 사회적 이데올로기를 검토해 보아야 할 뿐만 아니라 자신의 전공과 관련한 일반 여론에서도 자유로워야 한다.

동시에 나는 매카시즘McCarthyism 열풍과 대학 동료들의 편협함으로부터 교사들을 보호하기 위해서, 또한 이들이 이런 일들을 해야 한다고 주장기 위해서는 종신 재직권이 필요하다고 믿는다. 너무 적은 교수들만이 이런 특권적 지위에 어울릴 만하다는 것은 우울한 일이다. 하지만 나는 종신 재직권을 없애고 이 직업을 더 사변적인 것으로 만드는 것보다는 이들이 자신의 소명에 따라 살도록 거기에 영향을 주는 것이 더 낫다고 생각한다.

이제는 단기 임용으로 6년간 가르친 후에 종신 재직권을 얻지 못하면 대학에서 쫓겨나 다른 곳에서 일자리를 찾도록 하기보다는, 종신 계약 없이도 계속해서 머무르도록 해야 하지 않느냐는 주장에 대해 논의하기로 하자. 한 대학에서 종신을 거절당한 훌륭한 계약직 교수가 다른 대학에서 일자리를 쉽게 얻을 수 있다면, 이런 논의는 별로 가치가 없을 것이다. 한 대학의 손실은 다른 대학에게 이득이 되기 때문이다. 게다가 대단한 출판물을 요구하지도 않는 대학들에게 이런 상황은 명망 있는 대학에 머물렀던 교수들을 확보할 수 있는 중요한 방법이다. 1970년대 중반에는 한 대학에서 종신을 얻지 못한 교수들이 다른 곳에서도 교수직을 얻기가 극도로 어려워졌다. 그래서 인도적인 차원에서 이들을 계속 고용해야 한다는 주장이 불거져 나왔다. 하지만 종신을 얻든 그렇지 않든, 그들 모두를 계속 머무르게 하는 것은 젊은 교수들을 위한 자리가 없어진다는 것을 의미했다. 대학의 자금과 대학의 교수 자리에는 한계가 있기 때문에, 이 문제는 모든 자리를 채워 넣고 학생들에게 너희들이 아무리 똑똑하더라도 교수가 될 희망은 없다고 말하거나 아니면 어느 정도의 이직율과 경쟁을 도입하는 방향으로 나아갈 수밖에 없다.

다음으로 살펴볼 논의는 전염성이 높은 열정만으로 충분한가하는 문제이다. 만일 학생들이 어떤 교사를 좋아하고 그로 인해 영감을 발견한다면, 그 교사가 출판물을 내지 않았다는 이유로 학교에서 내보내는 것은 부당하다고 느낄 것이다. 하지만 열일곱 살에는 마귀의 할머니도 예쁘게 보인다는 속담이 있다. 스물일곱 살에는 가장 지루한 교사들 중에서도 훌륭해 보이는 사람들이 있다. 대개 젊을 때에는 상대적으로 학생들과 관계를 맺기가 용이하고 열정으로 가득차기도 한다. 하지만 연구를 하지 않는 사람들은 나이가 듦에 따라 한 물 가기 마련이고 그래서 간혹 가르치는 마지막 20년 동안은 창피스러운 사람임이 입증되기도 한다. 그래서 좋은 대학이라면 훌륭한 교사로서의 자질과 훌륭한 학자로서의 자질을 결합한 교수들을 찾아내려고 노력해야 한다. 그리고 열정적인 교사이기는 하지만 그다지 좋은 학자라고는 할 수 없는 어떤 사람을 내보낼 때에는 적어도 그를 대체할 만한 사람이 오기를 희망해야 한다. 때로는 그보다 못한 사람을 찾아낼 때도 많기 때문이다.

대부분의 명망 있는 대학들은 학부생들의 관심에 거의 주의를 기울이지 않는다. 이 책이 다루고 있는 주제들 중 하나가 바로 이것이다. 학생들이 학문과 글쓰기에 대한 강조를 경감시키는 것에 관심을 갖게 해서는 안 된다. 강의나 토론 중에 교수들이 교묘하게 회피하는 상황들은 놀랍다. 강의실에서 질문을 잘 해결했다고 해서 반드시 흡족한 것은 아니다. 교수들은 자신의 의견을 종이에 적어 놓고 다음날 아침이나 몇 주 후에 다시 한 번 비판적으로 읽어보는 것이 반드시 필요하다. 소크라테스적인 에토스를 지닌 사람이라면 누구든지 가끔씩은 자신의 어리석은 생각들에 깜짝 놀라곤 한다.

불행하게도 많은 사람들은 자기비판이 부족하며, 그런 면모는 교수들 역시 예외가 아니다. 때문에 자신이 쓴 것을 다른 학자들에게 보여주면서 비판적인 평가를 받는 것이 교수들에게는 필수적이다. 이런 대단히 논리적인 요구가 때로는 터무니없게도 출판을 해야 한다는 요구로 부풀려지는 경우도 있다. 그 결과 모든 학자들은 하찮은 말들의 홍수 속에 빠져들 위험에 처해 있다. 학술 잡지들에는 종신 재직권을 따내거나 승진을 하거나 봉급을 올리기 위해 출판을 해야만 하는 사람들의 논문들로 가득 차 있다. 몇몇 학과장들은 실제로 이런 논문의 개수를 세기도 하는데, 나는 어떤 학과장이 자신의 교수진들 중 한 명의 추천서에 다음과 같이 쓴 것을 결코 잊을 수가 없다. "지난 한 해 동안 그는 세 차례나 논문을 게재하였습니다."

물론, 자신이 쓴 것을 자신과 견해를 같이 하거나 자신과 친한 몇몇 동료들에게 보여주는 것으로는 충분하지 않다. 그보다는 자신과 접근방법이 다르고, 자신이 안주하고 있는 이론에 의문을 제기할 수 있는 사람들에게 다가가 반응을 얻어내는 것이 중요하다. 하지만 현재의 시스템은 이러한 기능을 제대로 돌아가게 해주지 못한다. 그 결과 기껏해야 50부 이하로 유포될 만한 것들이 너무 많이 출판되고 있다.

우리는 무슨 목적으로 한 편의 글을 쓰고 있는지 반드시 물어야 한다. 만약 그것이 사람들에게 사태를 새로운 각도로 조명하게 해줄 수 있거나 새로운 흐름의 사유와 연구를 추구하는 것이라면, 반드시 출판될 필요가 있다. 만약 그러한 관점의 글이 아니라면, 그때는 글의 목적이 성취될 수 있는 것인지 그리고 다른 방식을 통해 더 잘 성취될 수 있는 것은 아닌지 물어 보아야 한다.

대다수의 경우에서, 논문은 요약본만을 출판하고 그런 다음에 그것을 필요로 하는 사람들에게는 복사본을 보내주는 것이 마땅하다. 이런 방법은 또 다른 이점도 있는데, 그것은 500단어 정도로 논문을 요약해야하는 필요성과 맞닥뜨리면서, 스스로 자신의 논문이 사실은 출판할 가치가 없다는 것을 발견하게 해주기 때문이다.

다양한 인문학 프로그램

이 책이 강조하는 목적들을 실현하기 위해서는 몇 가지 다양한 강의와 프로그램이 필요하다. 종교에 관한 장에서 나는 이미 두 종류의 강의에 대해 설명한 바 있다. 여기서는 한두 가지의 폭넓은 주제들을 다루는 비교종교학 강좌와 〈창세기〉에 관한 주제 중심연구를 다뤘다. 앞서 언급된 것을 철학이나 문학, 예술사나 음악으로 바꾸어 보는 것은 그다지 어려운 일이 아니다. 하지만 광범위한 주제나 학문분야들을 개괄적으로 살펴보는 개론槪論 강의

Survey course 만큼은 심각한 문제점이 있다. 이런 강의는 제2차 세계대전 직후에 크게 유행하던 것으로 쉽게 조롱의 대상이 되었으며, 전문화의 시대에는 대부분 폐지됐다. 한 주 동안 단테를 읽고, 그 다음에는 셰익스피어를, 다음에는 스피노자, 밀턴, 루소, 칸트, 괴테의 저서를 읽어 나가는 것, 즉 한 주 동안 위대한 고전 작품 하나를 소화하는 것은 형편없이 피상적인 수업이 될 수밖에 없다.

우리는 학생들이 자신도 모르는 것들에 대해 권위와 같은 것을 가지고 말하도록 해서는 안 된다. 그렇다고 위대한 인물들 각각에 대해 한 학기 정도의 수업을 제공하면서도 좀 더 포괄적인 안목을 얻을 수 있는 수업을 제공하지 않는 것도 마찬가지로 문제가 있다. 왜냐하면 그런 경우에는 대다수의 학생들이 인문학에 관한 기본적인 능력도 갖추지 못한 채 졸업을 하게 되기 때문이다. 전반적인 이해를 제공하는 수업들의 목적은 분명해야 한다. 학생들은 각각의 분야에서 위대한 업적을 남긴 것들에 대해 알아야 하며, 다양한 견해들과 도전들을 접해보아야 한다. 학생들이 어떤 전공을 선택하든, 그들은 그와 관련한 어떤 견해를 가지고 있어야 하며, 그것을 다른 분야의 최고 업적들과 비교할 수 있어야 한다. 한 학기 전체를 한 명의 인물에게 할애하는 것은 학부생들에게는 적합하지 않을뿐더러, 한 권의 책에 할애하는 것도 적절하지 못하다. 하지만 〈창세기〉는 예외라고 할 수 있다. 나는 어떻게 종교가 인간의 다른 관심사들과 관련되어 있는지를 학생들에게 보여주는 학제적인 연구의 중요한 지점으로 〈창세기〉를 예로 들어 설명한 바 있다.

광범위하게 개괄하는 수업보다는 제한된 주제를 다루는 수업이 창의성을 발휘하기에는 항상 훨씬 쉽다. 서너 명의 위대한 예술가들을 집중적으로 연구하는 것도 효과적인 수업이 될 수 있다. 여기에서 학생들은 동시대의 같은 공간에서 서로 가까이 있음에도 현저하게 다른 특징들을 보이는 화가들을 집중해서 살펴볼 수 있다. 이런 수업에서 학생들은 회화의 다양한 가능성을 생각해 볼 수 있을 것이며, 어떤 놀랍고도 도전적인 대안들을 접할 수도 있을 것이다. 또한 학생들은 세상을 바라보는 다양한 방식들에 대해서 탐구해 볼 수도 있을 것이다.

네덜란드 화가 보스Bosch는 피터 브뤼겔Pieter Bruegel the Elder에게 영향을 주었으나, 두 사람은 모두 전 세대에 걸친 가장 독창적인 예술가 반열에 속한다. 루벤스Rubens는 브뤼겔의 회화 열두 점을 소유하고 있었지만 또 다른 제 3의 감수성을 대표한다. 그리고 루벤스보다 젊은 동시대인인 렘브란트는 우리에게 또 다른 세계를 보여준다. 이 네 명의 예술가들에 대해 강의를 한다면 아마 잊혀지지 않는 수업이 될 것이다. 이런 구성은 당연히 다양하게 달라질 수 있다. 예를 들면, 또 다른 수업은 그뤼네발트Grünewald와 뒤러, 미켈란젤로와 티티안Titian을 중심으로 구성될 수 있다.

두 학기 연속 강의를 하더라도 미술사 전체를 다루는 것은 피상적인 수업이 되지 않고는 불가능하다. 그럼에도 연속 강의는 세계의 미술에 대해 학생들의 눈을 열어주고, 그 다음에는 스스로 미술 책을 찾아보거나 박물관을 가거나 다른 세계를 여행하거나 더 전문적인 수업을 듣게 하는 것과 같은 탐험을 할 수 있는 틀과 견해를 제공해 준다는 점에서 절대적으로 필요하다. 조각과 회화에만 집중하는 수업이라면 첫 학기에는 이집트, 메소포타미아, 이란, 그리스, 인도, 중국, 일본의 작품들을 각각 2주씩 할애해 살펴볼 수 있을 것이다. 그리고 두 번째 학기에는 1,400년 이전의 유럽과 이탈리아, 르네상스, 네덜란드, 독일, 프랑스, 스페인, 마네에서 피카소까지의 근대 미술과 콜럼부스 이전의 예술과 '원시' 예술에 대해 각각 2주씩을 살펴볼 수 있을 것이다. 다소 무리한 것처럼 보이지만, 그럼에도 이런 강의는 학부생들 대부분이 시각 예술에 대한 약간의 지식도 없이 졸업을 하게 되는 것보다 훨씬 더 큰 도움을 줄 수 있을 것이다.

문학에서도 마찬가지로 네 명 정도의 주요 인물들을 다루는 강의를 쉽게 떠올려 볼 수 있다. 호메로스와 아이스킬로스, 소포클레스와 에우리피데스는 같은 문화와 전통에 속하기 때문에 10주 안에 상당히 깊게 공부를 할 수 있을 것이다. 전체 맥락의 의미를 파악하기 위해 매번 처음부터 모든 것을 다시 시작할 필요는 없다. 호메로스와 아이스킬로스를 읽었다면 소포클레스와 에우리피데스에 대한 배경 지식도 약간은 갖게 된다. 이런 방식의 단점은 학습자가 경계를 하지 않을 경우, 지나치게 서로 비슷한 대안들로 결말이 날 수 있다는 점이다. 앞서 언급한 예술가들처럼 이 네 명의 시인들도 자신만의 독특한 힘을 가지고 비범하게 서로 다른 세계관을 구현하고 있다.

계속해서, 다른 문화권의 작가들을 포함시켜 봄으로써 더 폭넓은 강의를 고안해 볼 수 있다. 피상적이 되는 것을 피하기 위해 두 가지 언어권에서 두 명 정도의 작가를 선택해 볼 수 있을 것이다. 예를 들어 괴테와 톨스토이, 도스토예프스키와 카프카는 매력적인 강의 주제가 될 것이다. 이 수업에서는 네 명의 작가들 각각의 짧은 단편들과 함께 《파우스트》, 《안나 카레니나》, 《부활》, 《죄와 벌》, 《카라마조프가의 형제들》, 《심판》, 《성》을 포함해야 한다. 이 작가들은 동일한 유럽의 전통 안에서 작업을 했으며 유사한 주제들을 다루고 있어서 개론강의가 비판 받아온 천박함을 피하게 해줄 수 있다. 그럼에도 이 네 명의 작가들은 전혀 다른 입장들을 대표한다는 점을 염두에 둘 필요가 있다.

훨씬 더 어려운 점은 학생들에게 피상적으로만 훑고 지나가지 않으면서도 많은 자료들을 접할 수 있도록 해주는 폭넓은 강의를 생각해 내는 것이다. 이와 관련해 네 가지 정도의 예들만 들어본다면, 불문학과 영미권 문학, 독문학과 러시아 문학의 역사에 관한 한 학기 분량의 강의들을 시도해 볼 수 있을 것이다.

이런 사례들은 단지 앞에서 언급했던 내용들에다 구체적인 살을 붙인 것에 불과하다. 너무 빈번하게 학과의 관심 분야를 반영하고 있는 강의들은 폭넓은 공감을 얻어내는 데는 실패할 수 있다. 강의 요람 역시 한 번도 개설된 적이 없는 수많은 강의 목록을 게재함으로써 학생들을 호도하는 경우가 있다. 학부생들이 받고 있는 교육에 대해 좀 더 깊이 생각해 볼 필요가 있다.

철학에 필요한 세 가지 강의

앞서 종교에 관해서는 거의 한 장을 할애했다. 예술이나 문학과 비교했을 때 철학 역시 좀 더 많은 논의의 공간이 필요하다. 옥스퍼드에서 철학은 오랫동안 인문학 교육의 중심이었으며, 그래서 소크라테스의 에토스를 믿는 사람이라면 철학이 특별한 지위를 차지한다는 것을 인정할 것이다. 반면, 제2차 세계대전 이후 옥스퍼드와 수많은 미국대학들에서 가르쳐 온 철학은 확실히 인문학 교육에서 중심적인 지위를 차지할 만한 요소를 지니고 있지 않다. 내 생각에, 종교와 예술 문학에 관한 수업들도 자신의 역할을 상당히 잘 수행하고 있으며, 이런 수업을 통해 필수적인 문화충격을 경험할 수 있다. 하지만 이런 도전들을 접하면서 생각을 정리하고자 한다면, 그때는 철학으로 들어가야 한다.

철학에는 적어도 세 가지의 서로 다른 강의들이 필요하다. 다시 한 번 반복하자면, 몇몇 주요한 인물들을 중심으로 몇 개의 강의를 개설하는 것은 그다지 어렵지 않다. 그중 플라톤은 특별한 사람sui generis으로, 한 학기 전체에 할애할 필요가 있는 유일한 철학자이다. 게다가 플라톤에 관한 강의보다 철학입문으로 더 잘 어울리는 강의는 거의 없다. 학생들은 《향연》과 《변명》, 《크리톤》과 소크라테스의 죽음을 기술하고 있는 《파에돈》의 마지막 부분들, 《국가》를 읽어볼 수 있을 것이다. 소크라테스의 이미지는 학생들에게 그들의 남은 인생에 큰 영감을 줄 것이다. 또한 자신의 삶을 성찰해보도록 하고 자신의 목표에 대해 돌이켜보도록 이끌어 줄 것이다. 뿐만 아니라 《국가》에 등장하는 플라톤의 일관되고 매우 논쟁적인 목적들에 관한 논의는 깊이 있는 문화 충격을 비교적 용이하게 배울 수 있도록 한다.

대체로 《향연》은 포함되지 않았지만, 이와 같은 플라톤의 저작 목록들은 한때 상당히 유행을 했다. 하지만 《국가》를 가르칠 때 대다수 교수들은 F. M. 콘포드Cornford의 예를 따랐는데, 주석이 달린 그의 영어판 번역본은 많은 점에서 존경을 받을 만했지만, 그 책이 전달할 수 있는 공격적인 성향에 대해서는 많은 부분을 삭제해 버리려고 했다. 그 결과 콘포드는 플라톤의 강경한 민주주의 비판이 단지 아테네 민주주의에만 적용될 수 있는 것이라는 상당히 믿기 어려운 주장을 했다. 우리 시대에 민주주의가 얼마나 훌륭하게 작용되고 있는지 플라톤이 알았더라면 얼마나 좋았겠는가!

1950년대에 나는 나의 전임자처럼 콘포드 판본을 사용하면서 한동안 이런 수업을 가르쳤다. 전임자는 콘포드의 노선을 따랐었지만 나는 그렇게 하지 않았다. 하지만 두 가지 방식에서 모두 수업은 언제나 잘 진행됐다. 다시 한 번 나에게 기회가 주어진다면, 나는 도서 목록을 늘리고, 투키티데스에 의해 전해지는 페리클레스의 아테네 민주주의에 관한 장례식 연설문을 포함시킬 것이며, 소포클레스의 《안티고네》와 더불어 《변명》과 《크리톤》에 나와 있는 시민 불복종의 문제를 논의하도록 확장시킬 것이다. 원문 독자들은 이것들을 모두 알고 있을 것이다. 학생들도 읽어본다면 플라톤에 대해 더 잘 이해하게 될 것이다. 또한 몇 가지 기억할 만한 대안들을 접하게 될 것이다.

학생들을 강력한 도전에 부딪치게 만드는 또 다른 방법은 니체를 읽도록 하는 것이다. 니체의 영향력은 플라톤이라는 필터로도 부드러워지지 않기 때문에, 그의 용어들은 때로는 학생들에게 지나치게 강한 약이 될 수도 있다. 그래서 니체와 함께 두세 명의 다른 철학자들로 한 강좌를 구성해 보는 것도 좋을 것이다. 여러 해 동안 나는 '헤겔, 니체, 실존주의'라는 강좌를 고학년 과목으로 가르쳐 왔다. 최근에는 강독의 절반 정도를 니체에게 할애하고 나머지 절반은 헤겔과 키에르케고르, 사르트르를 읽게 한다. 이 수업의 목적은 항상 다양한 급진적 관점들의 포화에 학생들이 둘러싸이게 만드는 것이다. 헤겔을 포함시키는 것은 너무 과하며, 다른 세 명의 철학자만으로도 충분하다고 주장할 수 있을 것이다. 내가 강의를 계획할 당시에는 프린스턴 대학에서 헤겔을 가르치는 데 관심을 가진 사람이 아무도 없었다. 하지만 나는 그가 아주 흥미로운 사람이라는 것을 발견했다. 그리고 그 강의의 착상은 학생들에게 마지막에 가서 헤겔에 대해 이해했다는 느낌이 들도록 만드는 것이 아니라, 아주 충격적인 대안들에 학생들이 노출될 수 있도록 해주고 또한 그들이 키에르케고르와 사르트르를 비롯한 많은 후대의 철학자들을 이해할 수 있도록 돕는 것이었다.

철학과 관련한 두 종류의 개괄적인 강의에 대해서는 1장에서 이미 언급한 바 있다. 철학 전공자들뿐만 아니라 철학을 조금이라도 배우고 싶어 하는 다른 전공의 학생들에게는 철학사와 관련한 2학기 정도의 연속 강의가 제공되어야 한다. 전문화 시대 이전에는 미국 대학들에서 이런 방식이 일반적이었으며, 지금은 약간의 수정을 거쳐 다시 복원될 필요가 있다. 철학사에 관한 미국인들의 일반적인 생각은 다소 학문적이다. 그러나 이런 철학사는 사실 예술철학이나 종교철학은 말할 것도 없고 윤리학이나 정치철학을 배제한 인식론의 역사다. 게다가 대부분 이런 수업은 학생들이 강력한 대안들과 마주칠 수 있게 해주지도 못했다. 교사들은 가르치는 사람으로서의 의무도 지니지 않은 채 학생들에게 뷔페식 만찬ganz unverbindlich을 제공하거나 다소 드문 경우지만, 헤겔의 인도를 따라 진보를 대변하는 역사적 발전과정의 흔적을 뒤쫓았다.

두 학기 이상으로 연속강의를 확대하는 것은 소수의 학생들만이 참여할 가능성이 있기 때문에 오히려 역효과를 낳을 수 있다. 두 학기의 장점은 많은 학생들이 수강할 수 있다는 것이다. 철학 전공자들에게는 이것이 필수 과목이 되어야 한다. 하지만 이런 수업은 무엇을 선택할 것인가라는 어려운 문제를 안고 있기도 하다. 한 학기는 그리스 철학에 매진하고 두 번째 학기는 데카르트에서 칸트에 이르는 시기를 공부하는 오랜 관행을 따르는 것이 가장 좋다고 생각한다.

고전철학 강의와 관련해서는 2~3주 정도를 할애해서 소크라테스 이전의 철학자들에서 시작해 헤라클리투스, 파르메니데스, 제논, 데모크리투스의 원자론과 윤리학을 포함시킬 수 있다. 그런 다음에는 다른 강좌들과 중복되는 것을 피하면서 적어도 3주간은 플라톤을 공부할 수 있을 것이다. 이때는 《메논》이나 《프로타고라스》, 《고르기아스》, 《파에드로스》, 《티마이오스》, 《법률》의 일부분에 집중해 볼 수 있을 것이다. 아리스토텔레스는 몇 가지 짧은 단편들과 함께 《물리학》, 《형이상학》, 《니코마코스 윤리학》의 부분들을 통해서 소개할 수 있을 것이다. 3주 정도 아리스토텔레스를 공부한 다음에는 학생들에게 스토아학파와 에피쿠로스학파 그리고 고대 회의주의에 대해서도 약간의 지식을 제공할 수 있다. 철학사의 전개과정을 무시하는 것은 아주 어려운 일이지만, 그럼에도 나는 학생들이 일련의 충격적인 대안을 접해볼 수 있도록 해주는 것이 중요하다고 강조하고 싶다.

근대철학 강의와 관련해서는 데카르트와 홉스, 스피노자, 로크, 라이프니츠, 버클리, 흄, 칸트, 이 여덟 명의 철학자 중 한 사람이라도 생략하면 부끄러운 일이 될 것이다. 12주 강의라면 이들 중 데카르트와 스피노자, 흄과 칸트에 대해서 각각 2주씩 가르칠 수 있다. 그리고 10주 강의라면 여덟 명 중 두 사람 정도만 한 주 이상 가르칠 수 있을 텐데, 칸트만큼은 적어도 2주 강의가 필요하다고 생각한다.

영국의 경험론은 영어권 학생들에게는 그다지 큰 문화 충격을 주지 못할지도 모른다. 그럼에도 영국의 경험론은 아주 중요하다. 이것을 다루는 방법은 칸트와 함께 흄이나 존 스튜어트 밀을 하나의 강좌로 다루어 보는 것이다. 이렇게 하면 칸트를 최소 6주 정도 다룰 수 있고, 그 다음에는 흄이나 밀을 4주 정도 연구할 수 있다. 어떤 경우든, 철학자의 구체적인 인식론에 대해서뿐만 아니라 그의 철학 전체를 개관할 수 있는 시각을 학생들에게 제공하는 것이 가장 바람직하다. 또한 흄과 관련해서는 그의 짧은 자서전과 함께《자연 종교에 관한 대화Dialogues con-cerning Natural Religion》를 비롯한 그의 위대한 두 편의 '탐구서들Enquiries'을 읽는 것도 가능할 것이다. 칸트에서 가장 중요하게 포함되어야 할 것은《순수이성 비판Critique of Pure Reason》의 일부분과《도덕 형이상학의 기초Foundation of the Metaphysics od Morals》 전체이다. 여기에《이성의 한계 안에서의 종교Religion within the Bounds of Mere Reason Alone》와 헤겔과 마르크스에게 깊은 영향을 주었던 역사철학을 칸트가 전개시켰고, 그 후에 국가들 간의 연맹을 제안한 짧지만 뛰어난 에세이《세계시민적 관점에서 본 보편사의 이념Idea for a Universal History with Cosmopolitan Intent》을 포함시키는 것도 가치가 있을 것이다. 과목에서 다루지 않은 작품들에 대해서는 강의를 통해 학생들에게 약간의 지식을 줄 수 있을 것이다. 이런 사례는 밀에게도 적용될 수 있는 것으로《공리주의Utilitarianism》와《자유론On Liberty》은 그의 주요 작품 한두 가지와 함께 확실히 선택할 만한 것이다.

어떤 책에 대해 이미 잘 알고 있는 학생들에게는 다른 대안적인 과제들도 읽어보도록 격려해야 한다. 또한 유명한 책을 한 번 읽었다고 반드시 그것에 대해 잘 아는 것은 아님을 이해시켜야 한다. 이런 모든 강의들의 핵심 목적은 결코 어떤 주제에 대해 알려져 있는 것을 알게 됐다는 자만심을 느끼게 해서는 안 된다는 것이다. 강의의 핵심 목적은 항상 학생들이 자신의 신념과 도덕 그리고 암묵적인 추측과 더불어 그들이 둘러싸여 있는 일반 여론을 다시 한 번 점검해보도록 이끄는 것이어야 한다. 이것은 지식을 폄하하려는 것이 아니다. 오히려 자신에게 지식이 필요하다는 것과 자신의 독서가 관심을 기울일만한 사항들과 얼마나 관련이 있는지를 학생들 스스로 보여주어야 한다는 것이다.

물론, 철학은 단순한 철학사가 아니다. 일반적인 과목들은 더 많은 체계적인 수업들을 포함한다. 내가 사회철학에 대해 제시한 모형들은 인식론과 미학에 대해서뿐 아니라 윤리학과 종교철학에도 동일하게 적용될 수 있다. 학생들은 논리적인 능력으로 대안적인 입장을 논증하고 있는 철학자들을 접해보아야 한다.

몇 달 후, 아니면 적어도 몇 년 후에는 대부분의 학생들이 구체적인 논의들을 잊어버리게 될 것이라는 주장은 옳다. 교수들은 스스로 학생들에게 그들의 남은 삶 동안 무엇을 남겨주고 싶은지를 물어보아야 한다. 만약 한 친구가 당신에게 몇 분간 물구나무서기를 할 수 있는 방법을 가르쳐 준다면, 당신은 그것을 할 때마다 그 친구를 떠올릴 것이다. 교수 역시 적어도 몇 명의 학생들에게는 수업에서 했던 무언가를 떠올리면 행복할 수 있도록 가르쳐야 한다.

연구를 하는 교수들은 대개 자신의 주제와 관련한 최근 논문들을 꾸준히 따라잡으려고 비상한 노력을 한다. 그리고 최근 몇 년 동안에는 수많은 논문 모음집들이 주제별로 묶여서 출판되고 있다. 하지만 그런 문헌들의 대부분은 주간지만큼 빠르게는 아니더라도 상당히 빨리 구식이 되어버린다. 그래서 대체로 학부생들에게 이런 종류의 글을 읽고 해야하는 과제를 내주는 것은 그다지 좋은 방법이 아니다. 심지어 처음 출간됐을 때 그 분야의 모든 사람들을 흥분시켰던 책이더라도 몇 년 후에는 상당히 진부한 것으로 느껴지는 경우도 종종 있다. 이러한 예는 학생들에게 최근의 경향을 읽게 해서는 안 된다는 말이 아니라 인문학에서 수 세기 혹은 그 이상 동안을 잘 견뎌온 자료들을 결코 가볍게 여겨서는 안 된다는 것이다. 또한 이런 의견은 단지 그것이 오래된 것이기 때문에 학생들에게 강권해야 한다는 제안과도 거리가 멀다.

학제 간 연구의 중요성

학제 간 연구는 아주 빈번하게 대학을 막 들어온 초반부 2년으로 밀려나 실행되곤 한다. 이는 고학기가 될수록 전문화되어야 한다고 보기 때문이다. 최소 두 가지 이상의 학문에 능통하지 않은 사람이 학제 간 연구를 진지하게 수행할 수 없다는 것은 자명한 일이다. 따라서 현재의 시스템은 학제 간 연구가 진지하지 않다는 잘못된 추론에 대한 아주 손쉬운 확증을 제공한다고 할 수 있다.

그럼에도 어떤 교사가 서로 다른 전공분야들을 넘나들며 연구해서 얻어낸 결과물을 열아홉 살짜리 학생들을 위해 강의실로 가져온다면, 그는 아마 아주 특별하고 가치 있으며 흥미 진지한 수업을 제공할 수 있을 것이다. 만일 그가 학생들을 서로 다른 분야들에 속한 자료들로 인도할 수 있는 능력이 있다면, 그는 학생들이 예상하지 못했던 분야들 간의 연관성과 그것의 의미에 대해 눈을 뜨게 해줄 수도 있다. 이 책의 2장과 4장에는 이와 관련한 다양한 사례들이 실려 있다.

한 텍스트의 의미와 중요성을 이해하기 위해서는 약간의 학제적인 연구를 시도해야 하는 경우가 종종 있다. 이런 과정으로 나아가기를 꺼리는 것은 대개 자신이 그것을 할 만한 능력이 부족할 것이라는 불안과 문화 충격에 대한 두려움 때문인 경우가 많다. 가끔은 전문화가 제공해주는 눈가리개가 이런 불안정한 경험에서 우리를 구출해 주기도 한다.

모든 텍스트에는 맥락이 있다. 위대한 희곡이나 소설들의 맥락은 순수하게 문학적인 것이 아니다. 철학 고전의 맥락 역시 전적으로 철학적인 것만은 아니다. 종교서들의 맥락이 종교적인 것만도 아니다. 시스티나 성당의 천장화 그림이 단지 다른 회화 작품들과만 관련되어 있는 것도 아니다. 인문학이 서로 관통하고 있다고 말하는 것은 아마도 호도가 될 것이다. 그보다는 각 분과나 학과별로 인문학을 나누려는 시도 자체가 오히려 인위적인 경계선을 긋는 것과 같다고 말하는 게 좀 더 정확할 것이다. 한 학과의 접근방법은 항상 추상적일 수밖에 없다. 왜냐하면 그런 방법은 극도로 복잡한 맥락 안에 있는 구체적인 전체 보기를 거부한 채 작품의 한 측면이나 몇 가지 측면에만 집중하려고 하기 때문이다. 이것이 물론 반드시 나쁜 것만은 아니다. 일반적인 눈으로는 포착할 수 없는 아름다움처럼, 현미경을 통해 무엇인가를 바라보면 무척 흥미로울 때도 있기 때문이다. 하지만 이럴 때에는 반드시 현미경을 통해 보고 있다는 것을 잊어버려서는 안 된다. 주의를 기울이지 않고 꼬리에서 떼어낸 작은 세포 조각을 코끼리라고 착각해서는 안 된다는 것이다.

아주 많은 세부적인 사항들이 잘못 이해될 수도 있는데, 이것은 독자나 관찰자가 직접적인 영향을 주는 맥락을 간과하기 때문이다. 사변주의는 언제나 맥락을 무시하는 경향이 있으며, 그래서 어느 정도는 인문주의와 인문학의 에토스와 대립된다. 독일어에서 '인문학'과 가장 가까운 단어는 Geisteswissenschaften으로,

이 단어는 자연과학과 대비되는 정신의 과학을 의미한다. (이 단어와 가장 가까운 영어 표현은 정신과학mental sciences으로, 100년 전까지만 해도 여전히 사용되고 있었다.) 괴테의 메피스토펠레스는 1770년대 초에 쓰여진 《초고 파우스트Urfaust》에서 언제나 분석가들은 정신을 추방하는 것에서 시작해 마지막에 그들이 손에 쥐게 되는 것은, 그것들을 함께 묶어주는 정신이 빠져버린 부분들뿐이라고 말하면서 사변적인 정신을 풍자했다. 이런 유형의 정신은 학제 간 연구를 필요로 하는 더 큰 맥락을 무시할 수밖에 없다.

사변가들은 진보가 관념에 달려있다고 응수할 수도 있다. 그리고 이것은 일정정도 사실이다. 우리는 관련성이 없는 수백 가지의 사항들을 제거하는 한편, 어떤 세부적인 것, 특정한 중심 노선들 또는 특수한 문제들과 관련된 어떤 측면들에 초점을 맞출 수 있어야 한다. 하지만 이와 동시에 진보는 이전에는 함께 연결해보지 못했던 것들 사이의 연관성을 발견하는 것에 달려있다는 주장 또한 마찬가지로 사실이다. 그것이 다른 학문 분야에 속해있다고 생각했던 사항들 사이에 있는 결정적인 연관성이 될 수도 있다. 그리고 현미경을 통해서는 결코 볼 수 없었던 더 큰 단위의 어떤 것들 사이에 있는 흥미로운 관계일 수도 있다. 때때로 사람들은 뒤로 물러서거나 또는 상당히 먼 거리에서 보아야만, 한 번 보게 되면 너무나 명백해서 어떻게 그것을 포착하지 못했는지 이해하기 힘든 것에 주목하게 될 때도 있다.

이런 사례들은 다양한 학문들에서 소위 외부인들이 어떻게 종종 중요한 역할을 하게 되는지를 설명해준다. 하지만 이러한 교훈은 순진한 바보가 전문가보다 훨씬 뛰어나다는 것도 아니고 학생들이 순진한 바보가 되는 것을 배워야 한다는 것도 아니다. 순진하든 그렇지 않든, 어떤 중요한 발견을 하게 되는 바보들의 숫자는 극소수에 불과하며, 하나의 학문 분야에서뿐만 아니라 대다수 학문 분야에서 차지하는 관련된 외부인의 숫자 역시 마찬가지이다. 정말 중요한 교훈은 우리에게 더 많은 학제적인 연구가 필요하다는 것이다. 한두 분야에서의 주된 연구가 무엇이고, 어떻게 직감을 시험해볼 수 있는지를 경험한 사람이라면 다른 분야에서도 문제점, 유사점, 연관성과 그 분야의 전문가들이 간과해 온 모순들을 파악해서 새롭고 흥미로운 관점을 이끌어낼 수 있다. 이런 발견이 가능할 때면 사변적인 전문가들은 갑자기 자신이 어둠 속에서 건축물을 짓고 있다가 벌레 한 마리를 발견하면 무척 행복해하는 엄청난 수의 눈 먼 두더지처럼 여겨질지도 모른다.

우리는 두더지를 독수리로 변화시킬 수 없다. 하지만 사람들의 눈을 열어주는 것이 바로 교육의 목표다. 비전은 어느 정도까지는 가르칠 수 있으며, 그렇게 하는 가장 중요한 방법들 중 하나는 학생들에게 학제적인 연구의 필요성을 보여주는 것이다.

이런 방법은 모든 학년의 학생들을 대상으로 할 수 있다. 하지만 어떤 학년에서든지 진지한 학제적 연구는 최소한 두 분야 이상에 대한 학식과 능력을 필요로 한다는 것을 강조해야 한다. 이런 목적을 위해 학생들에게 그런 훈련을 가능하다는 것을 보여줄 기여뿐만 아니라 역할 모델이 필요하다. 이런 사례들은 찾기 어렵지 않다. 학제적인 기량을 지닌 과거의 주요한 철학자들이 눈에 보이는데도, 사변적인 교수들은 대개 이런 불편한 사실들에 눈을 감아 버린다. 수학에 관심이 있는 사람들은 데카르트와 라이프니츠의 수학적 재능을 강조할 것이다. 하지만 이런 철학자들의 주요한 이론들이 그들이 다른 분야에서 보여주는 연구와 어떤 관련이 있는지에 대해 생각해 본 사람은 거의 없다.

종교, 문학, 예술 분야에서 가장 흥미로운 기여를 한 사람들은 언제나 여러 분야에 관한 기초 기식이 있는 사람들이었다. 반면 고도의 전문가들hyperspecialists은 〈창세기〉의 J1이나, E2, P3 구절에만 자신의 게임을 한정하거나, 장편 시에서 비유법을 찾아내는 식으로 자신의 영역을 축소시킨다. 미술사가가 문학, 종교, 그리고 역사 일반에 대해 너무 모른다면 아마도 놀림감이 될 것이다. 그리고 분명히 이것은 다른 인문학 분야의 전문가들에게도 마찬가지다.

여기서 다시 세 종류의 동심원 이미지를 떠올리는 것은 도움이 될 것이다. 가장 안쪽에 있는 원은 전공 학과를 나타내며, 그 다음 원은 인문학 전체를 나타낸다. 인간은 한 종류뿐이며, 어떤 면에서는 인문학도 한 가지이다. 이런 점에서 인문학자는 끊임없이 학문의 경계를 가로질러야 한다.

세 번째 동심원은 사회와 자연과학을 포함한 모든 학문과 예술을 포괄한다. 한 사람이 이 모든 것에 정통할 수 있다면 더 없이 훌륭하겠지만, 지식이 팽창된 19세기 이후부터는 그것이 더 이상 가능하지 않다. 게다가 대학원 학생인 채로 죽더라도 그 길을 가능한 한 멀리까지 가보려고 하는 것 또한 결코 생산적이지 않다. 가치 있는 것을 시도하는 방법은 어떤 구체적인 기획안이나 문제들을 가지고 매달려보다가 그것을 해내기 위해 요구되는 능력이 무엇인지를 알아내는 것이다. 그것은 심리학이나 경제학일 수도 있고, 둘 모두일 수도, 생물학이나 물리학이나 수학일 수도 있다. 자신의 결과를 최소한이나마 점검하기 위해서는 때때로 다른 분야에서 연구하는 친구에게 도움을 청하기도 해야 한다. 이런 것은 철학자들에게는 유별난 것이 아니다. 전문화의 시대에서조차도 과학에 대한 존경은 많은 철학자들을 이따금 한 분야나 또 다른 분야의 과학에 관심을 기울이고 살펴보도록 이끌었다. 그들은 실제로 다른 인문학에 관심을 기울이는 것보다 더 자주 이런 일들을 해왔다.

　게다가 이제는 세 종류의 동심원만으로는 충분하지 않다. 인류가 직면한 심각한 문제들을 고민하면 그것은 우리를 좀 더 먼 곳까지 가도록 밀어댄다. 우리는 이런 사실을 학생들에게 감추어서는 안 된다. 인문학에 대한 교육은 의학, 법학과 같은 특수 전문대학들에서도 행해져야 한다. 더 나아가 이것만으로는 충분하지 않다는 것을 다음의 두 가지 사례들을 통해서 확인할 수 있을 것이다. 여기에는 예술과 과학, 전문대학들뿐만 아니라 인간 삶의 나머지 부분들도 포함하는 다섯 번째 동심원도 존재한다.

연구 주제 1: 처벌

처벌의 문제는 법학에서뿐만 아니라 철학, 종교학 수업들, 고전학부에서 가르치는 그리스비극 수업, 러시아 소설에 관한 수업, 정치 이론, 심리학, 사회학, 인류학 등 다양한 분야에서 종종 논의되어 왔다. 이런 점에서 처벌과 관련해서도 한 학기 전체에 걸친 수업을 구성해 볼 수 있다.

　학생들은 다양한 분과들에서 처벌과 관련된 문학을 읽어볼 수 있을 것이다. 또한 서로 다른 학문 분야의 교수들에게 수업을 들을 수 있을 것이다. 강의의 논점은 처벌에 관해 언급해 온 어리석은 사례들을 찾아내는 것뿐만 아니라 이런 판단력 부족의 사례들을 조사하고 모든 분과별 접근방법의 한계가 무엇인지를 파악하는 것이어야 한다. 그리고 이러한 접근방법들이 어떻게 서로 보완될 수 있으며, 그것들이 인간이 살아가는 데 어떻게 중요한 문제들을 조명할 수 있는지를 알아보아야 한다. 이런 목적을 위해 학생들은 아마 몇몇 재판들을 참관할 수 있을 것이며, 교도소에서 죄수들의 이야기를 들으면서 배우고, 어떤 가르침을 실천해 볼 수도 있다.

　비밀투표와 배심원 제도 위에 세워진, 신뢰도 높은 시민의식을 자랑스러워하는 나라에서 재판에 참여해 본 적도 없고 감옥 안을 들어다 본 적도 없는 사람들이 온갖 종류의 학위를 따고 교육자와 지식인이라는 자격을 얻을 수 있다는 것은 수치스러운 일이다. 심지어 감옥 안에서 단 하룻밤도 지내본 적이 없으면서 판사가 되어 사람들에게 징역형을 판결하기도 한다. 우리는 사회가 사람들을 어떻게 처벌하고 있는지 알아야 하며, 이러한 시스템의 장단점이 무엇이고 다른 대안들에는 어떤 것들이 있는지를 생각해 보아야 한다.

인문학은 이런 점에서 도움을 줄 수 있다. 왜냐하면 인문학자와 학생들은 인문학이 이런 부분에 대해 상당히 많은 것을 줄 수 있을 뿐만 아니라 판사나 변호사, 사회사업가나 사회과학 연구자들에게 상당히 가치 있는 기여할 할 수 있다는 것을 배울 수 있기 때문이다. 중요한 것은 더 많은 학생들을 열 개가 넘는 학과들의 강의실로 끌어 모으는 게 아니다. 학생들에게는 한 학기동안 그렇게 많은 강좌들을 듣고, 재판에 참여하거나 감옥에서 진행되는 교육에 참가할 시간이 없다. 따라서 목적을 이루기 위해서는 앞서 언급한 분야들의 서적을 읽고 강의를 듣고 토론을 할 수 있는 특별한 통합 프로그램이 고안되어야 한다. 여기에 덧붙여 관련 예술작품에 관한 전시, 영화, 연극을 관람하는 것도 보조 수단이 될 수 있다. 이것이 가능하면 적어도 한 학기 동안은 학생들이 처벌의 문제를 고민하면서 대학생활을 보낼 수 있을 것이다.

돌 하나로 두 마리 이상의 새를 잡는 것은 대학 생활을 하는 동안 힘든 일이다. 사회과학과 인문학을 공부하는 학생들뿐만 아니라 미래의 변호사나 판사들은 이 한 학기를 가장 소중한 것을 배웠던 시기로 기억할 것이다. 더 나아가서는 예민하면서도 명민한 학생들이 현실에서 소외감을 느끼면서 부딪치는 불안감과 그것의 원인에 대해 그에 타당한 욕구를 만족시켜 줄 수도 있다. 다음과 같은 점들 또한 간과해서는 안 된다. 실제 삶의 문제들로 시작한다면 전통적인 분과주의departmentalization와 사변주의의 한계들을 금방 발견할 수 있다. 그리고 학제 간 연구와 소크라테스적 문답법의 필요성도 깨닫게 된다. 더 나아가 결과적으로는 관습적인 태도들과 방식들을 다시 점검함으로써, 아동과 재소자를 포함해 처벌받는 사람들을 어떻게 바라볼 것인지에 대해 영향을 줄 수도 있다.

연구 주제 2: 죽음

죽음은 철학자들이 오랫동안 천착해 온 하나의 주제로 종교, 문학, 심리학, 사회학, 인류학, 의학에서도 논의해왔다. 노화와 죽음에 관해서도 또 다른 한 학기 수업을 구상해볼 수 있다.

이 수업도 처벌에서와 상당히 유사하다. 미래의 간호사나 의사들은 예술이나 과학 분야의 관련 자료들을 접함으로써 상당한 득을 볼 수 있으며, 예술이나 과학 분야의 학생들 역시 전통적인 분과주의적 접근법의 한계를 깨달을 수 있다. 그리고 여기서도 전시회나 관련 영화 혹은 연극을 학생들에게 권할 수 있다. 학생들은 노인학자와 내과의사의 강의를 들어볼 수도 있을 것이다. 그리고 요양원이나 병원 등에서 약간의 실습을 해볼 수도 있다.

클롭슈토크Friedrich Gottlieb Klopstock, 1724~1803에서 시작해 괴테와 릴케, 고트프리트 벤Gottfried Benn, 1886~1956에 이르는 독일의 저명한 시인들은 죽음에 대한 매혹적인 시들을 써왔다. 이런 시들을 연구하는 것은, 하이데거가 《존재와 시간》에서 기술하고 있는 복잡하고 독단적인 '죽음을 향한 존재Being-toward-Death'보다 죽음을 대하는 인간의 태도에 대해 더 많은 빛을 던져줄 수 있다. 독단적으로 들릴 수 있겠지만, 이 이야기가 사실인지 궁금한 사람은 나의 《25명의 독일 시인들》에서 관련된 시들을 찾아보면 될 것이다. 또한 《실존주의, 종교, 죽음》의 후반부에서도 나는 이런 사례들을 논의한 바 있다. 이와 관련된 강의에서는 이런 시들의 선별이 과연 독일 시를 대변할 만한 것인지, 희곡이나 소설에서도 추가적인 사례들을 찾을 수 있는지, 영미문학이나 불문학 또는 그리스 문학에서는 이와 다른 태도를 발견하게 되는지 등에 대해 의문을 가져볼 수 있을 것이다. 또한 역사적 조건, 종교, 연령대, 결핵, 암 또는 전쟁에 따라 죽음에 대한 태도가 어떻게 달라졌는지에 대해서도 의문을 가져볼 수 있을 것이다. 학생들은 노발리스Novalis, 1772~1801나 실러Johann Chritoph Friedrich von Schiller, 1759~1805, 키츠John Keats, 1795~1821처럼 폐결핵으로 사망한 시인들을 비교해볼 수 있다. 또한 벤의 〈암 병동을 걸어가는 남과 여〉와 릴케가 백혈병으로 죽기 며칠 전에 쓴 시들을 대조해볼 수도 있을 것이다. 만약 많은 학생들이 시가 현실과 상당히 동떨어져 있으며 무관한 것이라고 생각한다면, 그것은 틀림없이 대다수의 학과에서 시를 가르치는 방식이 잘못 됐기 때문이다. 정치적인 시들의 대부분의 질적 수준은 도움이 되지 않는다. 교사는 학생들에게 뛰어난 시인들과 예술가들이 어떻게 이 문제를 다루어 왔으며 철학자, 사회학자, 법률가와 의학자 들은 또한 어떻게 다루고 있는지를 보여주어야 한다.

대다수의 사람들은 시각예술이 기껏해야 상황묘사일 뿐이라고 생각한다. 전시대를 통틀어 가장 위대한 여성 예술가임에 틀림없는 케테 콜비츠Käthe Kollwitz, 1867~1945는 그런 생각이 얼마나 잘못된 것인지를 가르쳐줄 수 있을 것이다. 그녀는 20대에 첫 번째 연작인 〈죽음〉을 에칭판화로 그렸으며, 서른 살에는 5개의 연작 중 첫 번째인 〈직조공들의 반란〉과 또 다른 〈죽음〉을 완성했다. 죽음이라는 주제를 이토록 철저하게 파고든 예술가는 있다고 해도 아주 소수에 불과하다. 1914년 이전에 완성된 초기 회화들과 에칭들은 죽은 아이를 안고 있는 어머니, 자살을 하기 위해 물속으로 들어가고 있는 여성, 〈차에 치어 죽은 아이Verunglücktes Kind〉, 어머니로부터 아이를 빼앗아 가고 있는 죽음을 다루고 있다. 1914년 이후에도 그녀는 종종 이런 주제로 돌아갔으며, 두려움에 떠는 아이들에 둘러싸여 있는 여성들을 비롯해 많은 과부들을 그렸다. 〈한 여인에게 다가온 죽음〉은 한 여인이 아이를 끌어 안고서 자신이 죽고 나면 아이는 어떻게 될 것인지 깊은 생각에 사로잡혀 있는 것을 보여줬다. 하지만 같은 시기에 (1923~24) 콜비츠는 또한 죽음을 한 여인을 위로하고 있는 또 다른 여인으로 묘사하고 있다.

몇 점의 조각 작품들을 제외하면 콜비츠는 일생동안 전쟁으로 인한 고통과 극도의 빈곤을 판화로 표현하는 데 몰두했다. 그녀는 산만해지는 것을 피하기 위해 색채를 극도로 자제했으나, 비판과 절망을 담은 그녀의 자화상은 더할 나위 없이 훌륭한 것으로 남아있다. 1924년에 그녀는 〈죽음의 손길과 함께 앉아있는 여인〉에 자신을 그렸는데 죽음이 그녀에게는 전혀 두려운 것이 아니라는 것을 분명하게 드러내고 있다. 이보다 10년 후에 그린 또다른 목탄화에는 〈죽음을 영접하는 여인〉이라는 제목이 붙어있다. '죽음' 연작이라 불리는 8편의 석판화로 이루어진 그녀의 마지막 연작(1934)에는 〈친구처럼 다가온 죽음〉과 또 죽음의 손이 그려진 아름다운 자화상 〈죽음의 부름〉이 포함되어 있다. 늙고 약간 구부정한 옆모습을 보여주는 그녀의 마지막 자화상은 죽을 준비가 되어있는 매우 감동적인 모습을 표현하고 있다.

죽음의 문제를 접해본 적도 없이 고등교육을 받고 인문학 학위를 받을 수 있다는 것은 충격적인 일이다. 사태를 정면으로 바라보기를 거부하면서, 철학적이고 문학적인 방식으로만 토론을 하고 문제를 피해갈 수도 있을 것이다. 하지만 우리 중 누구도 죽음의 문제가 우리와 아무 관련이 없으며 우리와 가까운 사람들하고도 관련이 없다고 말하지는 못할 것이다. 만일 인문학이 할 수 있는 위대한 기여를 하기를 꺼려한다면, 인문학의 장래성은 의심스러울 수밖에 없다. 다른 학문들과 연계해서 인문학은 처벌이나 죽음과 같은 심각한 문제들을 더 잘 이해할 수 있도록 도와주어야 하며 우리를 더 인간적으로 만들어주어야 한다.

이와 관련된 분야들의 목록은 아주 쉽게 늘릴 수 있다. 요즘 부각되고 있는 생명윤리 분야는 이와 딱 들어맞는 경우라고 할 수 있다. 생명윤리는 최근에 주목받기 시작한 것으로 이와 관련이 있는 사람들은 모두 학제 간 협력의 필요성에 동의하는 것으로 보인다. 이런 태도에서 신형 판본의 《생명윤리학 백과사전 Encyclopedia of Bioethics》의 편집자들은 다양한 분야의 학자들에게 논문을 기고해 줄 것을 부탁했다. 그리고 다른 것은 차치하고라도 낙태, 안락사, 고통, 생명복제, 동물과 인간을 대상으로 한 실험 등의 문제는 정보에 입각한 분별 있는 토론을 필요로 한다. 하지만 학계는 아직까지도 편협한 전문화에 무게를 두고 있다. 이런 상황이 지속된다면, 첨단 병원에서 다방면으로 조언할 수 있는 의사는 오직 환자뿐이라는 농담이 현실화될 것이다. 즉, 대학에서 다방면으로 가장 많이 알고 있는 사람은 학부생들뿐일 것이다. 이런 상황은 바뀌어야 하며, 인문학은 이런 변화의 중심축에 서야한다.

인문학의 미래는 있는가

냉소가들은 아마 사변주의가 기득권층을 꽉 잡고 있으며, 세분화되고 전문화된 연구들이 여전히 연구비를 지원받고, 학술 잡지에 실리며, 봉급 인상이나 승진의 대상이 된다고, 그러니 더 이상 할 수 있는 것은 아무 것도 없다고 말할 지도 모른다. 하지만 나는 의문이 든다. 자기 때를 맞이한 생각의 발상은 이 세상 어느 것으로도 그것이 실현되는 것을 막을 수 없다는 말이 있다. 이 말은 지나치게 낙관적이기도 하고 한편으로는 공허한 동어반복처럼 여겨지기도 한다. 만약 생각의 발상이 막혀버렸다면, 그것은 아직 때가 오지 않았기 때문이고, 어쩌면 앞으로도 결코 오지 않을 수 있다는 해석도 가능하기 때문이다. 하지만 미래의 물결에 기대를 걸고 있는 인문학자에게 이런 허무주의는 전혀 어울리지 않는다.

만일 우리가 어떤 문제에 대해 상당히 깊히 생각해보았지만, 현재 상황은 좋지 않으니 무엇인가를 새롭게 시도해야 한다는 결론에 도달했다면, 단지 성공을 확신할 수 없다는 이유로 침묵하고 있는 것은 경멸받아 마땅하다. 자신의 발상이 지닌 힘에 대해 신념이 없는 사람은 작가나 교사가 되어서는 안 된다. 문제점을 진단하고 처방을 시도해 보기도 했지만, 어떻게 이런 처방전을 써보도록 사람들을 설득할 것인가에 대해서는 아직도 의문점이 남아있기 때문이다. 어떻게 우리는 인문학 교육이 새로운 방향으로 나아가도록 할 수 있을까?

이 책에서 대략적으로 윤곽을 잡아 본 강의들이 실제로 개설된다면, 수많은 학생들이 몰려들 것이라는 데에는 의심의 여지가 없다. 그리고 학생들을 잃어버린 사변가들이 대개 인기 있는 강좌는 학문적으로 엄격하지 못하며 훌륭하지도 않다고 의심할 것도 분명하다. 나 역시 인기를 얻고 있는 강의들에 대해서는 의심을 갖고 있다. 하지만 나는 이런 의심의 대상을 사변가들에게 인기 있는 강의로까지 확장한다.

학교들을 돌아다녀보면, 사변가들은 대개 지나치게 바람의 방향에 신경을 쓰며 유행을 쫓는 사람들이다. 인기에 대한 그들의 경멸은 주로 자신들이 싫어하는 강좌들, 서적들, 사람들 너머로까지 확장되지 못한다. 그래서 그들 중 많은 사람들은 자신이 인기를 얻게 되면, 학생들의 마음을 얻기 위해 카뮈와 함께 다른 유행하는 작가들을 작품을 읽고 해야하는 숙제를 내주기도 하고, 수업에 낙태 같은 주제를 끌어들이기도 한다. 그리고 학생들이 선호하는 유행에 맞추기 위해 머리 스타일, 의상, 의견 등을 바꾸기도 한다. 젊음을 유지하기 위해 그렇게 하는 것이라고 넌지시 말하면서 말이다. 하지만 무엇이 다른가? 그들은 '유행과 함께' 가기를 원한다. 그들은 젊음과 대중성이라는 유행하는 가치들을 받아들인다. 그리고 만약 바람의 방향이 바뀌고 인기를 얻기 위해서 그것이 필요하다면, 그들은 열심히 거기에 합류하려고 할 것이다. 동시에 가능한 사변적으로 모든 것을 바꾸려고 하면서 말이다.

모든 보상이 사변적인 전문가들에게만 주어진다면, 대부분의 대학원생들과 나이든 학자들 또는 젊은 학자들은 학생들에게 인기를 얻는 것보다 힘을 가진 사람들에게 인기가 있는 것을 선택해 계속 보상이 주어지는 일을 할 것이다. 이런 상황을 바꾸기 위해서 힘을 가진 사람들이 무엇을 해야 하는지에 대해 말하는 것은 어렵지 않다. 간단히 말하면, 그들은 절실하게 해야 할 필요가 있는 것을 하는 사람들에게 동기를 부여해야 한다. 플라톤이 오래 전에 지적한 것처럼 정말 필요한 것은, 왕이 철학자가 되거나 철학자가 왕이 되는 것이다. 하지만 소금이 짠 맛을 잃고 철학자가 사변가가 되어버린다면 어떤 희망도 없다. 왜냐하면 대학 행정부와 재단, 연구지원 재단은 항상 전문가의 조언에 의존할 수밖에 없고 모든 분야에서 이름난 전문가들은 대개 사변가들이기 때문이다.

그럼에도 몇 가지 점에서 아직 희망은 있다. 중요한 것을 중심으로 세 가지 정도만 언급해 보도록 하자. 이중 첫 번째만으로는 큰 설득력을 얻지 못할 수도 있다.

인문학은 지금 명백한 어려움에 봉착해 있으며, 직업에 대한 자괴감도 팽배하다. 사람들은 정확히는 모르지만 무엇인가가 잘못됐다는 것을 느끼고 있다. 그래서 문제에 대한 진단과 치료법을 완전히 거부하려고 하지는 않는다.

두 번째로, 학제 간 연구의 중요성이 더 널리 인정되고 있다.

다양한 분야의 학자들이 참여하는 학술행사가 '열리고' 있으며, 논문집들도 출간되고 있다. 몇 가지 새로운 학제 간 연구 잡지가 창간되었으며, 새로운 학제 간 연구소의 설립이 진행 중이다. 이 모든 것들을 비학문적이라고 무시할 수는 없다. 학제 간 연구를 통한 접근방법의 필요성은 이미 과학자들에 의해 폭넓게 받아들여지고 있다. 그래서 현미경적인 인문학자들은 이제 곧 자신이 시대에 뒤쳐져 있다는 사실에 충격을 받을 것이다. 전체론Holism 이라고 하면 대개 얀 스뫼츠Jan Christiaan Smuts, 1870~1950 장군과 그의 철학을 머릿속에 떠올리며, '나약하다'고 여겨져 왔다. 반면 이런 시스템은 헤겔주의자들과 관련되어 왔다. 지금은 전체론적이고 '시스템적인' 접근법이 '성행'하고 있다. 학제 간 연구의 시대가 시작된 것이다.

마지막으로, 1970년대 초반에 전 세계의 고등교육을 덮쳤던 위기는 과감한 변화를 요구하고 있다. 젊은 박사학위자들을 위한 일자리는 더 이상 없다. 1960년대 후반부터 박사학위를 취득한 수천 명의 사람들은 아직도 가르칠 수 있는 일자리를 찾지 못했으며, 그때 이후로 대학원에 입학한 사람들의 전망도 암울하다. 이런 상황에도 대부분의 대학원들이 이전과 같이 많은 학생들을 입학시키고 박사학위자들을 배출시켰다는 것은 사변가들의 맹목성을 보여주는 탁월한 사례이다. 대부분의 인문학 대학원 프로그램들은 머지않은 미래에 아주 과감한 축소를 단행해야 할 것이다. 그때가 되면 교수들은 학부생들에게 더 많은 관심을 기울여야 할 것이며, 학부 교육의 주요 취지가 대학원에서 했던 수업을 낮은 수준으로 반복하는 것이 되어서는 안 된다는 시각을 받아들이게 될지도 모른다. 이것은 앞으로의 추세가 이 책이 제시한 그런 개혁들의 방향으로 밀어닥칠 것이라는 의미가 아니다. 인문학의 미래에 관해 진지하게 고민하지 않는다면, 그것이 바로 무책임함의 극치라는 것을 말하고자 함이다.

특히, 이제는 인원 구성과 관련된 이유들로 여러 대학들이 연합할 수 있는 학제 간 연구소들을 진지하게 계획할 시기가 됐다. 이런 연구소들은 높은 수준의 학제 간 연구를 수행하고자 하는 교수들에게 우대책을 제공해야 한다. 이런 연구소들은 새로운 수업내용을 구상하는 사람들에게 강의 부담을 줄여주어야 하며, 그런 작업을 시도하는 사람들이 다른 학제 간 연구에 관여하고 있는 사람들과 용이하게 대화를 나누고 내용을 비교할 수 있는 환경을 제공해 주어야 한다. 또한 다른 대학들이나 다른 전공분야들에서, 가령 법학이나 의학뿐만 아니라 경영학과 정치학에서도 연구원을 초빙해 올 수 있어야 한다. 이런 연구원들은 아마 연구소를 외부에 알리기 위한 대중 강의를 할 수도 있을 것이며, 그들의 전문분야가 기여할 수 있는 학제적인 세미나에 참석할 수도 있을 것이다. 연구소는 무엇인가를 배우기 위해 외부에서 온 사람들과 교수들 간의 장벽을 없애는 데 도움을 줄 수 있다.

그리고 대학에 고용되지 않은 사람들이 다시 대학으로 돌아갈 때 그런 경력이 이점이 되도록 만들어 줄 수 있어야 한다. 연구소는 다양한 배경을 가진 사람들이 서로 관심을 갖고 있는 문제들을 놓고 며칠 동안 집중적으로 토론을 할 수 있는 소규모의 학술 행사를 주관할 수 있어야 한다. 앞에서 제시한 체벌이나 죽음 수업과 같은 프로그램은 연구소의 지원을 받을 수 있을 것이다.

마지막으로, 새로운 학술잡지들이 필요하다. 지금도 지나치게 많은 학술잡지들이 발간되고 있고, 누구도 더 이상 이런 논문들의 홍수를 따라잡지 못하고 있기 때문에 이런 주장을 하면 사람들은 어깨를 으쓱할 것이다. 하지만 앞서 살펴본 것처럼 전체적인 차원에서 논의를 펼칠 장소는 어디에도 없다. 도대체 어떤 출판물에서 교수와 교수가 아닌 사람들이 공동의 중요 관심사에 대해서 서로 이야기를 할 수 있는가? 가령, 1장이나 2장이 어떤 잡지에 실릴 수 있으며 그것이 의도하고 있는 독자에게는 어떻게 다가갈 수 있겠는가? 이런 종류의 논의를 위한 광장forum 은 어디에도 없다. 우리가 현재 가지고 있는 학제적인 잡지들은 지금 여기서 말하고 있는 그런 실질적인 필요를 채워주지 못하고 있다.

심지가 굳은 사람들은 어찌 되었든 자신의 빛을 쫓아가겠지만, 우리 교육은 순응주의를 심어왔기 때문에 우리가 필요로 하는 글쓰기와 교육이 보상을 받을 수 있는 방도를 모색할 필요가 있다. 학제 간 연구소는 이런 점에서 우리를 도와줄 수 있을 것이다.

이 책은 새로운 학문의 전당을 위한 청사진이 아니다. 심각한 반성을 촉구하기 위한 하나의 외침이다. 중요한 것은 무슨 일이 벌어질 것인가가 아니라 무슨 일이 벌어지기를 희망해야 하는가 이다. 그리고 어떤 미래를 건설하고 싶은가이다.

이 책 속에 나오는 책

거스리, 《그리스 철학사A History of Greek Philosophy》

괴테, 권오상·장희창 역, 《색채론》, 민음사, 2003

괴테, 《파우스트》

니체, 《도덕의 계보학》(김정현 역, 책세상, 2002 ; 홍성광 역, 연암서가, 2011)

니체, 이진우 역, 《비극의 탄생·반시대적 고찰》, 책세상, 2005

니체, 《선악의 저편》

니체, 《안티크리스트》

니체, 《차라투스트라는 이렇게 말했다》

니체, 《힘에의 의지》

도스토예프스키, 《안나 카레니나》

도스토예프스키, 《죄와 벌》

도스토예프스키, 《카라마조프 가의 형제들》

마크 트웨인, 《톰 소여의 모험》

밀, 《자유론》

밀턴, 《아레오파기티카》

버나드 쇼, 《의사의 딜레마The Doctor's Dilemma》

버트런드 러셀, 서상복 역, 《러셀 서양 철학사》, 을유문화사, 2009

보부아르,《레 망다랭Les Mandarins》

사르트르, 박정태 역,《실존주의는 휴머니즘이다》, 이학사, 2008

사르트르, 박정자·윤정임·변광배·장근상 역,《변증법적 이성비판 1·2·3》,

  나남출판, 2009

셰익스피어,《햄릿》

소크라테스,《변명》

소포클레스,《안티고네》

소포클레스,《오이디푸스의 왕》

소포클레스,《필록테테스》

쇼펜하우어,《여록과 보유》

슈타인탈,《민족 심리학》

스피노자,《정치-신학 논집Theological-Political Treatise》

아리스토텔레스,《니코마코스 윤리학Nicomachean Ethics》

아리스토텔레스,《물리학》

아리스토텔레스,《시학》

아리스토텔레스,《형이상학》

앙드레 지드, 원윤수 역,《위폐범들》, 민음사, 2010

야스퍼스,《니체》

에드먼드 윌슨,《사해로부터 온 사본The Scrolls form the Dead Sea》

에드먼드 윌슨,《상처와 활The Wound and the Bow》

에드먼드 윌슨, 유강은 역,《핀란드 역으로》, 이매진, 2007

에르네스트 르낭,《반그리스도L'Antechrist》

에밀 졸라, 유기환 역,《나는 고발한다》, 책세상, 2005

에밀 졸라,《제르미날》

엘리엇, T. S ,《기독교 사회의 이념The Idea of a Christian Society》

에우리피데스,《아울리스의 이피게니아》

에우리피데스, 김동욱 역,《트로이의 여인들》, 동인, 2003

월터 카우프만, 《25명의 독일 시인들》

월터 카우프만, 《4차원의 종교들》

월터 카우프만, 《비극과 철학》

월터 카우프만, 《실존주의, 종교, 죽음》

월터 카우프만, 《죄책감 없는 정의》

월터 카우프만, 《카인과 그 외 시편들》

윌리엄 딘 하월스, 《그들의 신혼여행》

윌리엄 맥과이어, 《프로이트 융 서간집The Freud/Jung Letters》

제임스 왓슨, 《이중나선 구조》

제임스 조이스, 김종건 역, 《피네간의 경야》, 범우사, 2002

존 랜섬, 《신비평》

존 스튜어트 밀, 《공리주의》

존 스튜어트 밀, 《자유론》

찰스 라이히, 《미국의 녹색화》

카프카, 《성》

카프카, 《심판》

칸트, 《순수이성 비판》

칸트, 신옥희 역, 《이성의 한계 안에서의 종교》, 이화여자대학교출판부, 2001

칸트, 이원봉 역, 《도덕 형이상학을 위한 기초 놓기》, 책세상, 2002

칸트, 《세계시민적 관점에서 본 보편사의 이념Idea for a Universal History with Cos-mopolitan Intent》

키에르케고르, 《공포와 전율》

키에르케고르, 《불안의 개념》

키이르케고르, 《죽음에 이르는 병》

테오도르 라이크, 《세 번째 귀를 통해 듣다》

테오도르 몸젠, 《로마사History of Rome》

토마스 쿤, 김명자 역, 《과학혁명의 구조》, 까치글방, 2002

토마스 쿤, 《아이슈타인의 나의 세계관》

톨스토이, 《나의 종교》

톨스토이, 《부활》

프리츠 모트, 《중국의 지적 토대Intellectual Foundations of China》

플라톤, 《국가Republic》

플라톤, 《법률Laws》

플라톤, 《변명》

플라톤, 《소피스트》

플라톤, 《크리톤》

플라톤, 《테아이테투스Theaetetus》

플라톤, 《티마이오스Timaeus》

플라톤, 《파르메니데스》

플라톤, 《파에돈》

플라톤, 《향연》

하이데거, 《니체》

하이데거, 《존재와 시간》(이기상 역, 까치글방. 1998; 전양범 역, 동서문화사, 2008)

한나 아렌트, 김선욱 역, 《예루살렘의 아이히만》, 한길사, 2006

한나 아렌트, 박미애 · 이진우 역, 《전체주의의 기원 1 · 2》, 한길사, 2006

헤겔, 《논리학》

헤겔, 《법철학》

헤겔, 《엔치클로페디아》

헤겔, 《정신현상학》

호메로스, 《일리아드》

흄, 《영국사History of England》

흄, 《자연 종교에 관한 대화》

《논어》

《도덕경》

이 책 속에 나오는 책

《리그베다》

《마누법전》

《바가바드 기타》

《법구경》

《법화경》

《성경》

《우파니샤드》

인문
학
의
미래